취업에 강한

에듀윌
시사상식

APR. 2023

04

CONTENTS

2023. 04. 통권 제142호

발행일 | 2023년 3월 25일(매월 발행)
편저 | 에듀윌 상식연구소
내용문의 | 02) 2650-3912
구독문의 | 02) 397-0178
팩스 | 02) 855-0008

※ 「학습자료」 및 「정오표」도 에듀윌 도서몰
   (book.eduwill.net) 도서자료실에서 함께
   확인하실 수 있습니다.

PART 01

Cover Story 01

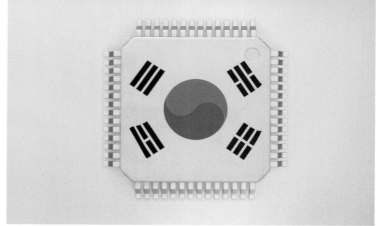

Cover Story 02

PART 02

분야별 최신상식

PART 03

취업상식 실전TEST

PART 04

상식을 넘은 상식

PART
01

Cover Story

이 달 의 가 장 중 요 한 이 슈

1.

국민의힘 신임 당 대표에 김기현

'윤심' 업고 안철수에 역전극... 지도부·주요 당직 '친윤' 일색

윤석열 정부 출범 후 처음으로 열린 국민의힘 전당대회에서
김기현 후보가 새 당 대표에 선출됐다.
유력 후보로 꼽혔던 안철수 후보는 2위에 머물렀다.
최고위원 선거에서는 김재원, 김병민, 조수진, 태영호 후보 순서로
당선되며 모두 친윤 성향으로 채워졌다.
국민의힘은 윤 정부의 핵심 의제에 당력을 집중할 것으로 보인다.
다만 당이 일방적으로 대통령에게 끌려 다닐 수 있다는 우려도 나온다.

김기현 압승...
'윤심' 업고 안철수에 역전극

▲ 3·8 국민의힘 전당대회. (왼쪽부터) 안철수·김기현(당선)·황교안·천하람 당 대표 후보

윤석열 정부 출범 후 처음으로 열린 국민의힘 ▪전당대회에서 ▪김기현 후보가 새 당 대표에 선출됐다. 김 대표는 3월 8일 경기 고양시 킨텍스에서 열린 새 지도부를 뽑는 전당대회에서 선거 개표 결과 총 46만1313표 중 24만4163표로 52.93%의 지지를 얻어 당선됐다. 이번 전당대회에서 처음으로 도입된 결선투표는 김 대표가 과반 지지를 얻으며 열리지 않았다.

유력 후보로 꼽혔던 안철수 후보는 23.37%(10만7803표)를 득표해 30%p 가까이 뒤진 2위에 머물렀다. 원외 인사이자 후보 중 최연소(36)인 천하람 후보는 14.98%(6만9122표)로 3위를 차지했다. 황교안 후보는 8.72%(4만225표)로 4위를 기록했다.

김 신임 대표의 최대 과제는 내년 4월 치러지는 국회의원 총선거에서 여소야대(與小野大 : 여당이 원내 소수파를 형성하고, 야당이 다수파를 형성하고 있는 상태) 국면을 뒤집고 국민의힘을 과반 의석의 제1당으로 만드는 것이다.

김 후보는 이날 수락 연설에서 "여기 함께하고 있

는 안철수·황교안·천하람 후보 모두 잘 모시고 연대·포용·탕평, 연포탕 대통합 국민의힘을 만들겠다"고 했다. 그러면서 "첫째도, 둘째도, 셋째도 민생"이라며 "똘똘 뭉쳐 민생을 살리고, 내년 총선에서 승리하자"고 했다.

2019년 전당대회 이후 4년 만에 대규모로 열린 이번 전당대회는 윤석열 대통령 취임 후 누가 첫 여당 지도자가 될 것인가에 대한 관심이 커지며 역대 국민의힘 전당대회 최고의 투표율(55.10%)을 기록했다. '1호 당원'인 윤석열 대통령은 전당대회에 참석해 "나라 위기를 본인 정치적 기회로 이용하는 행태에 맞서야 한다"고 말했다.

18·19·20대 대선에 도전했고 대중적 인지도가 높은 안철수 후보는 지난 1월 31일 발표된 한국갤럽 여론조사(세계일보 의뢰, 1월 26~27일 기준, 전국 성인남녀 1006명 대상, 표본오차 95% 신뢰수준 ±3.1%p)에서 59.2%의 압도적 지지율을 기록했다. 당시 김기현 후보의 지지율은 안 후보보다 28.7%p 낮은 30.5%에 그쳤다.

김 후보는 두 달 만에 대반전을 이끌어 냈다. 실제 전당대회에서 정반대 결과가 나타난 까닭은 윤심(윤 대통령의 의중)이 크게 작용했기 때문으로 풀이된다. 윤석열 대통령이 사실상 김 후보를 국정 파트너로 낙점하면서 대통령실과 친윤(석열)계 의원들은 노골적으로 김 후보를 지원했다.

국민 여론조사를 반영하지 않고 100% 당원투표로 진행된 경선 방식도 김 후보에게 유리하게 작용했다. 국민의힘 당원들은 정권 초반 안정적인 당정관계를 바랐다. 이준석 전 대표 때처럼 당정이 불협화음을 일으키는 모습을 원치 않았다. 다만 비주류 후보 3명에게 47%의 지지가 쏠리면서 견제와 균형을 바라는 당심도 확인됐다는 평가가 나온다.

대통령실의 당무·공천 개입 논란도 앞으로 말썽을 일으킬 수 있다. 안철수 후보는 전당대회 이틀 전인 3월 6일 긴급 기자회견을 하고 대통령실 행정관과 국민의힘 당원 사이에 김기현 후보를 지원하는 게시물의 홍보를 부탁하는 녹취 내용을 공개했다. 이는 그간 **대통령실이 전당대회에 중립을 주장했던 것과 배치되는 내용**이어서 논란이 됐다. 안 후보는 "전당대회가 끝난 후에라도 선거 개입 의혹이 규명돼야 한다"고 말했다.

■ 전당대회 (全黨大會)
전당대회는 각 정당의 대표를 비롯한 주요 지도부의 선출, 대통령 후보자의 결정, 당의 강령과 당헌 채택·개정, 당의 해산·합당 등 주요 사항을 결정하기 위해 개최하는 정당의 최대 행사다. 정당 지도부는 물론 전국의 당원을 대표하는 대의원들이 모두 참여해 투표로 결정권을 행사한다.

■ 김기현 (金起炫, 1959~)
김기현은 2023년 3월 현재 국민의힘 당 대표다. 판사 출신으로 2003년 한나라당(국민의힘 전신) 부대변인으로 정계 입문했고 이후 4선 의원, 울산시장을 지냈다. 지난 대선에서는 국민의힘 원내대표로 선거대책위원장을 맡아 윤석열 대통령 당선에 일조했다. 서울대 법대 78학번으로 79학번인 윤 대통령의 1년 선배이기도 하다.

지도부·주요 당직 '친윤' 일색... 尹 친정 체제 공고화

국민의힘 최고위원으로는 ▲김재원 후보가 17.55%의 득표율로 최다 득표하며 수석 최고위원에 당선됐다. 이어서 ▲김병민(16.10%) ▲조수진(13.18%) ▲태영호(13.11%) 후보 순서로 최고위원

▲ 3월 13일 국민의힘 최고위원회의가 열리고 있다.

에 입성했다. 청년최고위원에는 ▲장예찬 후보가 선출됐다.

당선된 최고위원은 모두 친윤 성향이다. 김재원 최고위원은 전당대회 전부터 과거 정부에서 대통령과 여당이 불협화음을 겪고 대통령이 흔들린 사례를 열거하며 당정이 하나가 되어야 한다는 당정일체론을 띄웠다. 김병민 최고위원은 윤석열 대통령선거대책위원회 대변인 출신이며 조수진, 태영호 최고위원도 친윤 후보임을 자처했다. 장예찬 최고위원은 윤 대통령을 대선 출마 전부터 도왔다고 소개했다.

한편, 웹소설 작가로 활동하기도 한 장 최고위원은 자신이 집필한 웹소설에서 다수의 특정 여성 연예인을 성적 대상화한 내용으로 구설수에 오르기도 했다. 태영호 최고위원은 북한 이탈주민 출신으로는 첫 정당 최고위원이 됐다.

친이준석계인 **천하람 당 대표 후보, 허은아·김용태 최고위원 후보, 이기인 청년최고위원 후보까지 이른바 '천아용인'은 전원 낙선**했다. 이준석 전 대표는 전당대회 전날 윤 대통령을 소설『우리들의 일그러진 영웅』에 나오는 엄석대에 견주어 비판했다.

김기현 대표가 이른바 '연포탕(연대·포용·탕평)' 인사를 강조하면서 당내에서 이 전 대표를 포용해야 한다는 주장을 둘러싸고 이견이 표출된 가운데 김재원 최고위원은 "안철수 의원을 끌어안는 것은 가능하지만 이 전 대표는 어려울 것"이라고 선을 그었다.

당 지도부에 이어 주요 당직에 친윤 핵심이 전진 배치됐다. 국민의힘 최고위원회는 3월 13일 서울 여의도 국회에서 최고위원회를 열고 내년 총선 **공천 실무에 핵심 관여할 요직인 사무총장으로 '친윤계 실세' 이철규** 의원을 임명했다. 사무총장을 핵심 보좌할 전략기획부총장에는 박성민 의원, 조직부총장에 배현진 의원이 각각 인선됐다.

당 대표 비서실장으로는 구자근 의원, 지명직 최고위원에 강대식 의원 등 TK(대구·경북) 출신 인사들이 지명됐다. 강대식 의원은 비윤계이자 유승민계 출신인 점이 눈길을 끌었다. 이는 김기현 대표의 연포탕 구호를 고려한 인선으로 보인다.

수석대변인에는 유상범 의원과 강민국 의원, 대변인에는 김예령 전 대선 선거대책위원회 대변인, 윤희석 전 선대위 특보가 인선됐다. 이들 역시 친윤계파색이 짙은 인사들이다. 국민의힘 ▪**싱크탱크**인 여의도연구원 원장에는 박수영 의원이 내정됐다.

윤 대통령의 **친정**(親政 : 대통령이 정당 및 관료의 의견을 따르기보다 직접 의견을 피력해 통치함) 체제가 완성됨에 따라 국민의힘은 책임 정치 구현을 내세우며 노동·연금·교육 개혁과 가치연대 외교 등 윤 정부의 핵심 의제에 당력을 집중할 것으로 보인다. 다만 당내에서는 대통령실과 수직적

관계에 놓이며 당이 일방적으로 대통령에게 끌려다닐 수 있다는 우려도 나온다.

▪ **싱크탱크 (think tank)**

싱크탱크는 무형의 두뇌를 자본으로 영위되는 기업이나 연구소이다. 각종 분야 전문가의 두뇌를 조직적으로 결집하여 조사·분석 및 연구하고 그 성과를 제공하는 집단으로서 주로 정부의 정책이나 기업의 경영전략을 연구한다.
미국에서는 진보적 정책을 내며 민주당의 브레인 역할을 하는 브루킹스 연구소와 공화당을 필두로 한 보수주의의 핵심 싱크탱크인 헤리티지 재단이 유명하다. 우리나라의 대표적인 싱크탱크로는 과학기술연구원(KIST)을 들 수 있다.

민주당 "국민의힘 당내 민주주의 사망 선고"

▲ 더불어민주당 최고위원회의

더불어민주당은 3월 8일 국민의힘 김기현 당 대표 선출에 대해 **"김 대표 당선은 국민의힘 당내 민주주의의 사망 선고"**라고 강한 비판 메시지를 냈다. 보통 상대 당 전당대회 결과로 당 대표나 대선 후보가 정해지면 축하나 당부의 메시지를 내놓는 관행에 비추어 볼 때 이례적이라는 평가다.

안호영 민주당 수석대변인은 이날 논평에서 "대통령실이 정한 시나리오대로 김 후보가 신임 당 대표로 선출된 것은 당연한 수순"이라며 "대통령

실의 지속적인 전당대회 개입으로 김 후보의 선출은 윤석열 대통령의 대리 대표, 바지 대표라는 한계를 안고 출발할 수밖에 없다"고 했다.

이어 "대통령실은 나경원 후보를 주저앉히고, 안철수 후보에게는 조직폭력배들이나 할 법한 협박을 한 끝에 무릎 꿇렸다"며 "대통령실의 만행에 대통령의 뜻이 없었다면 불가능한 일"이라고 했다.

김 신임 대표를 향해서도 "울산 KTX 역세권 땅 투기 의혹으로 김 대표는 도덕적 흠결을 가지고 당 대표직을 수행해야 한다. 어느 국민이 김기현 대표의 발언을 공정하다고 여기겠느냐"며 "대통령의 당무 개입, 부도덕한 땅 투기 의혹으로 얼룩진 김기현 대표에게 축하를 보내기는 어렵다"고 했다.

아울러 "오늘로서 국민의힘의 정당 민주주의는 완전히 사망했다. 이제 **여당을 장악한 제왕적 대통령만이 남아 대리 대표를 허수아비로 세운 채 군림할 것**"이라며 "국민의힘 지도부를 거수기로 세운 채 여당을 검찰 기득권당·친일 매국당으로 만들려는 대통령의 폭정을 국민은 결코 용납하지 않을 것임을 경고한다"고 했다.

정의당은 김 신임 대표에게 "대통령에게 할 말은 하고, 실정에 쓴 말도 하는 집권여당 대표가 필요함을 명심하시기 바란다"고 말했다. 김희서 정의당 수석대변인은 "당선 축하를 먼저 해야하나 그러기에는 경제위기, 민생파탄, 외교실패 등 작금의 대한민국 현실이 매우 엄중하고, 집권여당의 책임은 너무도 무겁다"며 이같이 말했다.

한편, 이재명 민주당 대표가 대장동 사건·쌍방울 대북 송금 의혹·성남FC 후원금 의혹 등으로 검찰의 전방위적 압박을 받는 가운데 여야 협치는 요원해 보인다. 3월 13일 김기현 대표는 이재명 대표의 경기지사 시절 비서실장 전 모 씨가 지난 3월 9일 극단적 선택한 것과 관련해 이 대표의 책임론을 부각했다.

김 대표는 "(이 대표 수사 과정에서) 벌써 5명이 유명을 달리했다. 자신을 도왔던 측근에 대한 비보가 전해지는 가운데도 이 대표는 현장 최고위를 한다면서 경기도를 찾아 되레 검찰의 수사를 비난하기도 했다"며 "**간접살인에 책임을 져야 할 분이 어떻게 이럴 수 있을까 하는 참담함**은 상식을 가진 민주당 내 일부 지각 있는 의원들도 느끼고 있다고 한다"고 말했다.

안호영 민주당 대변인은 3월 13일 국민의힘을 향해 "비통한 죽음을 정쟁의 수단으로 악용하지 말라"며 "아니면 말고 식으로 야당 대표를 고인의 죽음과 연결하려는 김기현 대표는 사악한 뱀의 혀를 닮아 있다"고도 했다. 안 대변인은 "고인의 극단적인 선택은 **정해진 목표를 제거할 때까지 사냥을 멈추지 않는 윤석열 검찰의 강압 수사가 원인**"이라며 "검찰은 인권을 유린하는 사법 살인으로 죄를 뒤집어씌워 사회적으로 매장하는 것도 부족해서 스스로 삶을 부정하고 극단적 선택에 이르도록 내몰았다"라고 말했다.

➕ **대한민국 의전 서열 (2023년 3월 20일 기준)**

①대통령(현임자 : 윤석열) → ②국회의장(김진표) → ③대법원장(김명수)·헌법재판소장(유남석) → ⑤국무총리(한덕수) → ⑥중앙선거관리위원회 위원장(노태악) → ⑦여당 대표(김기현) → ⑧야당 대표(이재명) → ⑨국회부의장(김영주·정우택) → ⑩감사원장(최재해)

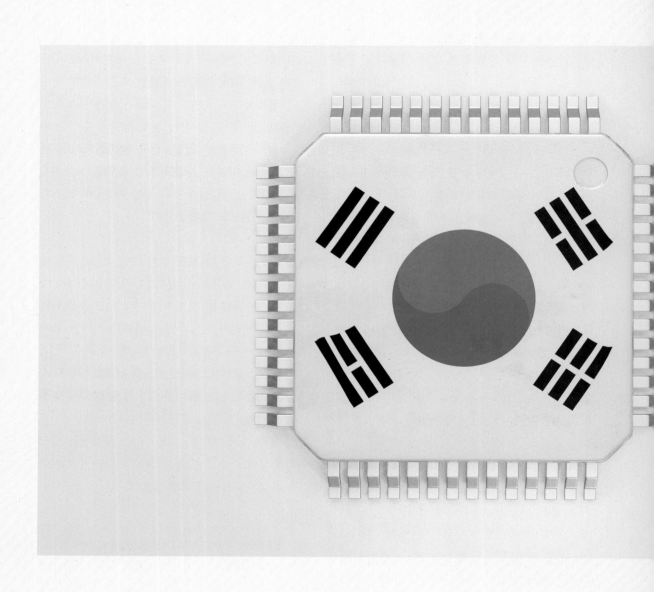

2.

한국 반도체 '사면초가'

美 반도체법 생산 지원금
신청 조건에 '독소조항' 가득

미국 상무부는 지난 2월 28일(현지시간) 반도체 생산 지원금 신청 절차를 발표했다. 그러나 세부 지원 조건에 독소조항이 많아 삼성전자, SK하이닉스 등 국내 기업들의 고민이 깊다. 지원금을 받고 싶으면 사실상 중국 시장을 포기하라고 강요한 것은 물론 수익 전망치 초과분을 미국 정부와 공유해야 한다는 조건까지 붙어 있다. 미 반도체법에 수출 부진까지 겹치며 한국 반도체 산업이 사면초가에 빠졌다.

선 넘은 美 반도체법 생산 지원금 조건

미국이 반도체 산업을 중국과의 패권 전쟁 도구로 이용하면서 한국 반도체 기업에 불똥이 튀었다. 미 상무부는 지난 2월 28일(현지시간) **반도체 및 과학법**(CHIPS and Science Act·이하 반도체법)**상 반도체 생산 지원금 신청 절차를 발표**했다. 반도체법은 미국이 자국 내 반도체 산업 육성을 위해 예산을 편성하고 막대한 보조금을 지원하겠다는 정책이다.

그러나 이날 발표한 세부 지원 조건을 보면 어처구니없는 조건과 독소조항이 주렁주렁 달려 있어 삼성전자, SK하이닉스 등 국내 기업들의 고민이 깊다. 미 상무부는 반도체 생산 지원금 신청 절차를 안내하면서 ▲경제 및 국가 안보 ▲사업 상업성 ▲재무 건전성 ▲기술 준비성 ▲인력 개발 ▲사회 공헌 등 6개 심사 기준을 제시했다.

경제 및 국가 안보에 대한 기여는 전체 내용을 관통하는 핵심 기준으로서 중국 견제가 목적이다. 미국은 최첨단 반도체에 대한 미 국방부와 국가안보 기관의 접근, 중국 등 우려국과 공동 연구 또는 기술 라이선스 진행 시 지원금 전액 반환 등의 조건을 내걸었다.

지원금 신청 기업은 재무 건전성을 검증할 수 있는 수익성 지표와 예상 현금흐름 전망치도 제출해야 한다. 시설별 생산 제품과 이 제품의 상위 10대 고객, 생산 규모와 생산능력 관련 정보까지 써내라고 했다. 반도체는 기술 격차 유지가 경쟁력의 핵심인데 외국 기업 제조 시설의 세부사항이나 기술까지 손금 보듯 들여다보겠다는 것이다.

현재 세계 반도체 산업은 미국이 설계를 담당하고 한국과 대만이 제조하며 일본이 소재를 주도하는 국제 분업 구조로 돌아간다. 그러나 미중 갈등 속에 글로벌 공급망이 왜곡되면서 제조·생산의 중요성이 부각됐고, **미국이 약 50조원의 지원금을 풀어 생산 시설을 확충함으로써 향후 직접 제조까지 맡겠다는 의지를 드러낸 것**으로 풀이된다.

여기에 반도체법은 지원금을 1억5000만달러(약 2000억원) 이상 받는 기업의 경우 수익 전망치 초과분을 미국 정부와 공유해야 한다는 조건까지 붙어 있다. 이를 두고 한국 반도체 기업을 미국 정부가 국유화하겠다는 것과 마찬가지란 비판이 나온다.

▎**미국 반도체 생산 지원금 심사 기준** (자료 : 미국 상무부)

구분	내용
경제 및 국가 안보	• 미국 내 반도체 생산을 확대하고 세계 공급망을 강화하는지 • 미국의 국가 안보 이익을 증진하는지(미국에 군사용 반도체를 장기 공급하고 중국 등 우려국은 배제할 것)
사업 상업성	• 기업에 계속된 투자와 업그레이드를 통해 공장을 장기간 운영할 수 있는지
재무 건전성	• 사업의 예상 현금 흐름과 수익률 등 수익성 지표를 제출할 것 • 현금 흐름과 수익이 전망치 초과 시 미국 정부와 초과분 일부 공유

기술 준비성	• 사업이 기술적으로 가능한지 • 기업이 공장을 지을 준비가 됐는지 • 환경 등 관련 규제를 통과할 수 있는지
인력 개발	• 직원들의 숙련도와 다양성 확보(경제적 약자 채용 계획을 제출, 해당 지역 반도체 산업 요구 충족) • 공장 직원과 건설 노동자에 보육 서비스 제공
사회 공헌	• 기업의 미래 투자 의지와 지역 사회 공헌 (미국에 R&D 시설 건설 및 지원, 미국산 건설 자재 사용 등)

'이걸 받으란 건지'…
삼성전자·SK하이닉스 지원금 딜레마

미국이 반도체법으로 지원금을 받고 싶으면 사실상 중국 시장을 포기하라고 강요한 것은 한국 기업에 큰 부담이다. 한국 반도체 기업이 미국 지원금을 받으려면 대중 반도체 장비·기술 수출 통제 유예 조치가 끝나는 오는 10월부터는 10년간 일정 기술 수준 이상의 고성능 반도체를 중국에서 생산할 수 없다.

전체 낸드플래시의 약 40%를 중국 시안 공장에서 생산하는 삼성전자나 D램의 약 48%를 우시 공장에서 생산하는 SK하이닉스는 사실상 중국 사업을 접어야 할지도 모른다. 가뜩이나 부진한 반도체 업황으로 수출이 줄고 무역 적자가 폭증하는 가운데 반도체 수출의 40%를 차지하는 중국 시장을 포기하라는 것은 반도체 기업을 넘어 한국 경제에 치명타가 될 수 있다.

초과 이익 공유 조항도 지원금을 **계륵**(鷄肋 : 닭의 갈비란 뜻으로 그다지 가치는 없으나 버리기에 아까움을 비유하는 말)으로 만드는 원인이다. 미 상무부는 지원금을 받는 기업이 신청서에 적은 예상 수익보다 훨씬 많은 돈을 벌면 보조금의 75%를 뺄어내게 했다. 월스트리트저널(WSJ) 등 미국 언론에서도 반도체 초과 이익 공유에 대해 사회주의적 정책이란 비판이 나왔다.

과도한 지원금 규제가 가뜩이나 높은 미국 내 반도체 생산 비용을 더욱 높여 반도체법 취지를 훼손한다는 비판도 있다. 미국 글로벌 투자은행 골드만삭스는 반도체법으로 보조금을 지급해도 아시아보다 44% 높은 생산비용과 노동 숙련도 부족 등으로 반도체의 아시아 의존도를 줄이기 어렵다고 전망했다. 예상 수익성 지표를 예측해 보고해야 하는 조항도 산업 특성과 맞지 않는다는 지적이 나온다.

국내 기업이 지원금을 받지 않으면 미국의 족쇄를 피할 수 있겠지만 간단한 문제가 아니다. 먼저 지원 금액이 거부하기에는 너무 크다. 삼성전자의 경우 170억달러를 투자해 미국 텍사스주에 파운드리 공장을 짓고 있는데 직접 보조금은 최대 25억5000만달러, 대출과 보증까지 포함한다면 최대 59억5000만달러까지 지원받을 수 있다고 알려졌다. 이처럼 막대한 규모의 지원금을 포기한다면 반도체 가격 경쟁력이 약화될 수밖에 없다.

지원금 혜택을 차치하더라도 우방국 기업으로서 미국의 입김을 무시할 수 없다. 이미 삼성전자와 SK하이닉스가 미국에 천문학적 투자를 진행하기로 약속하며 ■**프렌드쇼어링**에 동참한 상황에서 미국의 중국 견제 정책에 반기를 든다면 중국에 이어 미국 시장까지 잃을 수 있다.

■ 프렌드쇼어링 (friend shoring)

프렌드쇼어링이란 미국이 정치, 외교적 갈등으로부터 자유로운 동맹국들과 반도체 등 산업 물류 공급망을 구축하려는 움직임을 말한다. 코로나19 사태에 이어 우크라이나 전쟁, 인플레이션 등으로 세계 각국에 걸친 공급망 마비 사태를 겪으며 미국이 리스크가 큰 중국, 러시아를 공급망에서 배제하려는 의도가 반영됐다. 생산비와 인건비 절감을 위해 세계 각국에 생산기지를 배치하는 오프쇼어링(offshoring)과, 오프쇼어링으로 떠난 기업들이 다시 자국으로 돌아오는 온쇼어링(onshoring)에 이어 나타나고 있는 현상이다.

▌국내 반도체 기업 미국·중국 공장 현황

구분	미국	중국
삼성전자	• 텍사스 오스틴(12인치 파운드리) • 텍사스 테일러(12인치 파운드리, 2024년 예정)	• 산시성 시안(낸드플래시) • 장쑤성 쑤저우(후공정)
SK하이닉스	지역 미정(반도체 후공정·연구개발센터 예정)	• 장쑤성 우시(D램) • 랴오닝성 다롄(낸드플래시) • 충칭(후공정)

반도체 수출 반토막...K칩스법 급물살

전임 도널드 트럼프 미 대통령과 다를 것 없는 바이든 행정부의 자국 이기주의와 함께 수출 전선까지 먹구름이 드리우며 반도체 산업은 사면초가(四面楚歌 : 사방이 적으로 둘러싸인 위태롭고 곤란한 상황)에 빠진 모양새다. 반도체 수출액은 지난해 기준 우리나라 전체 수출액(약 169조원)의 약 18%를 차지한다.

3월 14일 과학기술정보통신부의 2월 ICT 수출현황 집계에 따르면 ICT 분야 수출액은 128억 2000만달러로 전년 동월 대비 32.0% 감소했다. 이 가운데 반도체 수출액은 41.5%로 줄었다. 특히 반도체 업황 부진으로 출하량·단가 하락이 이어지며 메모리 반도체 수출액이 29억2000만 달러로 전년 동월 대비 53.9% 감소했다.

한국 반도체의 위기를 극복하기 위해 정치권에서는 **반도체 등 국가첨단전략산업에 대한 투자 세액공제율을 상향하는 조세특례제한법**(조특법) **개정안 제정**이 급물살을 탔다. 이는 작년 말 국회를 통과한 **˝K칩스법**의 후속 조치다. **여야는 전략기술에 대한 세액공제율을 정부안인 15%로 올리는 방안에 공감대를 형성**하고 있다. 지난 1월 정부가 제출한 세액공제율은 대·중견기업의 경우 현행 8%에서 15%, 중소기업은 16%에서 25%로 상향하는 내용이다.

업계에서는 K칩스법 통과를 기대하면서도 미국 반도체법의 해법이 되기는 어려울 것으로 보고 있다. 반도체법은 미국 투자와 관련된 것이기 때문에 국내 투자 유치 활성화가 목적인 K칩스법과 연관성이 없다는 이유에서다. 한국과 대만, 유럽은 물론 미국 내에서도 반도체법 지원 조항에 비판이 잇따르고 있는 만큼 공동 외교 대응을 통해 문제를 해결해야 할 것으로 보인다.

■ K칩스법

K칩스법은 한국(K)과 반도체(chips)를 합성한 말로 공식적으로는 조세특례법제한 개정안에 포함된 반도체 특별법을 가리킨다. 미국의 반도체 산업 육성법인 반도체 및 과학법(CHIPS and Science Act)을 모티브로 한 것으로서 반도체 설비투자 세액공제율을 현행법(대기업 8%, 중견기업 8%, 중소기업 16%)보다 늘리는 것이 골자다. 구체적 세액공제율 확대 범위는 여야가 갑론을박을 거듭하며 2023년 3월 현재 확정되지 않았다.

분 야 별
최신상식

9개 분야 최신이슈와 핵심 키워드

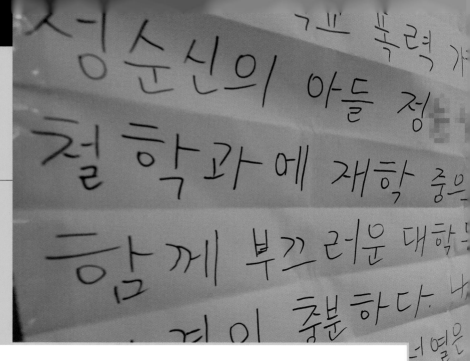

**분야별
최신상식**

정치
행정

尹 대통령, '아들 학폭' 정순신
신임 국수본부장 임명 취소

■ **국가수사본부 (國家搜査本部)**
국가수사본부(국수본)는 경찰청 산하 조직으로서 수사경찰과 치안경찰을 분리하여 경찰 수사의 독립성과 수사역량을 제고한다는 목적으로 창설됐다. 기존 경찰청 수사국의 업무를 이어받아 경찰 수사를 총괄한다. 문재인 정부에서 검찰 개혁 일환으로 검찰청의 수사 기능이 대폭 축소되고 검찰 수사 지휘권이 폐지되면서 한국판 FBI(미국 연방수사국)로 불리는 국수본이, 검찰이 할 수 없는 대부분의 수사를 담당하게 됐다.

임기 시작 하루 전 사퇴

정순신 ■**국가수사본부장**(변호사)이 임명된 지 하루 만인 2월 25일 사임 의사를 표명했다. 윤석열 대통령은 이날 저녁 신임 국수본부장의 임기 시작을 하루 앞두고 임명을 취소했다. 2월 24일 2대 국가수사본부장으로 임명된 정 본부장은 지난 2018년 **학교폭력 가해자인 자녀의 전학 처분을 막기 위해 재심 청구·행정소송 등으로 전학 절차를 약 1년간 지연**시킨 사실이 알려지면서 비판 여론이 들끓었다.

정 변호사의 아들 정 모 씨는 고교 시절 1년간 학우를 괴롭힌 학폭 가해자임에도 서울대에 진학했지만 정 씨에게 가해를 당한 피해자들은 대학 진학에 실패하고 극단적 선택까지 시도했다. 이에 서울대에서 정 변호사와 그의 아들을 규탄하는 대자보가 붙기도 했다(사진).

논란이 불거지자 정 본부장은 이날 입장문을 내고 "저희 아들 문제로 송구하고 피해자와 그 부모님께 저희 가족 모두가 다시 한 번 용서를 구한다"며 사임 의사를 밝혔다. 그는 "저희 아들 문제로 국민들이 걱정하는 상황이 생겼고, 이러한 흠결로 중책을 도저히 수행할 수 없다"고 밝혔다.

인사정보관리단 '부실 인사' 책임론

정 변호사의 검증은 법무부 인사정보관리단이 담당한 것으로 드러났다. 과거 청와대 민정수석실의 인사검증 기능을 넘겨받은 인사정보관리단은 '부실 검증' 책임을 피하기 힘들게 됐다. 이 조직을 관할하는 한동훈 법무부 장관도 관리 책임을 피하기 힘들어 보인다.

국회 정보위원회 야당 간사인 더불어민주당 윤건영 의원에 따르면, 윤희근 경찰청장은 2월 27일 국회에서 열린 비공개 정보위원회에서 "정 변호사에 대한 검증은 법무부 인사정보관리단이 담당했고, 경찰청은 법무부로부터 '이상 없다'는 검증 결과를 통보받아 단수로 추천했다"는 취지로 말했다. 경찰청이 정 변호사를 추천하기에 앞서 대통령실과 협의한 사실도 확인됐다.

"더 글로리 현실판" 비판 쏟아져

정 변호사의 아들 학폭 사건과 관련, 야권은 학폭을 다룬 넷플릭스 드라마 '더 글로리'에 빗대어 비판했다. 이정미 정의당 대표는 2월 25일 "정의당

은 정순신 본부장 임명을 단호히 반대한다. 한마디로 '더 글로리 현실판'이다"고 밝혔다.

이 대표는 "피해자 보호를 위한 전학에 불응하며 ■**재심** 청구와 행정소송, 집행정지 신청까지 모든 법적 대응에 자신의 전문성과 법조계 인맥 관계를 동원했다"며 "그러는 동안 피해 학생은 극단적 선택을 시도했다"고 덧붙였다.

박용진 더불어민주당 의원도 페이스북을 통해 "1년 가까이 동급생을 괴롭힌 정순신 본부장 아들은 '아빠가 아는 사람이 많다', '판사랑 친하면 재판은 무조건 승소한다'는 발언을 했다"며 "그 행태는 '더 글로리'에 나오는 '왜 없는 것들은 인생에 권선징악, 인과응보만 있는 줄 알까'라는 말과 다를 게 없다"고 글을 썼다.

■ **재심 (再審)**

재심이란 확정된 종국 판결에 중대한 흠이 있는 경우 그 판결의 취소와 이미 종결된 사건의 재심판을 구하는 비상 불복 신청방법이다. 한번 판결이 확정되면 되도록 그 내용을 존중하는 것이 법적 안정성에 비추어 바람직한 일이다. 그러나 그 확정판결에 중대한 흠결이 있는 경우까지 법적 안정성이라는 일반적 정의에 집착하면, 재판의 적정성과 위신을 지킬 수 없을 뿐만 아니라, 당사자의 권리구제라는 구체적 정의에도 반하게 된다. 이리하여 제한된 범위에서 재심을 허용하여 구체적 타당성을 실현하고자 하는 것이다.

POINT 세 줄 요약

❶ 정순신 국가수사본부장이 임명된 지 하루 만에 아들 학폭 문제로 사퇴했다.

❷ 법무부는 부실 인사 책임론을 피하기 힘들게 됐다.

❸ 이번 사건이 학폭을 다룬 드라마 '더 글로리'의 현실판 같다는 비난 여론이 들끓었다.

이재명 체포안 '부결' 속
최소 31표 이탈

이재명 더불어민주당 대표에 대한 **■체포동의안**이 2월 27일 국회 본회의에서 민주당 의원들의 대거 이탈 속에 가까스로 부결됐다. 대장동·위례신도시 특혜 개발과 성남에프시(FC) 의혹 등에 '압도적 부결'을 자신해온 **민주당에서 30표 넘게 이탈표가 나오면서 이 대표는 리더십에 상당한 타격을** 입게 됐다.

이날 국회 본회의에서 무기명 투표로 진행된 이 대표 체포동의안은 재석 의원 297명 가운데 찬성 139표, 반대 138표, 무효 11표, 기권 9표로 부결됐다. 체포동의안은 재적 의원(299명) 과반 출석에, 출석 의원(297명) 과반(149명) 찬성이면 가결되지만, 찬성이 149표에 못 미쳤다. 체포동의안이 부결돼, 이 대표는 구속영장 실질심사를 받지 않게 됐다.

이날 표결을 앞두고 민주당은 의원총회 등을 통해 체포 동의 반대쪽으로 총의를 모으고 '단일대오'와 '압도적 부결'을 자신해왔으나, 소속 의원 169명 전원이 본회의에 참석했는데도 반대표는 138표에 그쳤다.

앞서 국민의힘(115명 중 114명 본회의 참석)과 정의당(6명 전원 참석), 시대전환(1명 참석)은 체포동의안에 찬성하겠다고 밝혀왔다. 용혜인 기본소득당 의원은 반대표를 던지겠다고 밝힌 바 있다. 이를 고려하면 적어도 민주당에서 31명 이상이 찬성이나 기권, 무효표로 이탈한 것으로 보인다. 체포동의안 부결은 됐지만 이 대표에게 경고음을

보낸 결과다.

이 대표는 체포동의안 부결 뒤 기자들에게 "검찰의 영장 청구가 매우 부당하다는 것을 민의의 전당인 국회에서 확인했다"며 "당내와 좀 더 소통하고 많은 의견을 수렴해서 힘을 모아 **윤석열 독재정권 검사 독재에 강력하게 맞서 싸울 것**"이라고 말했다.

정진석 국민의힘 비상대책위원장은 기자들에게 "사실상 체포동의안이 처리된 것이나 다름없다. **이 대표에 대한 정치적 사망선고가 내려진 것**"이라고 했다. 류호정 정의당 원내대변인도 "이 대표와 민주당은 무겁게 받아들여야 할 것"이라고 밝혔다.

민주당 분열 내홍

민주당 내 후폭풍은 상당했다. 이 대표의 열성적 지지 세력인 이른바 '개딸'들은 이탈표를 던진 **■수박** 의원들을 찾아 내 향후 민주당 공천에서 배제해야 한다고 주장했다. 민주당 국민응답센터에는 이탈의 배후에 이낙연 전 대표가 있다며 이전 대표에 대한 영구 제명을 촉구하는 청원이 올라와 3000명 넘는 동의를 받았다. 이에 대해 비명(비이재명)계 당원들은 이 대표의 사퇴 및 출당을 요구하는 청원으로 맞불을 놨다.

■ 체포동의안 (逮捕同議案)
체포동의안은 법원이 현역 국회의원을 체포하기 위해 국회에 동의를 구하는 절차다. 국회의원은 '불체포특권'에 따라 현행범인 경우를 제외하고는 회기 중에 국회의 동의 없이 체포 또는 구금되지 아니하며, 회기 중에 국회의원을 체포 또는 구금하기 위해서는 국회로부터 체포 동의를 얻어야 한다.

■ 수박
수박은 더불어민주당 내 친이재명계 당원들이 반이재명계 세

력을 배신자라고 비난할 때 쓰는 멸칭이다. 초록색 껍질에 속이 빨간 수박처럼 겉은 민주당 로고인 푸른색으로 보이지만 속은 국민의힘 로고인 빨간색이라는 의미로 통용된다.

김기현, '울산 땅' 논란에 수사 의뢰

▲ 김기현 국민의힘 당 대표

국민의힘 3·8 전당대회 분위기가 거칠어졌다. 1차 투표 과반 득표를 노린 김기현 후보(당선)는 '울산 땅' 논란에 결국 수사의뢰 카드를 꺼냈다. 앞서 황교안 후보는 김 후보가 울산시 고문변호사 시절인 1998년 KTX 울산역 인근에 매입한 땅과 관련해 연결도로 노선이 변경되면서 막대한 시세차익을 얻었다는 의혹을 제기했다.

김 후보는 2월 26일 기자회견에서 관련 의혹 검증을 국가수사본부에 수사 의뢰하겠다고 밝혔다. 그는 "만약 내 소유 울산 땅과 관련해 불법으로 도로 계획을 바꾸도록 직권을 남용했다거나, 불법으로 1800배의 시세차익을 얻었다면 그 즉시 정계를 떠나겠다"고 말했다.

안철수 후보는 "당당하다면 ■**고위공직자범죄수사처**(공수처)에 자신에 대한 수사를 의뢰하기 바란다"고 했고, 천하람 후보는 "왜 우리 당 동지를

상대로 내부총질하느냐"라며 김 후보가 수사 의뢰를 제기한 것에 대해 비판했다. 황교안 후보는 김 후보의 울산 땅 주변의 '쪼개기' 정황을 거론하며 "이제 거짓말을 그치고 당과 대통령, 나라를 위해 용기 있게 사퇴하라"고 촉구했다.

더불어민주당 진상조사단은 이날 '김기현 토착비리 특검'을 요구했다. 이들은 기자회견에서 "김 후보는 KTX 울산역 역세권 구수리 땅을 2억 860만원에 구매했다고 주장하는데, 당시 ■**공시지가**의 6배이고 현재 공시지가보다 높다. 매매계약서를 제시하라"고 요구했다.

민주당 '김기현 의원 땅 투기 의혹 진상조사 티에프(TF)'는 3월 2일 국회에서 기자회견을 열어 김 후보가 울산시장이었던 2017년, 김 모 씨가 주도한 '울주군 상북지구 도시개발사업'에 특혜를 제공한 정황이 있다고 밝혔다.

■ **고위공직자범죄수사처 (高位公職者犯罪搜査處)**
고위공직자범죄수사처는 대통령, 국회의원, 지자체장, 판사, 검사, 경무관급 이상 경찰 등을 포함한 고위공직자의 직무 관련 부정부패를 독립된 위치에서 수사하고 기소할 수 있도록 한 기관이다. 고위공직자의 범죄 및 비리 행위를 감시하고 이를 척결함으로써 국가의 투명성과 공직사회의 신뢰성을 높이려는 것이 목적이다.
홍콩의 염정공서와 싱가포르의 탐오조사국, 영국과 뉴질랜드의 중대비리조사청(SFO, Serious Fraud Office) 등을 모델로 하고 있으며 특히 우리나라에서는 검찰의 권력이 과도하다는 판단에 따라 검찰개혁 및 견제 방안으로 설립이 추진되었다. 검찰이 과도하게 독점했던 고위공직자에 대한 수사권, 기소권, 공소유지권을 이양해 검찰의 정치 권력화를 막고 독립성을 제고하는 것이 그 취지다.

■ **공시지가 (公示地價)**
공시지가는 지가공시 및 토지 등의 평가에 관한 법률에 따라 국토교통부 장관이 조사·평가하여 공시한 토지의 단위면적(m^2)당 가격이다. 1989년 토지공개념이 도입되면서 행정자

치부의 과세시가표준액. 건설교통부(현 국토교통부)의 기준시가, 국세청의 기준시가. 감정원의 감정시가 등을 일원화시켜 1989년 7월부터 시행해왔다.

기준일은 1월 1일이 원칙이며, 예외적인 경우에 국토교통부 장관이 따로 기준일을 정할 수 있다. 전국 토지 중 대표성이 있는 50만 필지를 골라 현 시가의 70~80% 선을 반영해 표준지공시지가를 산정한다. 공시지가는 크게 표준지공시지가와 개별공시지가로 구분되며, 보통 공시지가는 표준지공시지가를 의미한다.

최재해 감사원장 '관사 호화 공사' 논란…"7개월간 1.4억"

▲ 최재해 감사원장

최재해 **감사원**장이 3월 15일 관사 개·보수 공사에 과도한 금액을 투입해 부적절하다는 지적을 받았다. 최 원장은 이 날 국회 법제사법위원회 전체회의에서 이탄희 더불어민주당 의원이 관사 마당 공사에만 6000만원이 투입됐다고 지적하자 "코로나 때문에 관사로 직원을 초청해 만찬 같은 것을 할 때 야외에서 할 수 있는 방안을 강구하다 마당에 숲처럼 버려져 있는 땅을 정비하느라 돈을 좀 썼다"고 말했다.

이 의원은 또 관사 공사에서 마당에 3000만원어치 가로등을 설치하고, 화분 재료비에 480만원을 사용한 것에 대해 "가로등 설치비용이 개당 30만원인데 도대체 몇 개나 꽂으려고 한 건가"라고 꼬집었다. 그는 이어 "화분 재료비에 480만원을 썼는데 계약서는 없다"며 "화분이 몇 개 되지도 않고 빈 화분도 있다"고 덧붙였다.

또 이 의원은 최 원장 관사 전체 공사비용에 7개월간 1억4000만원이 투입된 것에 대해 "이는 감사원장이 관리하는 감사원 청사 9개의 1년간 전체 유지비의 64% 수준"이라고 지적했다. 아울러 싱크대와 샤워기 보수에 1114만원, 화장실 보수에 856만원이 들어간 점과 관련해서도 인테리어 업자에게서 비용이 4배가량 뻥튀기됐다는 의견을 받았다고 강조했다.

한편, 문재인 정부에서 임명돼 윤석열 정부에서 사퇴 압박과 감사원 감사를 받은 전현희 국민권익위원장이 공사비 논란과 관련해 감사원을 조사할 가능성이 생겨 이목이 쏠린다. 박용진 민주당 의원이 지난 2월 20일 정무위원회 전체회의에서 최 원장 관사 논란을 거론하며 "정무위든 어디든 조치를 취할 테니 적극 조사해달라"고 전현희 위원장에 당부했다.

■ 감사원 (監査院)

감사원은 국가 세입·세출의 결산, 국가 및 법률이 정한 단체의 회계검사와 행정기관 및 공무원의 직무에 관한 감찰을 하기 위하여 설립된 헌법기관이다. 헌법에는 명문의 규정이 없으나, 감사원법 제52조는 여느 헌법기관과 마찬가지로 감사원에도 규칙 제정권을 인정하고 있다. 대통령 직속의 합의제 감사기관이지만. 헌법해석상 대통령은 감사원에 일절 관여하지 못하게 되어 있다. 즉 직무와 기능면에서 독립적으로 활동하며, 국무총리뿐만 아니라 대통령도 지휘·감독할 수 없다. 중앙선거관리위원회나 군 기관 소속 공무원을 대상으로 감찰을 할 수 있으나. 국회, 법원, 헌법재판소 등에 소속된 공무원을 대상으로는 감찰을 할 수 없다. 이외에도 국무총리가 기밀사항이라고 소명하는 사항이나 국방부 장관이 군 기밀이거나 작전에 현저한 지장을 준다고 소명하는 사항에 대해서는 감사할 수 없다(감사원법 제24조 제4항).

이재명 "국가권력으로 장난하면 깡패지 대통령이냐"

▲ 3월 3일 최고위원회의에서 이재명 대표(가운데)가 발언하고 있다.

이재명 더불어민주당 대표는 2월 22일 윤석열 대통령을 향해 "국가권력을 가지고 장난하면 그게 깡패지 대통령이겠나"라고 말하며 자신을 향한 검찰 수사를 비판했다.

이 대표는 이날 국회에서 열린 최고위원회의에서 윤 대통령의 박영수 특검 수사팀장 시절 발언을 빗대어 윤 대통령을 직격했다. 윤 대통령은 당시 "검사가 수사권 가지고 보복하면 그게 깡패지, 검사냐"고 말했다.

이 대표는 "폭력배가 폭행을 저지르면서 '왜 방어를 하느냐. 가만히 맞아라'라고 하는 것, 이게 깡패의 인식이라고 생각된다"고 했다. 또 "이런 식으로 국가권력을 남용해 특정인을 죽이겠다는 것이 국가 경영에 맞는 일이냐"고도 했다.

국민의힘은 이 대표를 향해 "대통령을 향해 차마 입에 담을 수 없는 막말을 쏟아냈다"고 비판했다. 박정하 국민의힘 수석대변인은 "대통령을 향한 공격적인 수식어와 거친 막말이 난무할수록 의심만 더해질 뿐"이라고 했다.

한편, 이 대표에 대한 국회 체포동의안은 부결됐지만 이후 예상되는 검찰의 추가 수사와 구속영장 재청구, 재판에 대해 당이 이를 극복하고 총선에서 이길 방책이 보이지 않는다는 지적이 나온다.

당내 일각에선 이 대표의 ■**영장실질심사** 자진 출석을 돌파구로 제안한다. 박지현 전 민주당 비상대책위원장은 이날 KBS 라디오 인터뷰에서 "**민주당 총선 전략의 핵심은 이 대표의 희생과 체포동의안 통과**"라고 말했다.

■ **영장실질심사 (令狀實質審査)**

영장실질심사는 영장실질심사제라고도 하며, 검사로부터 구속영장을 청구받은 판사가 구속영장을 발부하기 전에 피의자를 불러 직접 심문한 뒤, 영장의 발부 여부를 결정하는 제도를 말한다.
판사는 영장실질심사에 있어서 피의자 및 변호인에게 심문기일과 장소를 통지하여야 하고, 검사는 기일에 피의자를 출석시켜야 하며 검사와 변호인은 심문기일에 출석하여 의견을 진술할 수 있다. 심문할 피의자에게 변호인이 없는 때에는 지방법원판사가 변호인을 선정하여야만 한다.

尹 대통령, 국가보훈부 승격 직접 서명

윤석열 대통령은 국가보훈처의 부(部) 승격과 재외동포청 신설을 골자로 하는 정부조직법 공포안에 대한 공개 서명식을 주관했다. 윤 대통령은 또 "국가의 품격은 누구를 기억하느냐에 달려있다"며 "대한민국의 부름에 응답한 분들을 정부는 어떤 경우에도 잊지 않을 것"이라고 말했다.

윤 대통령은 3월 2일 대통령실에서 진행한 정부

▲ 윤석열 대통령이 3월 2일 국가보훈부 승격 및 재외동포청 신설 서명식을 가졌다. (자료 : 대통령실)

조직법 공포안 공개 서명식에서 이같이 밝혔다고 대통령실이 보도자료를 통해 전했다. 이날 **공포된 정부조직법에 따라 오는 6월 국가보훈처는 '부'로 격상되고, 외교부 산하에 재외동포청이 신설**된다.

윤 대통령은 "우리가 누리는 눈부신 번영은 호국영웅들이 목숨 걸고 자유를 수호한 결과"라며 "국가보훈부의 가장 중요한 임무는 국가를 위해 희생하고 헌신한 분들이 존중받고 예우받는 보훈 문화의 확산"이라고 했다. 이어 "정부는 호국영웅들을 한 치의 소홀함 없이 책임 있게 예우할 것"이라며 "호국 영웅들이 온몸으로 지켰던 자유의 정신을 더욱 소중하게 지켜나가겠다"고 했다.

윤 대통령은 재외동포청 신설에 대해 "선거 과정, 해외 순방에서 우리 동포들을 뵐 때마다 약속드린 것"이라며 "전 세계 재외동포를 대상으로 하는 재외동포청 출범은 의미가 남다르다"고 말했다. 이어 "재외동포들이 체감할 수 있도록 지역별, 분야별 맞춤형 동포 정책을 강화해 나가겠다"며 "국가보훈부의 승격도, 재외동포청 신설도 대한민국 국민을 위한 일"이라고 말했다.

한편, 이날 서명식에는 유공자 예우 차원에서 국

가를 위해 희생한 이들과 그 가족이 초대됐다. 지난 1965년 수류탄 투척 훈련 중 이등병이 잘못 흘린 수류탄을 몸으로 막은 고(故) 강재구 소령, 1968년 1·21 사태 때 북한 무장공비의 청와대 습격을 저지하다 전사한 고 최규식 경무관, 2002년 제2연평해전 전사자 고 윤영하 소령, 2010년 천안함 피격사건 전사자 고 김태석 해군 원사, 2010년 연평도 포격전 전사자 고 서정우 하사 등의 유족이 참석했다.

또 지난 2015년 비무장지대(DMZ) 목함지뢰 폭발로 중상을 입은 김정원 육군 중사와 하재헌(예비역 육군 중사) 장애인 조정선수, 안중근 의사의 재종손 안기영 씨, 조부·부친이 독립운동가이자 유엔군 참전용사인 인요한 세브란스 국제진료소장도 서명식에 함께했다. 아울러 소방·경찰 등 '제복 근무자'를 대표해 전북지방경찰청, 중앙119구조본부, 포항해양경찰서, 법무부 교정본부 등의 직원들도 자리했다.

➕ 윤석열 정부 조직 개편

윤석열 정부는 18부·4처·18청·6위원회에서 19부·3처·19청·6위원회로 개편됐다. 1개 부와 1개 청이 늘어나고 1개 처가 줄어 전체 기관 수는 6개 위원회를 포함해 총 47개로 1개 증가했다. 국무위원 수는 기존 18명에서 19명으로 1명 늘어난다. 장·차관급 정무직 공무원 수 역시 1명 증가하게 된다.

국가보훈처가 설립 62년 만에 '부'로 승격해 출범하고 외교부 산하 재외동포청도 신설됐다. 윤석열 대통령이 폐지를 공약했던 여성가족부는 존치하게 됐다. 행정안전부는 2월 28일 국무회의에서 이 같은 내용의 정부조직법 공포안이 의결됐다고 밝혔다. 2022년 5월 10일 윤석열 정부가 출범한 지 9개월여 만이다.

이번 정부조직개편은 선진 국격에 합당한 보훈, 글로벌 중추국가 실현 등 윤석열 정부의 주요 국정철학을 구현하기 위해 추진됐다. 국가보훈부는 국가유공자의 예우 차원에서 현재의 국가보훈처를 부로 승격했다. 1961년 군사원호청 설치법 공포로 군사원호청으로 출범한 이후 62년 만이다. 재외동포청은 750만 재외동포에 대한 지원을 강화하기 위해 외교부 재외동포 정책 기능과 재외동포재단을 통합해 전담기구로 신설한다. 재외동포재단은 폐지된다.

검찰, 김건희 '코바나 협찬 의혹' 모두 무혐의 처분

▲ 김건희 여사

검찰이 윤석열 대통령 부인 김건희 여사가 운영한 코바나컨텐츠의 대가성 협찬 의혹에 대해 최종 무혐의 처분을 했다. 서울중앙지검 반부패수사2부는 김 여사가 대표로 있던 코바나컨텐츠의 전시회 협찬 관련 청탁금지법 위반 고발 사건에 대해 증거 불충분으로 인한 혐의 없음 등 불기소 처분했다고 3월 2일 밝혔다. 이날 불기소 처분 대상은 김 여사 관련 협찬 의혹 가운데 남아있던 청탁금지법 위반 혐의다.

검찰이 이날 불기소 처분한 사건은 2017~18년 서울 서초구 예술의전당에서 진행된 '알베르토 자코메티전'과 2019년 서울 종로구 세종문화회관에서 열린 '■야수파 걸작전' 관련 사안이다. 이들 전시회에는 각각 10여 곳의 대기업 등이 후원에 나섰는데, 당시 서울중앙지검장에 이어 검찰총장으로 지명된 윤 대통령을 염두에 둔 뇌물성 협찬 아니냐는 의혹이 일면서 시민단체 고발이 이어졌다.

앞서 검찰은 대선 전인 2021년 12월에도 대가성 협찬 의혹이 일었던 사건에 대해 불기소 처분을 한 바 있다. 당시 검찰은 2016~17년 코바나컨텐츠가 연 '■르 코르뷔지에전'에 23개 기업이 협찬에 나선 점을 두고 수사에 나섰는데, 당시 국정농단 특검에 파견돼 수사팀장을 맡았던 윤 대통령과 직무 관련성을 인정할 수 없다는 이유 등으로 무혐의로 봤다.

■ 야수파 (野獸派)

야수파는 20C 초반의 모더니즘 예술에서 잠시 나타났던 미술 사조이다. 야수파는 강렬한 표현과 색을 선호했다. 야수파의 흐름 자체는 1900년경에 시작되어 1910년 이후까지 지속되기는 했으나, 실제 야수파 운동은 1905년부터 1907년까지 약 3년 동안 세 차례의 전시회를 갖는 데 그쳤으며 결속력도 약했다. 이 운동의 기수로는 앙리 마티스와 앙드레 드레인이 있었다. 기법상의 특징은 강한 붓질과 과감한 원색 처리, 그리고 대상에 대한 고도의 간략화와 추상화이다. 눈에 보이는 색채가 아닌 마음에 느껴지는 색채를 밝고 거침없이 표현했다. 이지적인 큐비즘과는 달리 감정을 중시했다. 표현주의의 한 형태로도 볼 수 있다.

■ 르 코르뷔지에 (Le Corbusier, 1887~1965)

르 코르뷔지에(프랑스 이름은 샤를에두아르 잔레그리)는 스위스 태생의 프랑스 건축가이자 작가로 모더니즘 건축의 기술과 개념을 구체적으로 실현한 건축가로 장식미를 배재한 현대건축에 큰 공헌을 했다. 30대에 프랑스 시민권을 얻었으며, 현대 디자인의 이론적 연구의 선구자로 밀집 도시의 거주자들의 생활환경을 개선하는 데 노력했다. 그는 50여 년 동안 활동하면서 중앙유럽, 인도, 러시아, 미국 등에 자신의 건축물을 만들었다. 또한 도시 계획가이자, 화가, 조각가, 그리고 가구 디자이너로 활동했다.

대통령실 추진 '김영란법 식사비 5만원'에 권익위원장 제동

 국민권익위원회

김영란법(**"부정청탁 및 금품 등 수수의 금지에 관한 법률**)으로 규정된 식사비 한도가 **현행 3만원에서 5만원으로 오를지 관심이 집중**된다. 대통령실은 내수 진작 차원에서 이 같은 방안을 검토하겠다는 주장인데, 법 소관부처인 **"국민권익위원회**(이하 권익위)의 수장인 전현희 위원장이 부정적인 입장을 내비치면서 험로가 예상된다. 2월 27일 윤석열 대통령은 수석비서관회의를 열고 참모들에게 내수 활성화를 위한 종합 대책을 마련해 보고할 것을 지시했다.

2016년 시행된 김영란법은 공직자·언론인·사립학교 교직원 등 대상자들에 대해 3만원 이상의 식사 대접을 받지 못하도록 규정하고 있다. 식사비 외에는 축의금과 조의금이 5만원, 화환과 조화가 10만원, 선물은 5만원 등으로 상한선을 제한하고 있다. 농수산물 선물은 2017년 개정을 통해 10만원으로 예외를 뒀다. 또 2020년과 2021년에는 설과 추석 명절 기간에만 농수산물 선물 가액 범위를 20만원으로 올리는 개정안을 통과시켰다.

그러나 김영란법 시행 이후, **식사비의 경우 물가 상승으로 법 적용 실효성과 현실성이 떨어진다는 지적이 꾸준히 제기**돼왔다. 권익위에서도 요식업 단체들과 소통하면서 의견 수렴을 해온 상황이었다. 그간 농수산물에 대해서는 기준이 조정된 적이 있었으나 식사비는 한 번도 조정되지 않았다는 점도 고려됐다.

식사비 등 가액은 시행령 개정 사항이기 때문에 국회를 통하지 않아도 국무회의 의결을 통해 시행은 가능하다. 권익위 전원위원회 회의를 거쳐 입법예고를 한 뒤 차관회의·국무회의 등을 거쳐 최종 공포할 수 있다.

관건은 권익위가 적극적으로 협조해 주느냐에 있다. 전임 문재인 정부 때 임명돼 현 정권에서 사퇴 압력을 받으며 수난을 겪은 전현희 위원장이 전원위원회 일원으로서 제동을 걸 수 있기 때문이다.

전 위원장은 자신의 SNS에서 "청탁금지법상의 공직자 접대를 위한 음식물 가액 상향 문제는 경제부처의 관심사인 '경기부양 및 물가문제'와 부패방지총괄기관인 국민권익위원회의 '공직자의 청렴과 부패방지'라는 두 가지 가치가 충돌하는 사안"이라며 **"두 가지에 대한 민심을 신중히 살피고 사회적 합의가 있어야 한다"**고 지적했다.

하루 동안 여론을 살핀 대통령실도 조심스러운 모습이다. 당초 이 문제가 급물살을 타며 당장 3월이라도 시행될 것처럼 보였지만, 상반기 중으로 추진하는 것을 목표로 삼고 있다.

■ 부정청탁 및 금품 등 수수의 금지에 관한 법률

부정청탁 및 금품 등 수수의 금지에 관한 법률, 약칭 청탁금지법(請託禁止法)은 부정부패를 방지하기 위해 국민권익위원장이던 김영란의 제안으로 만들어진 법률로, 제안자의 이름을 따서 흔히 '김영란법'(金英蘭法)이라는 별칭으로 불린다. 공무원이나 공공기관 임직원, 학교 교직원 등이 일정 규모(식사대접 3만원, 선물 5만원, 경조사비 10만원) 이상의 금품을 받으면 직무 관련성이 없더라도 처벌하는 것을 골자로 하고 있다. 김영란 당시 국민권익위원장이 2012년에 제안한 후 2년 반이라는 오랜 논의를 거쳐 2015년 1월 8일 국회 정무위원회를 통과하였으며 같은 해 3월 3일에 국회 본회의를 재석의원 247명 중 찬성 228명(찬성률 92.3%), 반대 4명, 기권 15명으로 통과하여 1년 6개월의 유예기간을 거친 후 2016년 9월 28일 시행되었다.

■ 국민권익위원회 (國民權益委員會)

국민권익위원회는 국민에게 신속하고 원활한 권익보호 및 권리구제 서비스를 제공하기 위해 2008년 설립됐다. 고충민원의 처리와 이와 관련된 불합리한 행정제도 개선, 공직사회 부패예방 및 부패행위 규제를 통한 청렴한 공직 및 사회풍토 확립, 행정심판에 의한 행정청의 위법·부당한 처분으로부터 국민을 보호하는 업무를 통합 수행한다. 국민권익위원회는 국무총리 소속의 합의제 행정기관으로서 위원장을 포함한 총 15명의 위원(상임위원 7명과 비상임위원 8명)으로 구성된다.

김영환 "친일파 되련다" 발언 소동

김영환 충북도지사가 정부의 일제 강제동원 피해자의 배상 방식과 관련해 "친일파가 되겠다"라는 발언으로 논란을 일으켰다. 김영환 지사는 3월 7일 자신의 페이스북에 '내 무덤에도 침을 뱉어라'라는 제목의 글을 올리고 첫 문장에 "나는 오늘 기꺼이 친일파가 되련다"라고 썼다.

김 지사는 정부의 제3자 변제 방식 일제 강제징용 피해배상 해법에 대해 '삼전도 굴욕에 버금가

▲ 김영환 충북도지사

는 외교사 최대의 치욕이자 오점'이라고 비판한 이재명 대표의 발언을 반박하며 "삼전도에서 청나라에 머리를 조아린 것이 문제의 본질이 아니다. 임진왜란을 겪고도 겨울이 오면 압록강을 건너 세계 최강의 청나라 군대가 쳐들어올 것을 대비하지 않은 조선의 무기력과 무능력에 있다"라고 적었다.

김 지사는 "그때 김상헌 등의 '척화(斥和 : 화친하자는 제의를 물리침)'를 택했으면 나라를 구할 수 있었겠냐"며 "윤 대통령의 결단은 '지고도 이기는 길'을 가고 있다. 진정 이기는 길은 굴욕을 삼키면서 길을 걸을 때 열린다"라고 주장했다.

이어 "윤석열 대통령과 박진 외교부 장관의 애국심에 고개 숙여 경의를 표한다"라며 "'통 큰 결단'은 불타는 애국심에서 온다. '박정희의 한일 협정', '김대중-오부치 공동선언'을 딛고 오늘의 대한민국이 있다"라고 덧붙였다.

지역 시민사회단체와 야권에서는 김 지사의 '친일파 발언'을 비난하며 사진 화형식을 예고하는 등 거세게 반발했다. 민주당 충북도당은 "정부안에 대해 피해자도, 국민도 원하지 않는 상황에서 김 지사의 망언은 명분도, 실리도 없이 오로지 도민의 자존심만 무너뜨렸다"라고 지적했다.

김 지사는 여론에 부담을 느낀 듯 결국 3월 16일 "의도와 상관없이 도민들께 부담과 분란을 가져

온 것은 모두 제 책임"이라고 사과했다. 그는 "양국 관계 개선의 발목을 잡은 강제 징용 피해 배상이 더 이상 늦춰져서는 안 되겠다는 절박감이 있었다"며 "'애국심'과 '충정'의 강조가 많은 논란을 빚고 말았다"고 해명했다.

국민연금 8.22% 최악 손실에 尹 "수익률 제고도 연금개혁 대상"

윤석열 대통령이 국민연금 수익률 제고 방안을 3월 6일 지시했다. 지난해 국민연금 기금운용 손실액이 80조원에 달했기 때문이다. 윤 대통령은 이날 용산 대통령실에서 열린 수석비서관 회의에서 **"최근 발표된 작년도 국민연금 수익률이 역대 최저를 기록**하고 큰 손실이 발생했다"며 "국민연금이 국민의 소중한 노후자금을 잘 지킬 수 있도록 기금운용 수익률을 높이기 위한 **특단의 대책을 마련**하라"고 지시했다.

그러면서 "연금개혁은 미래 세대의 부담을 완화해 지속 가능성을 확보하기 위한 중요한 국가적 개혁 과제"라며 "제도적 차원의 개혁과 함께 국민 부담을 낮출 수 있는 기금운용 수익률 제고도 매우 중요한 개혁 과제 중 하나"라고 강조했다.

지난해 국민연금 기금운용 수익률은 −8.22%를 기록했다. 평가 손실액은 79조6000억원에 달했다. 지난 **1999년 기금운용본부 출범 이후 역대 최악의 성적표**다. 최근 10년(2012~2022년) 평균 수익률도 4.9%로 캐나다 국민연금(CPPI·10.0%) 등 주요 글로벌 연기금 수익률을 밑돌았다.

기금운용 수익률은 국민연금 ■**재정추계**에도 악영향을 미친다. 국민연금 재정추계위원회는 지난 1월 국민연금 제5차 재정추계 잠정 결과(시산) 2055년 기금이 소진된다고 했다. 이는 5년 전인 제4차 재정추계 때 소진 시점(2057년)보다 2년 앞당겨졌다.

캐나다연금과 달리 국민연금은 채권과 주식 위주의 포트폴리오를 구성하고 있다. 국민연금은 2022년 기준 채권 42.3%, 주식 41.2%, 대체투자 16.4% 비중으로 투자하고 있다. 반면 캐나다연금은 지난해 대체투자 비중이 52%로 과반을 차지했다. 국내외 투자 비중도 다르다. 캐나다연금은 2018년 해외투자 비중이 85%다. 이에 반해 국민연금은 국내 70%, 해외 30%다.

국민연금에도 '검사 출신' 임명 논란

한편, 더불어민주당은 3월 4일 ■**국민연금 기금운용위원회** 산하 상근전문위원으로 검사 출신인 한석훈 변호사가 선임되자 **"대한민국을 검사공화국으로 만들려는 것이냐"**고 비판했다. 국민연금 상근전문위원회는 국민연금의 투자기업 주주권을 자문하는 기구로 주로 금융·회계 전문가가 맡아 왔다.

이경 민주당 상근부대변인은 이날 논평에서 "국민연금까지 또 검사, 검사들로 대한민국을 채우려는 것인가"라며 "연기금 및 금융 회계 전문가만 맡던 자리였는데, 윤석열 정부 들어 전문성 없는 검찰 출신이 꿰찬 상황"이라고 비판했다.

이 부대변인은 "전직 검사가 국민연금의 주주권 행사를 맡게 된 것"이라며 "국민연금 기금운영의 독립성과 전문성을 무시하면서 무슨 연금개혁을 하겠다는 말인가"라고 반문했다. 민주당은 한 변호사가 박근혜 전 대통령의 탄핵 무효를 주장한 것도 문제 삼았다.

논란에도 불구하고 보건복지부는 2월 27일 국민연금 기금운용위원회 산하 상근전문위원으로 한 변호사를 선임했다. 한 변호사는 사용자단체의 추천 몫으로 선임됐다.

한 변호사는 사법연수원 18기로 서울동부지검 부부장, 성균관대 법학전문대학원 교수 등을 지냈다. 전문분야는 상법과 기업 관련 범죄다. 그는 2021년 '박근혜 대통령 탄핵과 재판 공정했는가'라는 제목의 책을 발간했다. 같은 해 국민의힘 추천으로 고위공직자범죄수사처장 후보추천위원, 4·16 세월호참사 증거자료의 조작·편집 의혹 사건 진상규명을 위한 특별검사후보추천위원회 위원을 맡았다.

보건복지부는 이날 보도설명자료를 통해 "국민연금기금운용 전문위원회 상근위원의 자격조건은 국민연금법 시행령에 따라 '금융, 경제, 자산운용, 법률 또는 연금 제도 분야 업무에 5년 이상인 자'로 규정한다"며 "사용자 단체의 추천을 받은 전문가로 법령상 자격 조건을 갖추고 있어서 임명한 것"이라고 해명했다.

■ 재정추계 (財政推計)

재정추계란 국가 또는 지방자치단체가 행정 활동이나 공공정책을 시행하기 위해 필요한 자금을 추정하여 계산하는 일을 의미한다. 국민연금의 경우 국민연금법 제4조(국민연금 재정계산 및 장기재정균형 유지)에 의거해 2003년 이후 5년마다 재정계산을 하고 있으며, 국민연금의 원활한 재정운영을 위해 인구추계, 거시경제변수, 제도변수, 추계모형 등을 고려해 국민연금의 중·장기 재정추계액을 산정한다.

■ 국민연금 기금운용위원회 (國民年金基金運用委員會)

국민연금 기금운용위원회는 국민연금 기금운용과 관련한 최고의사결정기구이다. 기금운용위원회 위원은 총 20명으로 당연직 6인[▲보건복지가족부장관(위원장) ▲기획재정부 차관 ▲농림수산식품부 차관 ▲지식경제부 차관 ▲노동부 차관 ▲국민연금공단 이사장]과 위촉위원 14명으로 구성된다. 위촉위원은 각각 사용자 대표 3인, 근로자 대표 3인, 지역가입자 대표 6인, 관계전문가 2인 등이다. 기금운용위원회는 최소 분기별 1회 이상 위원회를 열고 국민연금 기금의 투자 부문별 비중 등 주요사항을 결정한다.

분야별
최신상식

경제
산업

몰아서 일할 수 있게...
근로시간 선택폭 넓힌다

■ 근로시간 저축계좌제 (勤勞時
  間 貯蓄計座制)

근로시간 저축계좌제란 저축
한 연장근로를 휴가로 적립한
뒤 기존 연차휴가에 더해 안식
월 개념처럼 장기 휴가를 쓸 수
있도록 한 제도다. 독일에서는
250인 이상 사업장 81%가 근
로시간 저축계좌제를 사용하고
있다.

주 52시간제 폐지

정부가 '주 52시간'에 묶여 있던 근로시간을 대대적으로 개편하는 안을 3월
6일 확정해 공개했다. 이에 따르면 지금까지 70년간 주(週) 기준이었던 연
장근로시간 관리 단위를 월, 분기(3개월), 반기(6개월), 연 기준으로 확대해
'몰아서 일하기'가 가능해진다. 연장, 야근, 휴일근무 뒤 발생하는 휴가를
적립해놨다가 몰아서 쉴 수도 있다. 하지만 야당이 정부 개편안에 반대하
고 있고 여론도 좋지 않아 여소야대 국회를 넘을 수 있을지는 미지수다.

이날 정부는 근로시간 제도 개편안을 비상경제장관회의에서 발표했다. 현
재 사용자(고용주)는 근로자에게 **주당 법정 기본근로시간 40시간과 연장근
로시간 12시간을 더한 52시간** 이상 일을 시킬 수 없고, 이를 위반하면 처벌
받는다. 개편안은 '주 12시간' 이내로 묶여 있던 연장근로를 월 52시간, 분
기 140시간, 반기 250시간, 연 440시간 내에서 노사 합의로 선택할 수 있
도록 바꿨다.

개편안에 따르면 휴게시간 등을 제외한 주당 최대 근로시간은 69시간까지
늘어난다. 단, 근무일과 근무일 사이에 '11시간 연속휴식 부여'라는 조건이

고 싶을 때 쓰지 못한다"며 "하루 휴가도 눈치 보이는데 한 달 장기휴가를 어떻게 갈 수 있느냐"고 반문했다. 직장갑질119는 "주 52시간 상한제마저 제대로 안 지켜지고 법정 연차휴가도 자유롭게 쓰지 못하는 게 현실"이라며 "사용자가 원할 때 몰아서 노동자를 쓸 수 있는 '과로사 조장법'"이라고 비판했다.

MZ 세대를 중심으로 근로시간 개편에 부정적 주장이 계속되자 윤석열 대통령은 한발 물러섰다. 3월 15일 대통령실에 따르면 전날 윤 대통령은 정부가 입법예고한 개편안에 대해 "입법예고 기간 중 표출된 근로자들의 다양한 의견, 특히 MZ 세대의 의견을 면밀히 청취해 법안 내용과 대국민 소통에 관해 보완할 점을 검토하라"고 지시했다.

붙는다. 연속휴식이 어려울 때는 주 64시간까지만 근무해야 한다. 연장, 야근, 휴일근로 뒤 발생하는 휴가를 적립해뒀다가 사용하는 '**근로시간 저축계좌제**'도 도입된다.

'과로사 조장법' 비판에 제동

일주일에 최대 69시간 근무하고 몰아서 쉴 수 있다는 **정부의 근로시간 개편안이 장기휴가는커녕 노동시간만 늘릴 것이라는 지적**이 나온다. 적지 않은 직장인이 법으로 정해진 연차휴가도 마음껏 쓰지 못하게 하는 '연차 갑질'을 당하는 것으로 나타났다.

시민단체 직장갑질119는 지난해 휴가 관련 갑질 제보 229건 가운데 96건(41.9%)이 '연차휴가 제한'에 관한 내용이었다고 3월 12일 밝혔다. 법에 보장된 연차휴가를 전부 주지 않는 식의 '위법한 연차휴가 부여'(43건·18.8%)와 '연차수당 미지급'(30건·13.1%)이 뒤를 이었다.

직장갑질119는 "대다수 노동자가 연차휴가를 쓰

근로시간 개편안 (3월 6일 정부 발표 기준)

구분	현재	개편안
근로시간 산정 기준	주 단위	주, 월, 분기(3개월), 반기(6개월), 연 단위
연장근로 총량	주당 12시간	• 월 52시간 • 분기 140시간 • 반기 250시간 • 연 440시간
주당 최대 근로시간	52시간	• 64시간(11시간 연속 휴식 미보장) • 69시간(11시간 연속 휴식 보장)
근로시간 저축계좌제	없음	신설

POINT 세 줄 요약

❶ 정부가 '주 52시간'에 묶여 있던 근로시간을 대대적으로 개편하는 안을 공개했다.

❷ 개편안에 따르면 휴게시간 등을 제외한 주당 최대 근로시간은 69시간까지 늘어난다.

❸ 정부의 근로시간 개편안이 장기휴가는커녕 노동시간만 늘릴 것이라는 지적이 나온다.

이창용 한은 총재 "올해도 물가안정 중점 통화정책 펼 것"

이창용 한국은행 총재가 올해도 물가안정에 중점을 두고 통화정책을 운용하겠다는 입장을 밝혔다. 이 총재는 2월 21일 서울 여의도 국회 기획재정위에서 열린 임시국회 현안보고에서 "올해도 물가안정에 중점을 두고 통화정책을 운용하되 대내외 불확실성이 매우 높은 만큼 보다 정교한 정책 대응이 필요하다"고 말했다.

이 총재가 언급한 **3대 불확실성은 ▲물가 둔화 속도 ▲주요국 "통화정책 ▲국내 경기 흐름** 등이다. 그는 "중국 리오프닝, 우크라이나 전쟁 등의 전개 양상에 따라 향후 물가가 얼마나 빠른 속도로 둔화될지 예단하기 어렵다"고 지적했다. 이어 "미국 연방준비제도(Fed·연준) 등 주요국 통화정책과 관련해서도 최종금리 수준과 지속기간 등에 대한 불확실성이 상당한 상황"이라고 진단했다.

그러면서 "향후 중국 경제 및 글로벌 IT 경기의 회복 정도, 국내 부동산 시장 위축 등은 앞으로의 경기 흐름을 전망하는 데 어려움을 가중시키고 있다"고 설명했다. 이 총재는 "이런 불확실성을 반영해 향후 통화정책을 어떻게 운영해 나갈지는 바로 통화정책방향 결정회의가 예정돼 있으므로 자세히 말씀드리기 어려운 점을 양해해 달라"고 말했다. 2월 23일 한은 금융통화위원회(금통위)는 통화정책방향 결정회의를 열고 기준금리를 동결하기로 했다.

가팔랐던 기준금리 인상과 관련해서는 "국민들의 부담이 커진 것은 사실이지만 이는 고물가 상황이 고착됨으로써 장기적으로 경제 전반에 더 큰 손실이 초래되는 것을 예방하기 위한 불가피한 선택이었다"고 밝혔다. 또 "예기치 않은 금융·외환 시장 불안이 재발할 경우 지난해와 마찬가지로 정부, 감독 당국과의 긴밀한 정책공조하에 적기 대처해 나가겠다"고 덧붙였다.

■ **통화정책 (通貨政策)**

통화정책은 중앙은행이 돈(통화)의 양을 늘리거나 줄임으로써 경제활동의 수준을 조절하는 것이다. 중앙은행은 통화정책을 수행할 때 기준금리를 지표로 삼는다. 기준금리를 변경하고 여기에 맞춰 통화량을 조절하면 금융시장에서 콜금리, 채권금리, 은행예금 및 대출금리가 변동하고 이는 기업의 투자나 가계의 소비에 영향을 미친다.
통화정책으로 시중에 유통되는 돈의 양을 조절하는 방법으로는 ▲공개시장운영(공개시장조작) ▲지급준비율 및 ▲재할인율 조정 등이 있다.

➕ **재정정책 (財政政策)**

재정정책은 정부가 경제활동에 영향을 미치기 위해 조세와 정부지출의 수준을 조작하는 조치다. 완전고용과 높은 경제 성장률을 달성·유지하고 물가와 임금을 안정시키는 목표를 달성하는 것이 재정정책의 목적이다. 일반적으로 정부지출 증가와 조세의 감소는 소비의 증가를 통해 경제 성장을 촉진시킬 것이며, 정부지출 감소나 조세 증가는 경제활동을 위축시킬 것으로 기대된다. 경기 침체·과열 상황에 따라 정부는 적절한 재정정책을 시행해야 한다.

'은행 혁신' 챌린저 뱅크 등 검토

 금융위원회

김소영 금융위원회 부위원장은 2월 22일 제1차 '은행권 경영·영업 관행·제도 개선 TF' 회의를 주재했다. 김 부위원장은 모두발언에서 "은행권 전반에 대해 혁신이 필요하다는 목소리가 높아져 가고 있다"면서 은행 개혁에 대한 뜻을 밝혔다.

금융위원회는 과점 체제에서 손쉬운 '이자장사를 통해 성과급 잔치'를 벌이고 있다는 지적을 받는 은행권 개혁을 위해 금융감독원과 민간전문가·전(全)금융업권 협회·연구기관과 함께 관련 TF 회의를 이날 시작했다.

첫 회의에서는 TF 운영계획과 주요 논의 과제에 대한 의견을 공유했다. TF는 오는 6월 말까지 ▲은행권 경쟁촉진 및 구조개선 ▲성과급 및 퇴직금 등 보수체계 ▲손실흡수능력 제고 ▲비(非)이자이익 비중 확대 ▲고정금리 비중 확대 등 금리체계 개선 ▲사회공헌 활성화 등 6개 과제에 대한 개선 방안을 마련할 계획이다.

김 부위원장은 "은행업은 정부의 인가에 의해 제한적으로 설립·운영되는 과점적 구조"라며 "국민 경제에 미치는 영향도 커서 과거 위기 시 대규모 공적 자금이 투입된 사례도 있어 민간 기업이지만 더 많은 공적인 역할이 요구된다"고 설명했다.

그는 TF 검토 과제에 대해 "은행권 경쟁을 촉진하기 위해 비교 추천 등을 통한 기존 은행권내 경쟁, 은행권과 비은행권 간 경쟁뿐만 아니라, 스몰라이센스(은행 허가를 기능별로 쪼개는 것)·**챌린저뱅크**(소규모 특화 은행) 등 최근 제기되고 있는 은행권 진입정책도 점검할 것"이라고 강조했다.

김 부위원장은 또 "가계부채 질적 구조개선과 예대금리차 공시제도 개편 등 금리체계 개선 방안을 검토하겠다"며 **주주가 임원 보수를 감시하는 세이온페이(Say−On−Pay) 도입 여부, **클로백**(clawback) 강화** 등을 살펴보고 배당·자사주 매입 등 주주환원정책도 점검하겠다"고 했다.

금융 당국은 이와 함께 ▲손실흡수능력 제고 차원에서 스트레스 완충자본 도입, 경기대응완충자본 적립 ▲금융회사의 비금융업 영위 허용, 해외진출 확대 등 비이자이익 비중을 높이는 방안 ▲사회공헌활동을 보다 활성화하기 위한 실적 공시 등의 방안 등을 고민할 예정이다.

■ 챌린저 뱅크 (challenger bank)

챌린저 뱅크는 영국에서 등장한 소규모 신생 특화은행을 일컫는 말이다. 챌린저 뱅크는 디지털 기술을 활용한다는 점에서 인터넷전문은행과 비슷하지만, 환전이나 중소기업 대출 등 더 특화되고 전문적인 서비스에 집중한다는 차이가 있다. 챌린저 뱅크는 우리나라와 마찬가지로 시중은행들의 과점 문제를 겪었던 영국이 지난 2013년 도입했다. 틈새 시장을 공략하는 효과가 나타났기 때문에 국내 금융시장에서도 '메기' 역할을 할 것으로 기대된다. 영국에서는 2021년까지 총 26개의 챌린저 뱅크가 인가를 받았으며 전체 영국 성인의 27%가 넘는 1400만 명이 계좌를 보유하고 있는 것으로 조사됐다.

■ 클로백 (clawback)

클로백은 발톱으로 긁어 회수한다는 뜻으로 임직원이 회사에 손실을 입히거나 비윤리적인 행동으로 명예를 실추시키는 경우 이연성과급을 삭감하거나 취소할 수 있도록 한 제도다. 영국과 유럽에서는 금융위기가 한창이던 2009년부터 시행되기 시작했다. 2011년 모건스탠리의 한 임원이 연말 파티에서 음주 후 택시를 타고 귀가하던 중 택시요금을 놓고 기사와 실랑이를 벌이다 서류 가방에서 펜나이프를 꺼내 기사를 위협하는 등의 행동으로 법정에 서게 된 사건이 있었다.

그 임원은 결국 무죄를 받았으나 모건스탠리는 그가 사규 행동강령을 위반했다는 이유로 선고 직전에 그를 해고했다. 이후 그는 모건스탠리 재직 기간 동안 쌓아놓은 수백만 달러의 이연성과급을 놓고 회사 측과 다퉜는데, 모건스탠리는 직원이 비윤리적인 행동을 할 경우 성과급을 환수할 수 있다는 클로백 조항에 따라 성과급을 지급할 책임이 없다고 주장했다. 이 사건을 계기로 미국과 유럽의 금융업계를 중심으로 제도가 확산해 미국 제조업의 90% 정도가 도입했다.

한은, 금리 18개월 만에 동결

 한국은행 금융통화위원회(금통위)가 2월 23일 통화정책방향 결정회의를 열고 **연 3.50%인 기준금리를 동결**하기로 결정했다. 우리나라 경제가 2022년 4분기부터 뒷걸음치기 시작한 데다 수출·소비 등 경기 지표도 갈수록 나빠지는 만큼 추가 금리 인상 대신 최근 가팔랐던 금리 인상으로 인한 경기 타격 정도를 지켜보겠다는 뜻으로 풀이된다.

금통위는 이날 통화정책방향 결정회의에서 기준금리를 현행 연 3.50%로 유지했다. 기준금리 동결은 2022년 2월 이후 1년 만의 일이다. 금통위는 2022년 4월부터 지난 1월까지 사상 처음 7연속 기준금리 인상을 단행했는데 이번 동결로 그간의 기준금리 인상 행진은 18개월 만에 '일단 멈춤'이 됐다.

한은이 8연속 금리 인상을 피한 것은 무엇보다 경기 상황이 좋지 않기 때문이다. 우리나라 실질 국내총생산(GDP) 성장률(전분기 대비)은 수출 부진 등 영향으로 2022년 4분기에 마이너스(-0.4%)로 돌아섰다. 심지어 2023년 1분기까지 역성장이 이어질 것이라는 전망도 나온다.

2월 1~20일 수출액(통관 기준 잠정치·335억4900만달러)도 전년 같은 달보다 2.3% 적어 이 추세대로라면 5개월 연속 감소(전년 동월 대비)가 우려된다. 수출 감소, 물가 상승 등의 영향으로 2월 ▪**소비자심리지수**(CCSI·90.2) 역시 1월(90.7)보다 0.5p 하락했다. 이날 한은의 동결 결정으로 미국 기준금리(정책금리 4.50~4.75%)와 격차는 1.25%p로 유지됐다.

▪ 소비자심리지수 (CCSI, Composite Consumer Sentiment Index)

소비자심리지수(CCSI)는 소비자의 경제에 대한 전반적 인식을 종합적으로 판단하기 위해 소비자동향지수(CSI, Consumer Sentiment Index)의 26개 개별지수 중 소비자의 심리에 대한 종합적인 판단에 유용한 6개 개별지수(현재생활형편CSI, 생활형편전망CSI, 가계수입전망CSI, 소비지출전망CSI, 현재경기판단CSI, 향후경기전망CSI)를 활용한 합성지수이다. CCSI는 평균값 100을 기준으로 100보다 크면 평균적인 경기 상황보다 좋음을, 100보다 작으면 평균적인 경기 상황보다 좋지 않음을 나타낸다.

尹 대통령, 2023년 수출 목표 6850억달러 제시

정부가 2023년 수출목표를 역대 최대였던 2022년보다 높여 잡았다. 2022년 6836억달러에서 14억달러 늘어난 6850억달러(약 893조원)를 목표치로 제시했다. 증가율로는 소폭(0.2%)이지만, 한국 수출이 글로벌 경기 둔화로 올 2월까지 5개월째 마이너스 행진이 확실시되는 상황이라는 걸 고려하면 상당히 공격적 목표다.

이창양 산업통상자원부 장관은 윤석열 대통령이 2월 23일 청와대 영빈관에서 주재한 제4차 수출전략회의에서 이 같은 내용을 담은 범정부 수출확대 전략을 발표했다. 윤 대통령은 "모든 외교의 중심을 경제와 수출에 놓고 최전선에서 뛸 것"이라며, 범부처 차원의 수출 기업 지원을 당부했다.

윤 대통령이 작년 10월 주문한 '전 부처의 산업부화' 체제가 본격 가동한다. 산업부, 중소벤처기업부, 국토교통부 등 산업 유관 부처 외에 교육부, 환경부, 국방부 등 비산업 관련 부서도 힘을 모은다. 단순히 구호에 그치지 않도록 부처별 수출목표를 정하고 매달 회의에서 이를 점검하기로 했다.

기존 산업 관련 부처도 어려움을 겪고 있는 수출기업 지원에 팔을 걷어붙인다. 수출 주무부처인 산업부, 중기부, 농림축산식품부 등은 올 한해 총 1조5000억원의 예산을 투입해 반도체·전기차 등 주력 수출 기업의 연구개발과 해외 마케팅을 지원하기로 했다.

무역보험공사 등 ■**정책금융**기관도 역대 최대인 362조5000억원 규모의 무역금융을 지원해 해외수출·수주를 돕기로 했다. 기획재정부와 산업부는 특히 최대 수출품목인 반도체 수출 경쟁력 확보를 위해 조세특례제한법을 개정해 국가첨단전략기술의 설비투자 세액공제율을 상향한다.

다만 반등은 쉽지 않을 것이란 관측이 지배적이다. **정부의 수출지원 노력과는 별개로 글로벌 경기 둔화가 계속되고 있는 탓이다.** 전문가들은 최대 수출품목인 반도체와 최대 교역국인 중국으로의 수출이 살아나지 않는 한 목표치 달성이 쉽지 않을 것으로 봤다.

상당수 연구기관들도 올해 수출액이 전년 대비 감소할 것으로 전망하고 있다. 산업연구원은 올해 수출이 전년 대비 1.7% 줄어들 것으로 예상했다. 한국은행(-3.8%), 무역협회(-4.0%), 한국개발연구원(KDI, -5.7%) 등도 수출 감소를 예측했다.

정부도 2022년 연말엔 2023년 수출이 4.5% 줄어들 것으로 전망했었다. 하지만 수출에 총력을 다한다는 취지에서 공격적 목표를 설정했다는 설명이다.

정부 관계자는 "무역수지 적자 장기화와 수출 감소가 우리 경제에 부담을 더하고 있다는 엄중한 인식 아래 목표치를 세웠다"며 "전 부처가 산업 부화하고 전 관료가 영업사원이 된다는 생각으로 모든 수출지원 역량을 결집할 것"이라고 말했다.

■ 정책금융 (政策金融)
정책금융은 뚜렷한 목적을 정해 놓지 않고 무차별적으로 지원하는 일반자금대출과 달리 어떤 특정한 정책목적을 가지고 특정부문에 지원하는 대출이다. 정책금융에는 중소기업정책자금·무역금융·주택자금 등이 있다. 정책금융을 네 가지의 성격으로 분류하면 정부출연금, 정부보조금, 정부융자금, 정부보증금으로 나뉘며 유관기관으로는 중소벤처기업진흥공단·신용보증기금·지역신용보증재단 등이 있다.

김병준 "전경련 정경유착 고리 끊겠다"

▲ 김병준 전경련 회장 직무대행
(자료 : 전경련)

국내 주요 경제 단체인 ■전국경제인연합회(전경련)의 새로운 수장이 된 김병준 회장 대행이 전경련을 둘러싼 ■정경유착의 고리를 끊겠다고 선언했다. 최근 재계 일각에서 나오는 전경련과 한국경영자총협회(경총)의 통합설에 대해서는 "아직 그럴 단계가 아니다"라며 선을 그었다.

2월 23일 김 회장 대행은 서울 여의도 전경련회관에서 개최된 제62회 전경련 정기 총회에서 미래발전위원장 겸 회장 대행으로 추대된 뒤 가진 기자 간담회에서 정경 유착의 고리를 끊어내겠다는 각오를 밝혔다.

그는 자신이 지난 대선에서 **윤석열 후보 캠프에서 일했던 정치 경력이 정부와 전경련 간 유착을 불러올 수 있지 않느냐**는 질문을 받고 이같이 말했다. 김 회장 대행은 "전경련에서 회장 대행을 제안한 것이 대통령과 저의 관계 때문이 아니라 내가 갖고 있는 자유민주주의, 자유 시장경제에 관한 나름의 소신과 철학을 본 것이라고 생각한다"며 "자유 시장 기조를 단단히 하고 기존에 있던 정경 유착 현상을 근절하거나 새로운 방향으로 관계를 바꾸겠다"고 말했다.

김 회장 대행은 최근 재계에서 언급되는 전경련과 경총 간 통합설에 대해 일축했다. 김 회장 대행은 "경총은 노사 관계 정립 등 아주 독특한 기능을 가지고 있고 전경련은 더욱 넓은 범위 기능을 가지고 있다"며 "지금은 고유한 설립 배경과 취지에 따라 각자 역할을 하는 것이 옳다"고 언급했다.

김 회장 대행은 2011년부터 전경련을 이끌다 12년 만에 자리에서 물러난 허창수 회장의 뒤를 이어 전경련을 진두지휘한다. 그는 이날부터 6개월 간 회장 대행직을 수행하며 전경련이 정기총회에서 발표한 '뉴웨이' 구상을 이행할 계획이다. **2017년 박근혜·최순실 국정 농단 사태 이후 바닥까지 떨어진 전경련에 대한 민심과 재계의 신뢰도를 끌어 올리는 중책을 맡았다.**

한편, 김 회장 대행은 행정학 교수 출신 정치인으로 기업 경영 경험이 전혀 없는 인사가 전경련 수장을 맡은 것은 1961년 전경련 출범 이후 처음 있는 일이다.

■ 전국경제인연합회 (全國經濟人聯合會)

전국경제인연합회는 1961년에 설립된 대한민국의 경제 단체이다. 법적으로는 사단법인의 지위를 지닌다. 대한민국 각계를 대표하는 기업 및 업종별 단체들이 회원으로 가입되어 있다. 국내외의 각종 경제 문제에 대한 조사·연구, 주요 경제현안에 관한 대정부 정책 건의, 국제기구 및 외국경제단체와의 교류협력 및 자유시장경제 이념의 전파와 기업의 사회공헌 촉진 등의 사업을 목적으로 한다. 전경련과 대한상공회의소, 한국무역협회, 한국경영자총협회, 중소기업중앙회 등 5개 단체를 소위 경제5단체라고 부르고 있다.

■ 정경유착 (政經癒着)

정경유착이란 경제계와 정치권이 부정부패의 고리로 연결돼 있는 상태를 일컫는 말이다. 기업이 불법적인 이익을 얻기 위해 공무원이나 정치인에게 뇌물을 주거나 정치인이 기업을 압박해 불법 정치자금 따위를 받는 것 등이 대표적이다.

고금리·경기둔화에 은행 연체율 치솟아

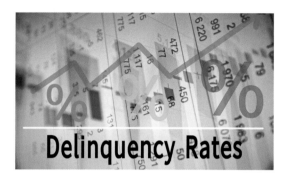

2022년 말을 기점으로 은행권 신규 연체가 증가세로 접어든 것으로 나타났다. 정부의 금융 지원으로 억눌러져 있던 부실이 경기 둔화와 기준금리 인상 누적 등으로 서서히 터져 나오고 있다는 우려가 제기된다.

금융권에 따르면 **4대 시중은행인 케이비(KB)국민·하나·우리·엔에이치(NH)농협의 2023년 1월 신규연체율은 평균 0.09%**로 집계됐다. 1년 전 신규연체율 평균(0.04%)보다 두 배가량 높다. 부문별로 가계대출 신규연체율 평균은 0.07%, 기업대출 신규연체율 평균은 0.10%를 각각 기록했다. 신규 연체율은 당월 신규 연체 발생액을 전월 말 기준 대출잔액으로 나눈 것으로, 얼마만큼 새로운 부실이 발생했는지 보여준다.

은행권 신규연체율은 코로나19 기간 가계 및 기업대출이 급격히 늘었음에도 낮은 수준을 유지해왔다. 4대 시중은행의 신규연체율 평균은 2022년 1월 0.04%에서 3월(0.04%)과 6월(0.04%)까지 큰 변동이 없었다. 그러나 지난해 하반기부터는 흐름이 달라져 점차 증가하고 있다. 신규

연체율 평균은 지난해 9월 0.05%에 이어 12월 0.07%로 상승한 뒤 올해 1월에는 0.09% 수준까지 높아졌다.

정부가 코로나19 피해 소상공인 등에 대해 대출 만기·상환 유예 지원을 다섯 번이나 연장하며 부실을 틀어막아 왔으나 이 효과도 한계에 다다른 것 아니냐는 우려가 나온다. 경기 둔화와 기준금리 인상 누적 영향으로 수면 아래에서 곪고 있던 대출채권 부실이 가시화되고 있다는 것이다. 한국은행은 2021년 8월 기준금리를 0.50%에서 0.75%로 인상한 이후 지난 1월까지 총 3%p만큼 올린 바 있다.

한 시중은행 관계자는 언론과의 인터뷰에서 "정부의 금융지원 기조를 고려해 중소기업·소상공인에 대한 대출 만기·상환 유예 등을 이어나가고 있으나 대출채권 부실이 점진적으로 나타나고 있는 것으로 보인다"고 말했다.

➕ 3대 인터넷은행도 연체 대출 잔액 급증

2022년 말 카카오뱅크, 케이뱅크, 토스뱅크 등 인터넷 은행 3사의 연체 대출이 3개 분기 만에 3배 가까이 급증한 것으로 나타났다. 가파른 금리 인상의 영향으로 중·저 신용자의 상환능력이 약화했다는 의미로 풀이된다.

2022년 말 기준 인터넷 은행 3사의 1개월 이상 연체 대출 잔액은 2915억9100만원으로 지난해 1분기 말(1062억원)보다 3배 가까이 불었다. 2022년 1분기 말 1062억원, 2분기 말 1392억원, 3분기 말 1860억원, 4분기 말 2916억원으로 가파른 증가세를 보였다. 인터넷 은행들이 중·저 신용자 대상 신용대출 비중 목표치 달성에 집중하고, 고금리 상황에서 중·저 신용자들의 상환 여력이 약화하면서 건전성 지표가 악화한 것으로 풀이된다.

대표적인 건전성 관리 지표인 연체율과 고정이하여신 (연체 기간 3개월 이상) 비율도 악화되고 있다. 인터넷 은행의 여신 규모가 꾸준히 성장하고 있는 만큼 연체 대출 증가가 일정 부분 불가피한 측면도 있으나, 금리 인상의 여파가 당분간 지속될 것으로 보여 건전성 관리에 각별한 주의가 요구되는 상황이다.

전국 미분양 가구 7만5000가구 역대 최다

1월 전국 미분양 아파트가 7만5000가구를 넘으면서 정부가 미분양 위험선 기준으로 제시한 6만 2000가구와 점점 더 격차가 벌어지고 있다. 이런 상황이지만 **정부는 '미분양 주택의 직접 매입은 안 된다'는 입장**이다. 분양가 인하 등 건설사들의 자구책이 필요하고 특히 아직 '악성'으로 불리는 준공 후 미분양은 괜찮다는 것이 이유다. 그러나 지방의 준공 후 미분양이 쌓이는 것은 결국 시간 문제라는 지적이 나온다.

국토교통부 1월 주택통계에 따르면 지난해 12월 말 기준 전국 미분양 아파트는 총 7만5359가구로 전달(6만8148가구)보다 7211가구(10.6%) 증가

했다. 2012년 11월(7만6319가구) 이후 10년 2개월 만의 최대치다. 악성으로 분류되는 준공 후 미분양은 7546가구로 0.4%(28가구) 늘었다.

특히 미분양의 83%는 지방에 쏠려 있었다. 1월 말 미분양 주택은 수도권에 1만2257채, 지방에 6만3102채다. 정부는 미분양 아파트 위험선을 6만2000가구라고 정의한 바 있다. 지방만 놓고 봐도 위험선을 훨씬 넘었다.

그동안 **중소 건설업계에서는 지방을 중심으로 정부가 미분양 주택을 직접 매입해야한다는 목소리**가 많았다. 주택도시보증공사(HUG) 등 공공기관이 건설 중인 미분양 주택을 현행 공공 매입 가격 수준(최고 분양가 70~75%)으로 매입하고 준공 이후 사업 주체인 건설사에 환매하는 '환매조건부 매입' 정책과 미분양 주택을 정부가 매입해 임대 주택으로 공급하는 방안인 '매입임대주택'이 대책으로 떠올랐다.

정부는 확실히 선을 긋는 모양새다. 우리나라는 선분양 제도를 취하고 있기 때문에 진짜 악성이라고 볼 수 있는 준공 후 미분양은 아직 괜찮다는 이유에서다. 그러나 중소 건설업계에서는 현재 미분양이 쌓이는 상황에서 2~3년 뒤 준공 후 미분양이 늘어날 것이 확실해 선제적 매입 조치가 필요하다고 주장한다.

실제로 미분양 주택 수는 2021년 10월과 11월 각각 1만4000가구를 기록하다 2021년 12월 1만 8000가구로 증가했다. 그 이후에는 2만 가구 이상을 기록하며 꾸준히 증가해왔다. 2022년 9월엔 4만2000가구를 넘었고 11월 5만8000가구, 12월 6만8000가구, 2023년 1월 7만5000가구 등

으로 증가세가 가파르다.

전문가들은 현재 미분양이 잠재적으로 준공 후 미분양이 될 위험성이 크기 때문에 민간과 공공에서 심각하게 들여다봐야 한다고 설명한다. 당장 정부가 매입하는 것이 어렵더라도 민간은 중도금 무이자나 분양가 인하 등 자구노력을 이어가고, 정부는 임대 ▪**리츠** 시장을 활성화시켜 리츠가 매입해서 임대주택으로 활용하게 하는 등 다양한 노력이 전제돼야 한다는 입장이다.

▪ **리츠 (REITS, Real Estate Investment Trusts)**
리츠는 부동산투자를 전문으로 하는 뮤추얼펀드다. 소액의 투자자들을 모아 부동산 또는 부동산 관련 대출에 투자하여 발생한 수익을 배당으로 지급한다. 주로 부동산개발사업·임대·주택저당채권 등의 투자로 수익을 올리며, 만기는 3년 이상이 대부분이다. 리츠는 소액으로도 부동산 투자가 가능해 일반인들도 쉽게 참여할 수 있고, 실물자산인 부동산에 투자하므로 수익이 비교적 안정적이다.

정부, '소주가격 6000원 시대' 제동

최근 식당에서 파는 소주 1병 가격이 5000원에서 6000원으로 오를 것이라는 전망이 나오자, 정부가 기업에 사실상 가격 인상 자제를 요구하고 나섰다. 주류 회사 임원들에게 일일이 전화를 해 원가 부담 현황을 파악하거나 별도 원가 구조 조사에 나선 것이다. **'난방비 폭탄'에 이어 '소주 1병 6000원'이 현실화하면 민심이 정부·여당에 등을 돌리게 될 거란 위기감**이 반영됐다.

2월 26일 정부 당국에 따르면, 국세청은 최근 하이트진로·롯데칠성음료·오비맥주 등 주요 소주·맥주 업체 최고재무책임자(CFO) 등에게 전화를 걸어 원가 부담 현황을 파악하고 건의 사항을 물었다. 국세청은 ▪**주세**와 주류 면허를 담당한다. 공정거래위원회는 주류업체의 담합 가능성과 경쟁 상황을 들여다보는 것으로 전해졌다. 이는 국민들이 즐겨 마시는 소주·맥주 가격 인상 가능성이 거론되기 때문이다.

한국농수산식품유통공사에 따르면, 소주의 주정(에탄올)을 만드는 원료인 타피오카 전분 가격은 2월 기준 평균 1톤당 525달러로 작년 2월(492.5달러)에 비해 7% 올랐다.

주정 독점 공급사인 대한주정판매가 작년 2월 10년 만에 주정 가격을 7.8% 올린 데 이어, 올들어서도 인상할 수 있다는 우려가 나온다. 여기에 소주병 제조사들도 최근 병당 180원에서 220원으로 20% 넘게 올린다고 소주 업체들에 통보했다.

이에 소주 업체들이 출고가를 작년 6~8% 올린 데 이어 올해도 올릴 수 있다는 전망이 나온다. 식당 등 외식 업체들이 1000원 단위로 판매가를 올리는 것을 감안하면 소주 360mL 판매가는 현행 5000원에서 6000원으로 올라갈 가능성이 크다. 오는 4월부터 리터당 주세가 30.5원

올라 885.7원이 되는 맥주도 500mL 1병당 5500~6000원 수준에서 6000~7000원으로 오를 수 있다.

국세청은 최근 주류업체 대표를 불러 비공개 간담회도 열었다. 정부의 주무 기관이 주류업계와 소통하고 애로를 청취한다는 취지였지만, 사실상 국세청이 업계를 상대로 출고가격 인상 자제를 설득하는 자리가 된 것으로 전해졌다. **주류 업체 측은 "술값 인상의 주범은 외식 업계"라고 화살을 돌렸다.**

■ 주세 (酒稅)

주세는 국가가 부과하는 국세의 하나로 간접세이며 부가가치세, 개별소비세, 교통·에너지·환경세와 함께 소비세에 속한다. 주세가 소비세의 일종이지만 개별소비세법과 별도의 주세법으로 규정된 까닭은 주류의 제조·판매에 대한 면허, 원료의 수급조절, 주조사(酒造士)의 자격시험과 면허 등에 관하여 폭넓은 단속 법규가 아울러 규정되어 있기 때문이다.

대기업·중소기업 소득격차 2.1배로 확대

2021년 임금노동자의 평균소득이 월 333만원으로 1년 전보다 13만원 늘었다. 대기업과 중소기업 노동자의 소득 격차는 더 벌어져 300만원에 육박했다. 통계청이 2월 28일 발표한 '2021년 임금근로일자리 소득(보수) 결과'를 보면, 2021년 12월 기준 임금노동자의 평균소득은 월 333만원으로 1년 전보다 13만원(4.1%) 늘었다. **임금노동자를 소득순으로 줄 세웠을 때 정가운데 사람의 소득인 중위소득은 월 250만원으로 1년 전보다 8만원(3.3%) 증가했다.**

일자리행정통계에서 소득을 집계하기 시작한 2016년 이후로 줄곧 중위소득 증가율은 평균소득 증가율을 앞서왔지만, 코로나19 확산이 시작된 2020년부터는 2년 연속 평균소득 증가율이 더 높았다. 고임금노동자의 소득이 나머지 노동자보다 더 빠르게 증가했다는 의미다.

기업 규모별로 임금노동자의 평균소득을 보면, 대기업이 월 563만원, 공공부문 등 비영리기업이 월 335만원, 중소기업이 월 266만원 순이었다. 대기업이 1년 전보다 35만원(6.6%) 올라 증가폭이 가장 컸다.

대기업과 중소기업의 소득 격차는 2020년 270만원에서 2021년 297만원으로 크게 올랐다. 종사자 규모별로 보더라도 300명 이상 기업체 노동자의 평균소득이 월 451만원으로 가장 많았고, 50~300명 미만이 월 329만원, 50명 미만이 월 245만원 순이었다. 규모가 큰 기업체일수록 평균소득이 더 크게 뛰었다.

남성 임금노동자의 평균소득은 월 389만원으로 1년 전보다 17만원(4.7%)올랐다. 같은 기간 여성 임금노동자는 전년 대비 9만원 오른 월 256만원(전년 대비 3.7% 증가)에 그쳤다. 남성 평균소득이 여성보다 133만원 많은 약 1.5배 수준이었다. 남성이 1000원을 버는 동안 여성은 658원을 버는 셈이다.

산업별로 봐도 부익부빈익빈 현상이 나타났다. 노동자 평균소득이 가장 높은 곳은 금융·보험업(월 726만원)이었는데, 금융·보험업은 1년 사이 평균소득이 66만원(10%) 늘어 전 산업 가운데 증가폭이 가장 컸다. 상대적으로 양질의 일자리가 많은 공공행정은 32만원(8.9%) 오른 월 391만원, 전문과학기술업은 32만원(8.6%) 오른 월 406만원을 나타냈다. 반면 교육서비스업은 1년 전보다 3만원 줄어든 월 388만원이었고, 평균소득이 가장 낮은 숙박음식업은 1년 전보다 1만원 적은 월 162만원을 나타냈다.

이 통계는 일자리행정통계의 하나로 임금근로일자리에서 하루 이상 일한 노동자를 대상으로 작성된다. 세법상 사업소득자로 분류되는 **■특수형태근로자**는 포함되지 않으며, 사회보험에 가입되지 않아 행정 당국이 파악하지 못하는 취약 노동자도 포괄하지 못하는 한계가 있다.

■ 특수형태근로종사자 (特殊形態勤勞從事者)
특수형태근로종사자(일명 특고)란 계약의 형식에 관계없이 근로자와 유사하게 노무를 제공함에도 근로기준법 등이 적용되지 않아 업무상 재해로부터 보호할 필요가 있는 자이다. 사업 운영에 필요한 노무를 상시적으로 제공하고 보수를 받아 생활하며 노무를 제공함에 있어서 타인을 사용하지 않는다는 특징을 지닌다.
특수형태근로종사자에 해당하는 기존 12개 직종은 보험설계사, 학습지 방문강사, 교육교구 방문강사, 택배기사, 대출모집인, 신용카드회원 모집인, 방문판매원, 대여제품 방문점검원, 가전제품 배송설치기사, 방과후학교 강사(초·중등학교), 건설기계조종사, 화물차주이며 2022년부터 여기에 플랫폼 기반 노동자인 퀵서비스기사와 대리 운전기사가 포함됐다.

한국, 세계 최초 전기차 등급제 도입

전기차의 에너지 소비효율에 따라 1~5등급의 기준을 매겨 표시하도록 한 **■전기차 등급제**(전기차 소비효율 등급제)가 도입된다. 전기차에 등급제를 도입한 나라는 전 세계에서 한국이 처음이다.

산업통상자원부는 2월 22일 전기차에 1~5등급의 에너지소비효율 등급 기준을 신설해 부여하는 내용의 에너지소비효율 및 등급표시에 관한 규정 일부개정고시안을 2월 23일부터 3월 16일까지 행정예고한다고 밝혔다.

전기차는 현행 법규에 따라 2012년부터 전비(km/kWh)와 1회 충전 주행거리(km)를 외부에 표시하고 있지만 등급은 별도로 표시하지 않고 있었다. 이에 정부는 시장에 판매되는 차종 간 효율을 쉽게 비교할 수 있도록 1~5등급을 부여하는 기준을 마련해 표시하기로 했다. **kWh당 5.9km이상을 가는 차량은 1등급을 받게 된다. 5.8~5.1km는 2등급, 5.0~4.3km는 3등급, 4.2~3.5km는 4등급, 3.4km 이하는 5등급에 해당한다.**

2022년 말 기준 전기차 인증모델 기준 1등급은 3개 모델로, 전체의 2% 정도다. 2등급은 25개 모델(16.9%)이다. 2등급 이내가 전체 모델 수의 20% 미만이라서 고효율 전기차 변별력이 커질 전망이다. 3등급은 41개(27.7%), 4등급은 43개(29.1%), 5등급은 36개(24.3%) 모델이 해당한다.

■ 전기차 등급제 (電氣車等級制)

전기차 등급제는 산업통상자원부가 전기차에 에너지 소비효율에 따라 1~5등급의 기준을 매겨 표시하는 제도다. 산업통상자원부는 국내에 전기차 보급이 확대되고 차종 수가 지속해서 증가해 전기차의 효율 수준에 대한 정보를 소비자에게 정확히 전달할 필요가 있다고 제도의 취지를 설명했다. 복합에너지소비효율(km/kWh, 킬로와트시) 기준으로 전비(기존 내연기관 자동차의 연비에 해당)가 5.9km 이상이면 1등급이 부여된다.

작년 1인당 국민소득 3만2661달러... 원화 가치 하락에 7.7%↓

지난해 우리나라 달러 기준 1인당 ■국민총소득(GNI)이 원화 가치 하락(원–달러 환율 상승) 등의 영향으로 8% 가까이 줄었다. 하지만 원화 기준으로는 약 4% 늘었다. 지난해 4분기와 연간 실질 국내총생산(GDP) 성장률 잠정치는 속보치와 같은 -0.4%, 2.6%를 유지했다.

한국은행이 3월 7일 발표한 '2022년 4분기 및 연간 국민소득(잠정)' 통계에 따르면 지난해 1인당 GNI는 3만2661달러로 2021년(3만5373달러)보다 7.7% 감소했다. 변동폭(2712달러)을 요인별로 분해하면, 경제성장·물가 상승이 1인당 GNI를 각 896달러, 437달러 늘렸고 반면 원–달러 환율 상

승이 국민소득을 4207달러 깎아내렸다.

연평균 환율은 2021년 1144원에서 지난해 1292원으로 올랐다. 이 밖에 국외순수취요소소득, 인구 감소는 88달러, 74달러씩 1인당 GNI를 키웠다. 달러 기준으로는 급감했지만, 지난해 원화 기준 1인당 GNI는 4220만3000원으로 1년 전보다 4.3% 많았다.

우리나라 1인당 GNI는 2017년(3만1734달러) 처음 3만달러대에 들어선 뒤 2018년 3만3564달러까지 늘었다가 2019년(3만2204달러)과 2020년(3만2004달러) 2년 연속 뒷걸음쳤다.

2021년(3만5373달러)엔 코로나19 충격으로부터 경기가 회복하고 환율이 연평균 3% 떨어지면서 3년 만에 반등에 성공했지만, 지난해의 경우 급격한 원화 절하와 함께 달러 기준 1인당 GNI도 다시 뒷걸음쳤다. 이에 따라 **우리나라 1인당 국민소득은 2002년 이후 20년 만에 처음으로 대만에도 뒤처졌다.**

■ 국민총소득 (GNI, Gross National Income)

국민총소득(GNI)은 한나라의 국민이 국내외 생산 활동에 참가하거나 생산에 필요한 자산을 제공한 대가로 받은 소득의 합계로서 이 지표에는 자국민(거주자)이 국외로부터 받은 소득(국외수취요소소득)은 포함되는 반면 국내총생산 중에서 외국인(비거주자)에게 지급한 소득(국외지급요소소득)은 제외된다.

국내총생산(GDP)은 한 나라의 경제규모를 파악하는 데 유용하나, 국민들의 평균적인 생활수준을 알아보는 데는 적합하지 못하다. 왜냐하면 국민들의 생활수준은 전체 국민소득의 크기보다는 1인당 국민소득의 크기와 더욱 밀접한 관계가 있기 때문이다. 따라서 국민들의 생활수준을 알아보기 위하여 일반적으로 사용되는 것이 1인당 GNI이다. 1인당 GNI는 명목 GNI를 한 나라의 인구수로 나누어 구하며 국제비교를 위해 보통 시장환율로 환산하여 미달러화로 표시하고 있다.

美 SVB 초고속 파산 사태...
금융 위기 가능성 고조

미국 은행 역사상 두 번째로 큰 규모의 파산 사태가 터지면서 2008년 글로벌 금융 위기가 재발하는 것 아니냐는 불안감이 전 세계 금융권을 휘감았다.

미국 금융 당국은 최근 자금난에 시달렸던 캘리포니아주 산타클라라에 본사를 둔 **실리콘밸리 은행**(SVB, Silicon Valley Bank)**에 폐쇄 명령**을 내렸다고 미국 주요 언론이 3월 10일(현지시간) 일제히 보도했다. 미국 연방예금보험공사(FDIC)는 이날 SVB의 영업을 중단시키고 FDIC가 예금지금 업무를 대행할 것이라고 밝혔다.

SVB는 지난 40년간 실리콘밸리 스타트업의 산파 역할을 해온 은행으로서 이번 파산은 2008년 금융 위기 당시 '시애틀 뮤추얼' 파산 후 가장 큰 규모의 은행 파산이다. 시애틀 뮤추얼은 자산 3070억달러(약 404조원)를 보유하고 있었고 SVB는 2090억달러(약 275조원)를 보유하고 있다.

SVB가 파산하는 데는 이틀밖에 걸리지 않았다. SVB 유동성 위기설이 제기된 것은 3월 8일 오후였다. SVB는 매도가능증권(AFS, Available For sale

Securities : 만기 전 팔 의도로 매수한 주식 및 채권)을 모두 팔며 18억달러 손실을 냈고 이를 메우고자 22억5000만달러 규모의 증자 계획을 발표했다. 연방준비제도(Fed·연준)의 긴축으로 미국 국채가격이 급락하며 AFS를 매입가보다 저렴하게 팔았고 대규모 손실을 낸 것이다.

이튿날 SVB에 예금을 맡겨둔 다수 스타트업의 ■**뱅크런**(대규모 예금 인출)이 이어졌고 SVB가 증자에도 실패하자 미 금융 당국은 SVB를 기다려주지 않고 폐쇄조치를 내렸다. 전문가들은 SVB의 초고속 파산이 가능했던 요인으로 스마트폰을 꼽았다. 은행 앞에 줄을 서서 예금 인출을 시도한 과거의 모습과 달리 **스마트폰 뱅킹 앱에서 간편하게 예금 인출이 가능해지면서 초고속 '디지털 뱅크런'이 나타났다는 것**이다.

미 금융 당국은 SVB 파산 이틀 만에 부실 우려가 제기된 시그니처 은행에 대해서도 폐쇄 조처를 내렸다. 부실 은행이 금융시장 전반에 미칠 악영향을 차단하려는 의도이지만 금융 위기 가능성에 대한 우려가 커지고 있다. 스위스 2대 은행인 크레디트스위스(CS)도 부실 위험 가능성이 고조됐다.

■ 뱅크런 (bank run)

뱅크런은 은행의 대규모 예금인출사태를 뜻한다. 은행에 돈을 맡긴 사람들이 은행 건전성에 문제가 있다고 비관적으로 인식하면 그동안 저축한 돈을 인출하려는 생각을 갖게 될 것이다. 이때 예금으로 다양한 금융활동을 하고 수익을 창출하는 은행으로선 당장 돌려줄 돈이 바닥나는 패닉 현상이 닥치게 되는데 이를 뱅크런이라 한다. 예금보험공사는 뱅크런으로 인한 은행의 위기를 막기 위해 은행이 문을 닫더라도 예금자에게 5000만원까지는 보호를 해주는 예금자보호법을 시행하고 있다.

분야별
최신상식

사회
환경

법원, 동성 부부 건보
피부양자 자격 첫 인정

■ **건강보험 (健康保險)**
건강보험은 소득이 있든 없든 대한민국 국민이라면 모두 의무 가입 대상으로, 병원에서 진찰이나 치료를 저렴하게 받도록 하는 보험이다. 건강보험은 소득수준에 따라 보험료가 부과되며, 보험료 부담수준에 상관없이 관계법령에 따라 균등하게 분배된다.

원고 패소 1심 판단 뒤집어

동성 부부가 배우자의 ■**건강보험** 피부양자 자격을 인정해달라며 국민건강보험공단(건보공단)을 상대로 행정소송을 내 2심에서 이겼다. 서울고법은 2월 21일 소성욱 씨가 건보공단을 상대로 제기한 보험료 부과처분 취소 소송에서 원고 승소로 판결했다. 이는 '혼인은 남녀 간의 결합'이라며 원고 패소로 판결했던 1심 판단을 뒤집은 것이다.

재판부는 "건보공단이 이성 관계인 사실혼 배우자 집단에 대해서만 피부양자 자격을 인정하고, 동성 관계인 동성 결합 상대방 집단에 대해선 피부양자 자격을 인정하지 않는 것은 성적 지향을 이유로 본질적으로 동일한 집단에 대해 한 차별대우에 해당한다"고 밝혔다. 재판부는 "동성 결합은 사실혼 관계가 아니다"라고 동성 결합과 동성 부부를 구분하면서도, 건보공단 측이 사실혼자의 권리를 인정했다면 동성 부부에도 법률상 평등의 원칙이 적용돼야 한다고 밝힌 것이다.

소 씨를 대리한 박한희 '희망을만드는법' 변호사는 **"오늘 판결은 동성 부부의 법적 지위를 법원이 인정한 최초 사례"**라며 환영했다. 소 씨는 김용민 씨

와 2019년 결혼식을 올리고 이듬해 2월 건강보험 직장 가입자인 배우자 김 씨의 피부양자로 등록했다. 하지만 그해 10월 '피부양자 인정 조건에 부합하지 않는다'는 이유로 공단에서 보험료를 내라는 처분을 받았다.

이에 소 씨는 "실질적 혼인 관계인데도 동성이라는 이유만으로 건강보험 피부양자 자격을 부인하는 것은 피부양자 제도의 목적에 어긋난다"며 2021년 2월 행정소송을 냈다. 1심 당시 법원은 사실혼은 남녀의 결합이므로 동성 간 결합까지 확장해 해석할 근거가 없고 동성결혼 인정 여부는 입법의 영역이라는 이유로 이들의 청구를 기각한 바 있다.

차별받는 동성 부부...혼인까지 인정될까

현재 시·구청의 가족관계등록 전산시스템상에서는 동성일 경우에도 혼인신고 접수가 가능하다. 이 시스템에 등록된 동성 간 혼인신고 접수는 1년 사이 30건에 육박하는 것으로 확인됐다. 그러나 **동성 커플은 혼인과 가족생활 권리를 보장받**지 못하고 있다. 현행 민법이 동성 부부의 법적 지위를 인정하지 않기 때문이다. 동성 배우자는 법정상속인이 될 수 없고, 친족이 아니라는 이유로 배우자의 사망신고도 할 수 없다. 유족으로 인정받지 못해 유족연금도 받지 못한다.

동성 부부는 법률혼·사실혼 배우자와 달리 재산분할 청구권도 행사할 수 없고, 의료기관에서 보호자로 인정받지 못해 배우자의 수술이나 입원 동의서에 서명도 할 수 없다.

한편, 건보공단은 이번 2심 판결에 불복, 소 씨가 "건강보험료 부과 처분을 취소해달라"며 낸 소송의 항소심을 심리한 서울고법에 상고장을 제출했다. 이에 따라 나올 대법원 판결이 동성 부부에 대한 차별을 시정하고 법적 혼인 관계까지 인정하는 방향으로 이어질지 주목된다.

➕ 동성결혼 인정 국가

▲네덜란드 ▲벨기에 ▲스페인 ▲캐나다 ▲남아프리카공화국 ▲노르웨이 ▲스웨덴 ▲포르투갈 ▲아르헨티나 ▲아이슬란드 ▲덴마크 ▲뉴질랜드 ▲우루과이 ▲프랑스 ▲브라질 ▲아일랜드 ▲룩셈부르크 ▲미국 ▲콜롬비아 ▲핀란드 ▲몰타 ▲독일 ▲호주 ▲오스트리아 ▲대만 ▲에콰도르 ▲영국 ▲코스타리카 ▲칠레 ▲스위스 ▲쿠바 ▲슬로베니아 ▲멕시코

POINT 세 줄 요약

❶ 동성 부부가 배우자의 건강보험 피부양자 자격을 인정해달라며 건보공단을 상대로 행정소송을 내 2심에서 이겼다.

❷ 동성 커플은 현재 혼인과 가족생활 권리를 보장받지 못하고 있다.

❸ 건보공단이 불복, 서울고법에 상고장을 제출하여 대법원 판결이 남았다.

작년 합계출산율 '역대 최저' 0.78명

우리나라에서 여성 1명이 평생 낳을 것으로 예상되는 평균 출생아 수인 ▪합계출산율이 0.7명대로 떨어졌다. **경제협력개발기구(OECD) 회원국 중 꼴찌이자 평균의 절반에도 못 미치는 수준**이다. 통계청은 2월 22일 이런 내용을 담은 '2022년 출생·사망통계 잠정 결과'와 '2022년 12월 인구동향'을 발표했다. 정부는 16년간 약 280조원의 저출생 대응 예산을 쏟아 부었지만, 출생아 수는 20년 전의 반 토막인 25만 명 수준으로 곤두박질했다.

작년 합계출산율은 0.78명으로 전년보다 0.03명 줄어 1970년 통계 작성 이래 가장 낮았다. 우리나라는 2013년부터 줄곧 OECD 회원국 가운데 합계출산율 꼴찌를 기록하고 있다. 가장 최근 통계인 2020년 기준으로 합계출산율이 1명 미만인 나라는 한국뿐이었다. 작년 한국의 합계출산율은 2020년 OECD 평균 합계출산율(1.59명)의 절반에도 못 미친다.

우리나라의 합계 출산율은 1974년(3.77명) 4명대에서 3명대로, 1977년(2.99명) 2명대로, 1984년(1.74명) 1명대로 떨어졌다. 2018년(0.98명)에는 0명대로 떨어졌고 이후에도 2019년(0.92명),

2020년(0.84명), 2021년(0.81명)에 걸쳐 지난해까지 끝을 모르고 추락하고 있다.

저출산고령사회위원회에 따르면 정부는 2006년부터 2021년까지 저출생 대응 예산으로 약 280조원을 투입했다. 그러나 체감 효과가 미미한 백화점식 대책이 중구난방으로 이뤄지면서 저출생 기조를 반전시키는 데 실패했다는 평가가 나온다. **일과 육아를 병행하기 어려운 환경, 사교육비 부담 등은 아이 낳기를 꺼리게 하는 대표적인 이유**로 꼽는다.

지난해 혼인 건수는 19만2000건으로 전년보다 1000건 줄어 1970년 통계 작성 이래 가장 적었다. 혼인 건수는 2021년(19만3000건) 처음으로 20만 건 아래로 떨어진 바 있다. 작년에는 이혼 건수도 9만3000건으로 10만 건 아래로 떨어졌다.

▪ 합계출산율 (合計出産率)

합계출산율은 여성이 출산할 수 있는 나이인 15~49세를 기준으로 한 여성이 평생 낳을 수 있는 자녀의 수를 나타내는 것이다. 국가별 출산력 정도를 비교하고, 인구 증가율을 가늠할 수 있는 주요 지표로 이용된다. 우리나라는 1970년까지만 해도 합계출산율이 4.71명에 달해 정부가 '둘만 낳아 잘 기르자' 등의 산아 제한정책을 펼칠 정도였으나, 2018년 들어서는 1명 선이 무너진 0.98명을 기록해 세계 유일의 출산율 0명대 국가가 됐다.

尹 대통령 "건설노조 불법행위 엄단" 지시

윤석열 대통령이 건설 현장에서 자행되는 강성 노조의 불법 행위에 대해 발본색원(拔本塞源 : 뿌

리부터 뽑아냄)을 예고했다. 화물연대의 집단운송 거부 사태에 원칙적으로 대응하고 노조 회계 투명성을 강조한데 이어, 강경 노조 불법행위에 대한 엄정 조치까지 언급하면서 연일 노동개혁에 대한 강한 의지를 드러냈다.

윤 대통령은 2월 21일 용산 대통령실에서 제8회 국무회의를 갖고 "아직도 건설 현장에서는 강성 기득권 노조가 금품요구, 채용강요, 공사방해와 같은 불법행위를 공공연하게 자행하고 있다. 폭력과 불법을 보고서도 이를 방치한다면 국가라고 할 수 없다"라고 말했다.

국토교통부와 법무부, 고용노동부, 경찰청 등 관계 부처는 건설노조 불법 행위에 대해 건설기계조종사 면허 정지 및 건설노조 대상 민형사상 조치까지 강행하기로 했다. 정부는 불법행위가 파악되는 즉시 처벌할 계획이다.

협박에 의한 노조전임비나 **월례비**(月例費 : 건설사가 타워크레인 기사에게 월급 이외로 주는 비공식적 웃돈) 수취에 대해서는 형법상 강요·협박·공갈죄로 즉시 처벌한다. 강요는 5년 이하 징역 또는 3000만원 이하의 벌금을 부과할 수 있다. 기계장비로 공사현장을 점거하면 형법상 업무방해죄를 적용할 방침이다.

건설노조, 대규모 도심집회

민주노총 전국건설노동조합이 2월 28일 서울 도심에서 조합원 4만 명이 참여하는 대규모 집회를 열었다. 민주노총 건설노조는 전날 기자회견을 열고 "정부가 건설현장 불법 행위의 책임을 노조에 일방적으로 떠넘긴다"며 총 ▪**파업**에 준하는 투쟁을 하겠다고 했다.

노조는 "정부가 2017년부터 건설업계의 다단계 하도급 문제 개선, 적정 임금제 도입 등을 약속하고도 하나도 지키지 않고 있다"며 "부정부패를 일삼는 건설사에는 아무 말도 하지 않으면서 노조만 탄압한다"고 비판했다.

한편, 3월 8일 서울 동작구 전문건설회관 대회의실에서 열린 '건설현장 불법행위 고발을 위한 증언대회'에서는 건설노조의 부당 행위로 피해가 크다는 건설 업체들의 증언이 잇따랐다. 건설 업체 대표들은 매일 수십 개 건설 노조로부터 채용강요를 당하고 있으며 월례비 지급을 중단하자 공기(工期 : 공사하는 데 걸리는 기간)를 지연하는 등 경영 손실이 크다고 토로했다.

▪ **파업 (strike)**

파업이란 노동자들이 자신의 요구를 관철시키기 위하여 생산 활동이나 업무 수행을 일시적으로 중단하는 집단행동을 말한다. 일반적으로 파업은 특정 사업체의 노동조합이 조합원들의 경제적인 이익 증진이나 근로조건 개선을 위한 단체교섭의 요구를 관철하려는 목적으로 이뤄진다. 대다수 국가에서는 노동자들이 자본주의 체제하에서 경제적 약자의 지위라는 점을 인정하여 노동3권(단결권·단체교섭권·단체행동권)을 보장하며, 적법한 절차에 따르는 노동자들의 파업행위를 정당한 단체행동으로 허용하고 있다. 파업의 종류로는 동정파업, 정치파업, 동맹파업, 총파업 등이 있다.

3월부터 중국인 입국자 코로나19 검사 해제

중국발 입국자의 입국 후 코로나19 ▪PCR(유전자 증폭) 검사 의무가 3월 1일부터 해제되면서 중국인 관광객들이 대거 유입될 것이란 기대감이 커지고 있다.

2월 28일 관련 업계에 따르면 우리 **정부는 중국발 입국자의 입국 후 1일 이내 PCR 검사 의무를 오는 3월 1일부터 해제**하기로 했다. 단, 입국 전 PCR 검사와 항공기 탑승 시 '검역정보사전입력 시스템(Q-CODE·큐코드)' 입력은 3월 10일까지 유지된다.

우리 정부는 중국의 코로나19 확진자가 급증하자 1월 2일 중국인에 대한 단기비자 발급을 중단한 바 있다. 이후 중국의 코로나19 확산세가 안정화되면서 최근 단기비자 발급 제한 조치를 해제했지만, 입국 후 PCR 검사 방침은 유지해 왔다.

이런 가운데 이번 PCR 검사 의무 해제 조치로 여행 및 면세 등 관련업계는 중국인 관광객 유입에 대한 기대감을 드러내고 있다. 특히 중국인 관광객 의존도가 높은 면세업계에도 활기가 돌고 있다.

다만 중국인 관광객이 본격적으로 증가하려면 중국인 단체관광이 재개돼야 할 것이란 견해가 우세하다. 코로나19 팬데믹 이후 국경을 닫아 걸은 중국 정부는 2월 초부터 태국·몰디브·필리핀 등 20개국에 한해 해외 단체관광을 재개했으나, 한국과 일본, 미국 등은 단체관광 허용 국가 명단에 없다.

업계에서는 최근 한국 정부가 중국인에 대한 비자 발급을 정상화했고 이어 중국도 한국인을 대상으로 비자 발급을 재개한 만큼, 중국 정부가 단체 관광을 허용하는 2차 국가 명단에는 한국이 포함될 가능성이 있다고 보고 상황을 주시하고 있는 분위기다.

▪ PCR (Polymerase Chain Reaction)
PCR은 DNA에서 원하는 부분을 복제·증폭시키는 분자생물학 기술로서 중합효소연쇄반응 또는 유전자증폭기술이라고도 한다. PCR은 사람의 게놈처럼 매우 복잡하고 양이 지극히 적은 DNA 용액에서 연구자가 원하는 특정 DNA 단편만을 선택적으로 증폭시킬 수 있다. 이를 통해 분자생물학, 의료, 범죄수사, 생물 분류 등 DNA를 취급하는 작업 전반에서 극히 중요한 역할을 담당하고 있다.

국민 5명 중 1명만 "자식이 부모 부양해야 한다"

자녀의 부모 부양 책임에 대한 인식이 빠르게 변하고 있다. 15년 전엔 절반 이상의 국민이 부모는 자식이 모셔야 한다고 생각했지만, 지금은 5명 중 1명만 그렇게 생각하는 것으로 나타났다.

2월 24일 한국보건사회연구원의 '2022년 한국복

지패널 조사·분석 보고서'에 따르면 지난해 3~7월 총 7865가구를 대상으로 한 제17차 한국복지패널 조사에서 '부모 부양의 책임은 자식에게 있다'는 의견에 응답자의 3.12%가 '매우 동의한다', 18.27%가 '동의한다'고 응답했다. 두 응답을 합쳐 **21.39%만이 부모 부양의 자녀 책임에 대해 동의**한 것이다.

이 같은 인식은 15년 전 조사 결과와 큰 차이가 있다. 한국보건사회연구원은 2006년부터 매년 한국복지패널 조사를 하면서 3년 주기로 '복지 인식'에 대한 부가조사를 수행하고 있다.

부모 부양 책임에 대한 문항이 처음 들어간 2007년의 경우 '부모를 모실 책임이 자녀에게 있다'는 의견에 52.6%(매우 동의 12.7%, 동의 39.9%)가 동의했고, 반대 응답은 24.3%(매우 반대 1.7%, 반대 22.6%)로 그 절반에도 못 미쳤다.

15년 사이 가족관이나 성 역할 등에 적지 않은 변화가 있음을 보여준다. **노인이나 자녀의 돌봄 부담을 오롯이 가족이 졌던 과거와 달리 사회나 국가의 책임**에 대한 인식이 커진 것이다.

한편 2022년 한국복지패널 복지 인식 부가조사에선 전반적인 사회적·정치적 인식을 엿볼 수 있는 문항들도 담겼다. '복지는 가난한 사람에게만 제공돼야 한다'는 의견엔 반대(41.93%)가 찬성(34.82%)보다 많았다. **▪선별적 복지**보다는 **▪보편적 복지**에 찬성하는 사람이 더 많은 것이라고 보고서는 분석했다.

'국가 건강보험을 축소하고 민간의료보험을 확대해야 한다'는 의견에는 다수가 반대(71.35%)했다. 대학 무상교육에 대해선 반대(44.52%)가 찬성(32.64%)보다 많은 반면 유치원이나 보육시설의 무상 제공의 경우 찬성(74.25%)이 반대(10.19%)를 압도했다.

▪ 선별적 복지·보편적 복지
선별적 복지는 필요한 계층에만 집중적으로 제공하는 복지로서 효율성이 높고 형평성은 낮다. 복지 혜택이 일부 계층에 집중되므로 복지의 질은 높지만 낙인효과가 발생한다. 이와 반대 개념인 보편적 복지는 최대 다수에게 제공하는 복지로서 효율성은 낮지만 형평성은 높다. 최대 다수에게 복지 재원을 배분하므로 복지의 질은 떨어지지만 낙인효과가 적다.

학폭 가해자 사과·피해자 접촉금지·학급교체 '합헌'

학교폭력 가해 학생에게 '서면 사과'와 '피해 학생에 대한 접촉·협박·보복 금지', '학급 교체' 등 조처를 내릴 수 있도록 한 학교폭력예방법은 합헌이라는 헌법재판소 판단이 나왔다. 헌재는 학교폭력예방법 17조 등이 가해 학생에게 사죄를 강요해 양심의 자유와 인격권을 침해한다는 등 취지의 **▪헌법소원**을 심리해 재판관 6 대 3 의견으로 합헌 결정했다고 2월 28일 밝혔다.

이번 사건의 청구인 A 군은 중학교 1학년이던 2017년 학교폭력 가해 사실이 적발됐다. 교내 학교폭력 대책 자치위원회는 피해 학생에 대한 서면 사과, 접촉·협박·보복행위 금지, 학급 교체 등 조치를 요청했고, 학교장은 같은 해 12월 자치위 요청대로 처분했다.

A 군 측은 처분 취소 소송을 제기했으나 1심 법원은 1년여 동안 사건을 심리한 뒤 학교 징계 처분이 정당했다고 판결했다. A 군 측은 즉각 항소하는 한편, 징계의 근거가 된 학교폭력예방법 자체에 문제가 있다며 헌법소원을 냈다.

A 군 측의 주장은 헌재에서도 받아들여지지 않았다. 헌재는 "서면 사과 조치는 내용에 대한 강제 없이 자신의 행동에 대한 반성과 사과의 기회를 제공하는 교육적 조치로 마련된 것"이라며 "가해 학생의 양심의 자유와 인격권을 과도하게 침해한다고 보기 어렵다"고 판단했다.

이어 "학교폭력은 여러 복합적인 원인으로 발생하고, 가해 학생도 학교와 사회가 건전한 사회구성원으로 교육해야 할 책임이 있는 아직 성장 과정에 있는 학생"이라며 "학교폭력 문제를 온전히 응보(응징·보복)적인 관점에서만 접근할 수는 없고 가해 학생의 선도와 교육이라는 관점도 함께 고려해야 한다"고 설명했다.

위헌 의견을 낸 이선애·김기영·문형배 재판관은 "학교폭력을 해결하려면 가해 학생의 반성과 사과가 중요하지만, 그것은 일방적인 강요나 징계를 통해 달성할 수 있는 것이 아니다"라며 "교육적인 과정에서 교사나 학부모의 조언·교육·지도 등을 통해 자발적으로 이뤄져야 한다"고 주장했다.

헌재의 헌법소원 심리가 이어지는 동안 A 군 측은 2심과 대법원으로 사건을 끌고 갔고, 징계가 결정된 지 2년 가까이 지난 2019년 10월에야 최종 패소 판결을 받았다.

■ 헌법소원 (憲法訴願)

헌법소원이란 공권력에 의하여 헌법상 보장된 국민의 기본권이 침해된 경우에 헌법재판소에 제소하여 그 침해된 기본권의 구제를 청구하는 제도이다. 국가나 지방자치단체 등이 행사하는 모든 공권력 작용은 헌법소원의 대상이 될 수 있다. 그러나 법원의 재판에 대하여는 헌법소원을 청구할 수 없다. 다만, 헌법재판소에서 위헌이라고 결정하였음에도 불구하고 법원이 그 위헌법령을 적용하여 재판한 경우, 그러한 재판에 대하여는 예외적으로 헌법소원을 청구할 수 있다. 헌법소원은 다른 법률에 구제절차가 있는 경우에는 그 절차를 모두 거친 뒤가 아니면 청구할 수 없다.

"일회용 컵에 커피 마시면 연간 2600여개 미세플라스틱 노출"

시중에 유통 중인 일회용기의 ■ 미세플라스틱 검출량이 다회용기보다 2.9~4.5배가량 많은 것으로 조사됐다. 또, 커피를 모두 일회용 컵에 마신다고 가정하고, 성인 1인당 연간 커피 소비량인 377잔을 대입하면, 연간 2639개 미세플라스틱에

노출되는 것으로 나타났다. 한국소비자원은 플라스틱 재질의 일회용기 16종과 다회용기 4종을 대상으로 미세플라스틱 검출량과 인체 노출 가능 정도 등을 조사한 결과를 2월 28일 발표했다.

조사 결과, 일회용기는 개당 1.0~29.7개의 미세플라스틱이 검출됐고, 다회용기는 0.7~2.3개 미세플라스틱이 검출됐다. 용도가 유사한 용기끼리 비교했을 때 일회용기의 미세플라스틱이 다회용기보다 적게는 2.9배, 많게는 4.5배까지 더 많았다. 조사대상 제품에서 검출된 미세플라스틱은 플라스틱 컵과 포장용기의 주된 원재료인 PET(47.5%)와 PP(27.9%)가 가장 많았고, 종이컵에 코팅되는 PE(10.2%)가 뒤를 이었다.

시험대상 전 제품 모두 주 원재료 외에 다른 재질의 플라스틱도 검출됐는데, 이는 제조, 포장, 유통 시 외부 오염으로 인한 혼입으로 추정됐다.

소비자원은 **"현재까지 미세플라스틱의 위해성은 과학적으로 밝혀지지 않았으나**, 선제적 안전관리와 탄소중립 및 자원 재활용 측면에서 플라스틱 일회용기 사용을 줄이는 방식으로 소비 형태 변화가 필요하다"면서, "일회용기보다 다회용기에서 미세플라스틱 검출량이 적은 것을 감안할 때 배달, 포장 시 일회용기 대신 다회용기를 사용하면 미세플라스틱 섭취를 줄일 수 있을 것으로 보인다"고 밝혔다.

■ 미세플라스틱 (microplastics)

미세플라스틱이란 5mm 미만의 작은 플라스틱이다. 처음부터 미세플라스틱으로 제조되거나, 플라스틱 제품이 부서지면서 생성된다. 미세플라스틱은 일상생활에서 쉽게 접할 수 있는 치약, 세정제, 스크럽 등에 포함돼 있다. 미세플라스틱은 너무 작아 하수처리시설에 걸러지지 않고, 바다와 강으로 그대로 유입된다.

세계자연기금(WWF)은 2019년 6월 12일 호주 뉴캐슬대와 함께 진행한 '플라스틱의 인체 섭취 평가 연구' 결과 "매주 평균 한 사람당 미세플라스틱 2000여 개를 소비하고 있다"고 분석했다. 이를 무게로 환산하면 5g으로 신용카드 한 장이나 볼펜 한 자루 수준이다. 한 달이면 칫솔 한 개 무게인 21g, 1년이면 250g 넘게 섭취하게 된다는 얘기다. 이는 인체 내분비계 교란 및 암을 유발할 수 있다.

로또 2등 103장 '무더기 당첨'... 복권위 "조작 불가능"

기획재정부 복권위원회(복권위)가 로또복권 관련 인터넷 커뮤니티를 중심으로 불거진 **'추첨 조작 논란'**에 대해 **"불가능한 일"**이라고 **해명**했다. 로또 조작 논란은 그동안 숱하게 제기됐지만, 서울 동대문구 왕산로의 같은 복권판매소에서 '2등 로또'가 103장이나 판매된 제1057회차 추첨 결과를 계기로 재점화됐다.

복권위는 3월 6일 "2등 당첨 확률은 136만분의

1이다. 제1057회차 판매량이 1억1252만 장이었던 것을 고려하면 구매자가 균등한 번호를 조합했을 경우 당첨자는 (산술적으로) 83명 안팎에서 발생한다"며 "하지만 현실에서 구매자의 선호 번호, 앞선 회차들의 당첨번호, 구매용지의 가로·세로·대각선 같은 번호 배열 유형 등의 이유로 당첨자가 많을 수 있다. (반대의 상황에서 당첨자가) 극단적으로 1명까지 줄어들 가능성 역시 존재한다"고 밝혔다.

이어 "로또 추첨은 생방송으로 전국에 중계된다. 방송 전 경찰관과 일반인 참관 아래 추첨 기계의 정상 작동 여부와 추첨용 공의 무게·크기 등을 사전 점검한다"며 "복권 추첨기와 추첨용 공은 경찰관 입회하에 봉인작업과 해제 작업을 진행하기에 누구도 임의로 접근할 수 없다"고 설명했다.

복권위는 "**판매점 복권 발매 단말기는 토요일 오후 8시 정각에 회차 마감과 동시에 발매 서버와의 연결이 차단돼** (그 후의 추가) **인쇄가 불가능**하다. 마감 전에 발행된 실물 복권 번호 정보는 메인 시스템, 백업 시스템, 감사 시스템 2개에 실시간으로 전송·기록돼 이를 모두 조작하는 것은 현실 세계에서 발생할 수 없는 일"이라고 강조했다.

제1057회차 로또 1등 당첨번호는 지난 4일 '8, 13, 19, 27, 40, 45'번, 2등 보너스 번호는 '12'번으로 뽑혔다. 당첨번호 5개와 보너스 번호를 일치시킨 2등 당첨자는 664명이나 나왔다. 이로 인해 2등 당첨금이 689만5880원으로 줄어들었다. 통상적으로 수천만원씩 지급된 앞선 회차들의 2등 당첨금을 크게 밑도는 금액이다.

눈에 띄는 건 왕산로의 복권판매소 한 곳에서 판매된 '2등 로또' 103장이다. 103장의 구매 가격은 10만3000원. 한 사람에게 한 회마다 제한된 구매 가능 금액인 10만원을 초과했다. 이곳의 2등 당첨 사례 103건 중 무작위로 번호를 뽑아낸 '자동'은 1장, 직접 번호를 수기한 '수동'은 102장으로 파악됐다. '수동' 당첨 사례 중 100장은 같은 시간대에 판매됐다. 이로 인해 당첨자가 동일인일 가능성에 무게가 실리게 됐다.

이곳의 당첨자가 동일인일 경우 1등 당첨금의 절반에 가까운 7억1027만5640원을 차지하게 된다. 이번 회차에서 1등 당첨자는 17명으로 16억1606만9714원씩 거머쥐었다. 이로 인해 로또복권 관련 인터넷 커뮤니티와 SNS에서 "사전에 결정된 당첨번호를 내부자가 찍었다"거나 "내부자가 논란을 피하기 위해 1등이 아닌 2등 당첨을 택했다"는 의혹이 제기됐다.

➕ 대수의 법칙

대수의 법칙이란 아무리 특이한 사건이라도 발생 기회가 많으면 그만큼 가능성이 높아진다는 이론이다. 로또복권에 당첨될 확률은 0.000012% 정도로 알려져 있다. 확률상 일어날 수 없는 일이다. 그런데도 사람들은 매주 복권을 사고, 당첨자가 나오는 이유를 설명하는 것이 바로 대수의 법칙이다. 복권에 당첨될 확률은 수백만 분의 1에 불과하지만 매주 거의 예외 없이 당첨자가 나오는 이유는, 그만큼 많은 사람들이 매주 복권을 사기 때문이라는 것이다.

대수의 법칙의 핵심은 적은 규모나 소수로는 확정적이지 않지만, 대규모 혹은 다수로 관찰하면 일정한 법칙이 나타난다는 것이다. 예를 들어 어떤 사람이 언제 사망할지는 예측할 수 없지만, 많은 사람들을 관찰한 결과로 매년 일정한 사망률이 집계되는데 이를 '사망률에 관한 대수의 법칙'이라 한다. 결국 대수의 법칙은 '경험적 확률과 수학적 확률과의 관계를 나타내는 정리(定理)'라고 할 수 있다. 표본 관측 대상의 수가 많으면 통계적 추정의 정밀도가 향상된다는 것을 수학적으로 증명한 이론인 셈이다.

일장기 내건 목사
"사진 속 유관순은 절도범" 망언

3·1절 아파트 베란다에 일장기를 내걸어 이웃들과 갈등을 빚었던 목사 부부가 방송 인터뷰에서 망언으로 또 비판을 받았다. 3월 6일 방송 인터뷰에서 제작진이 '**유관순**이 실존인물이냐고 물었던 게 사실이냐'고 묻자 여성은 "실제로 유관순 사진 속 인물이 절도범이었다고 하더라"고 답했다.

제작진이 "그 얘기를 믿냐"고 재차 묻자 "그렇게 주장하는 사람들은 그 자료가 있기 때문에 그렇게 말하는 거다. 일제 치하 때 근대화가 된 건 사실"이라고 주장했다.

세종시 지역매체 '더세종포커스'가 공개한 영상에 따르면 일장기 게양 소식을 듣고 해당 집 앞을 찾은 광복회 회원들에게 이 여성은 "일장기만 보면 눈이 뒤집히냐"면서 "유관순이 실존인물이냐"고 따져 물었다.

"제가 일장기 건 사람"이라고 나선 남성은 '일본인이라는 얘기가 사실이냐'라는 질문에 "외가 쪽이 일본인"이라고 답했다. '굳이 3·1절에 일장기였냐'는 물음엔 "과거사에 얽매이지 말자는 것"이라며 "한국과 일본의 역사에 대해 과거에 대한 인식을 좀 접어두고 미래지향적으로 나아갔으면 좋겠다는 의미에서 일장기를 걸었다. 한국을 폄훼, 비하하거나 혐한을 할 의도는 전혀 없었다"고 답했다.

이 부부는 3·1절에 일장기를 게양해 이웃 주민들의 반발을 샀고, 항의하는 이웃들에게 "난 일본인이다. 한국이 너무 싫다"며 철거를 거부하다 오후 4시쯤 자진해서 일장기를 내렸다.

이후 이들은 집을 찾아온 이들을 상대로 경찰에 수사를 의뢰했다. 세종남부경찰서는 이들 부부가 국민신문고를 통해 '집에 찾아와 항의한 사람들을 처벌해달라'는 민원을 신청해 사건을 접수했다고 밝혔다.

이들 부부는 온라인에서 이를 밝히며 고소 사실을 인정했다. 남편은 "일장기 게양은 위법도 아니고, 일본과의 협력을 지향하는 의사 표시"라며 "본인을 모욕하고 신상, 개인정보 유출한 건들, 아이디 특정해 싹 고소장 접수했다"고 밝혔다.

■ **유관순 (柳寬順, 1902~1920)**
유관순은 일제강점기의 독립운동가이다. 본관은 고흥(高興)이며 일제강점기에 3·1운동으로 시작된 만세 운동을 하다 일본 형사들에게 붙잡혀 서대문형무소에서 이뤄진 모진 고문으로 인해 순국했다. 1916년 충청남도 공주시에서 선교활동을 하던 미국인 감리교회 선교사인 사애리시 부인(사부인)의 추천으로 이화학당 보통과 3학년에 장학생으로 편입하고, 1919년에 이화학당 고등부에 진학했다. 3월 1일 3·1 운동에 참여하고 3월 5일의 만세 시위에도 참여하였다. 총독부의 휴교령으로 천안으로 내려와 후속 만세 시위에 주도적으로 참여했다가 일제에 체포되어 공주지방법원에서 징역 5년형을 선고받고 항소하였고, 경성복심법원에서 징역 3년을 선고받아 형이 확정되었다. 일제의 교도소에서 1920년 9월 28일에 순국했다. 1962년에 대한민국 건국훈장 독립장이 추서되었으며, 1996년에 이화여자고등학교는 명예 졸업장을 추서하였다.

지난해 사교육비 26조 지출, 역대 최대치 경신

초·중·고교 사교육비가 또다시 역대 최대치를 경신했다. 사교육비 총액 등 주요 지표들이 관련 통계 작성 이래 최고점을 찍었다. '사교육 쇼크'란 지적이 나오자 정부는 종합대책을 내놓기로 했다.

교육부는 3월 7일 '2022년 초·중·고 사교육비 조사' 결과를 발표했다. 전국 초·중·고교 약 3000곳의 재학생 7만4000명을 대상으로 지난해 3~5월, 7~9월 사교육 지출액을 집계한 내용이다. 2022년 사교육비 총액은 26조원, 학생 1인당 월평균 사교육비는 41만원으로 나타났다. 사교육 참여율은 78.3%였다. 세 지표 모두 사교육 관련 통계가 작성되기 시작한 2007년 이래 최고치다.

초등 사교육비가 가장 가파르게 뛰었다. 초등학

생 1인당 사교육비는 37만2000원으로 전년 대비 13.4% 늘었다. 중학생 11.8%, 고교생 9.7%보다 증가 폭이 컸다. **코로나19 여파에 따른 비대면 수업, 이로 인한 학습 결손과 문해력 저하 등을 우려한 학부모들이 사교육 시장에 지갑을 연 결과로 풀이**된다.

초등 사교육 수요를 일부 흡수해온 방과후학교 참여율은 36.2%였다. 코로나 유행 전인 2019년 48.4%를 훨씬 밑돈다. 교육부는 돌봄교실과 방과후학교를 결합한 '■늘봄학교'를 통해 사교육을 어느 정도 억제한다는 계획이지만 늘봄학교가 전면 시행되는 2025년까지 학부모들이 정책 효과를 체감하기는 어려울 수 있다.

■ 늘봄학교
늘봄학교는 윤석열 정부의 국정과제 중 하나인 '국가교육책임 강화' 차원에서 마련된 제도다. 학부모가 원하면 자녀를 아침 7시부터 저녁 8시까지 최대 13시간 동안 학교에 맡길 수 있도록 했다. 해당 시간 동안 학교에서 간식과 간편식 등을 포함한 삼시 세끼도 주고, 질과 양을 모두 확보한 교육적인 돌봄을 제공한다는 게 정부 계획이다. 늘봄학교는 정부가 2022년 8월 추진 방침을 밝힌 직후 논란에 휩싸였던 '초등 전일제학교'의 개명 후 이름이기도 하다. 전일제학교에 대해 "12시간씩 아이를 학교에 머물게 하는 건 아동학대"(전국교직원노동조합) 등의 비판이 계속되자 교육부는 올 1월 "전일제학교 명칭에 대해 강제적 활동으로 오해하는 등 현장의 부정적 인식이 있어 명칭을 늘봄학교로 수정한다"고 밝혔다.

정부, 반도체 특성화 대학 8곳에 540억 집중 지원

정부가 반도체 인재를 양성하는 대학 5곳, 2~3개 대학이 뭉친 3개 연합을 선정해 2023년 540억원을 집중 지원한다. 선정된 대학은 4년간 재정 지원을 받게 되고, 비(非)수도권 대학에는 재정 지원을 더 강화한다.

교육부와 한국산업기술진흥원은 2월 28일 서울 중구 대한상공회의소에서 공청회를 열고 '반도체 특성화대학 재정지원 기본계획(안)'에 대한 대학 관계자 의견을 수렴했다. 이번 사업은 지난해 7월 마련한 '반도체 관련 인재 양성 방안'의 후속 조치다. 산업계에서 필요로 하는 학사급 인재를 공급하고 석·박사급 인재 양성의 저변을 넓히기 위한 대학 재정지원 사업이다.

교육부는 반도체 인재 양성 역량과 의지를 갖춘 8개 대학·대학연합에 2023년 총 540억원 등 4년간 지원할 계획이다. 구체적으로는 ▲수도권 개별대학 2개교에 45억원 내외 ▲비수도권 개별대학 3개교에 70억원 내외 ▲수도권 1개교와 비수도권 1개교 연합 1곳에 70억원 내외 ▲비수도권 권역 내 대학 2~3개교 연합 2곳에 85억원 내외를 지원한다.

반도체 특성화대학은 대학별 강점 분야를 중심으로 인재 양성 목표와 이행계획을 수립해야 한다. 반도체 관련 학과 신설 등 이행 계획을 세우고, 사업 추진체계를 구축해야 한다. 학과를 신설하지 않을 경우 대학별 인재 양성 방식이나 양성 목표, 이행계획을 구체적으로 제시해야 한다.

정부 "반도체에 300조 투자"
한편, 윤석열 대통령은 3월 15일 "300조원에 달하는 대규모 민간 투자를 바탕으로 수도권에 세계 최대 규모의 신규 첨단 시스템 반도체 클러스터를 구축하겠다"고 밝혔다. 정부는 경기도 용인에 세계 최대 반도체 클러스터를 조성하는 등 전국에 15개 국가첨단산업단지를 새롭게 지정해 반도체·미래차·우주산업 등을 집중 육성한다.

▲반도체(340조원) ▲디스플레이(62조원) ▲이차전지(39조원) ▲바이오(13조원) ▲미래차(95조원) ▲로봇(1조7000억원) 등 6대 첨단산업에 걸쳐 2026년까지 550조원 규모의 민간 주도 투자를 유도해 집중 육성할 계획이다. 이는 윤석열 정부의 첫 국가산업단지 후보지 지정이다.

➕ 반도체업계 만성적인 인력난
반도체업계는 만성적인 인력난을 겪고 있다. 한국산업기술진흥원에 따르면 한국의 반도체 산업에 매년 1600명의 인력이 부족하지만 매년 대학에서 관련 전공 졸업생은 650명에 불과하고 그중 고급 인재로 분류되는 석·박사급 인재는 150여 명에 불과하다. 한국경영자총협회가 발표한 '미래 신 주력 산업 인력 수급 상황 체감 조사'에 따르면 인력 부족 현상을 겪는 한국 반도체 기업은 45%에 달한다.

반도체업계는 자구책으로 주요 대학과 손잡고 잇달아 계약학과를 만들고 있다. 삼성전자와 SK하이닉스가 현재 운영에 참여한 반도체 계약학과는 이공계 특화대학인 카이스트·포스텍(포항공대)을 포함해 서울 소재 주요 대학인 고려대·연세대·서강대·성균관대·한양대 등 총 7곳이다.

대학과 연계해 우수 인력을 빠르게 양성해 선점하겠다는 취지다. 하지만 최근 극심한 불황 속에 2023학년도 대학 정시 모집에서 서울 주요 대학 반도체학과에 합격한 학생들 상당수가 등록을 포기한 것으로 나타나 반도체 인력 수급에 비상이 걸렸다.

계약학과는 일정 기준만 충족하면 취업이 보장되기 때문에 의약학계열과 함께 상위권 학생들이 진학하는 학과 중 하나지만 합격자 상당수가 의대에 쏠리면서 외면받고 있다.

정부, 강제징용 피해 배상 해법 공식 발표

■ 미쓰비시 (Mitsubishi)

미쓰비시는 1870년 이와사키 야타로가 설립한 일본 대기업이다. 1873년 회사명을 미쓰비시상회(三菱商会)로 바꾸었다. 미쓰비시는 군용기, 전함, 폭발물 등 일본 군수물품을 적극적으로 제작해 일본군에 납품했으며, 1940년대 석탄을 채굴하기 위해 군함도에 수많은 조선인을 강제 징용했다. 열악한 노동 환경 속에서 군함도에 강제 징용된 조선인들은 하루 12시간 동안 채굴 작업에 동원되면서 질병, 영양실조, 익사 등으로 희생당했다.

일본 대신 한국 재단이 배상

정부는 2018년 대법원의 배상 확정판결을 받은 강제징용 피해자 15명(원고 기준 14명)의 판결금 및 지연이자를 재단이 민간의 자발적 기여 등을 통해 마련한 재원을 가지고 지급한다는 해법을 공식 발표했다. 박진 외교부 장관은 3월 6일 서울 외교부 청사에서 '강제징용 대법원 판결 관련 정부입장 발표' 회견을 열고 국내적 의견 수렴 및 대일 협의 결과 등을 바탕으로 이런 방안을 밝혔다(사진).

행정안전부 산하 일제강제동원피해자지원재단(이하 재단)이 2018년 3건의 대법원 확정판결 원고들에게 판결금 및 지연이자를 지급하고, 현재 계류 중인 관련 소송이 원고 승소로 확정될 경우에도 역시 판결금 등을 지급한다는 내용이다. **2018년 대법원 확정판결을 받은 피해자들은 총 15명이다.** 일본제철에서 일한 피해자, 히로시마 ■**미쓰비시** 중공업에서 일한 피해자, 나고야 미쓰비시 근로정신대 피해자 등 3개 그룹이다.

박 장관은 해법 마련 취지와 관련, "1965년 한일 국교정상화 이래 구축되어온 양국 간의 긴밀한 우호협력관계를 바탕으로 앞으로 한일관계를 미래지

향적으로 보다 높은 차원으로 발전시켜 나가고자
하는 의지를 가지고 있다"고 강조했다.

강제징용 생존 피해자들, '제3자 변제 불허'

대법원의 배상 확정판결을 받은 **일제 강제징용
생존 원고 3명이 3월 13일 정부가 추진하는 '제
3자 변제'에 대해 공식적으로 거부 의사**를 전달
했다. 미쓰비시 근로정신대 소송 대리인 측은 제
3자 변제를 맡은 재단에 이날 생존 피해자 양금
덕·김성주 할머니의 제3자 변제 거부 의사를 담
은 내용증명을 전달할 예정이라고 밝혔다.

대리인은 내용증명에서 양금덕·김성주 할머니의
채권은 일본의 불법적 식민지배와 직결된 기업
의 반인도적 불법행위를 전제로 위자료 청구권을
행사한 것이라며 "제3자가 채권자의 의사에 반해
함부로 변제하여 소멸시켜도 되는 성질의 채권이
아니다"라고 밝혔다.

"최악의 외교 참사"–"미래 위한 결단"

더불어민주당은 결의안에서 정부 해법을 "피해자

인 한국이 가해자 일본에 머리를 조아린 항복 선
언이자 역사상 최악의 외교 참사"로 규정하고, 즉
각적인 철회를 촉구했다. 아울러 과거 식민지배
당시 이뤄진 강제동원의 불법성과 인권유린에 대
한 일본 정부의 사과, 전범 기업의 사과 및 배상
도 촉구했다.

국민의힘은 강제징용 제3자 병존적 채무 인수(제
3자 변제) 방식에 대해 "과거를 바로 보고 현재를
직시하며 미래로 나아가야 한다"고 환영했다. 윤
석열 대통령은 지지율이 떨어질 것을 알면서도
한일 관계 정상화를 위해 불가피한 결단이라고
주장했다. 한편, 윤 대통령은 3월 16~17일 일본
을 방문해 기시다 후미오 일본 총리와 한일 정상
회담을 갖고 양국 관계 정상화 방안을 논의했다.
한일 양자 정상 방문이 재개된 것은 12년 만이다.

> **➕ 수요집회 (水曜集會)**
>
> 수요집회는 일본군 위안부 문제 해결을 요구하는 집회
> 로, 공식 명칭은 '일본군 성노예제 문제 해결을 위한 정
> 기 수요시위'다. 서울 종로구 옛 일본대사관 앞에서 매
> 주 수요일에 열린다. 1992년 1월 시작된 이래 30년간
> 계속 이어지면서 단일 주제로 개최된 집회로는 세계
> 최장기간 집회 기록을 갱신했고 이 기록은 매주 갱신
> 되고 있다.

POINT 세 줄 요약

❶ 정부는 강제징용 피해자의 판결금 및 지연이자를 재
   단이 마련한 재원을 가지고 지급한다는 해법을 공식
   발표했다.

❷ 일제 강제징용 생존 원고 3명은 정부의 '제3자 변제'
   방식을 거부했다.

❸ 야당은 이번 결정을 '외교 참사'로, 여당은 '미래로 나
   아가기 위한 결단'으로 주장했다.

바이든 美 대통령,
우크라이나 깜짝 방문

▲ 조 바이든(왼쪽) 미국 대통령이 2월 20일 우크라이나 키이우에서 볼로디미르 젤렌스키 우크라이나 대통령과 악수하고 있다.

조 바이든 미국 대통령이 우크라이나 수도 키이우를 깜짝 방문했다. 2월 20일(이하 현지시간) 뉴욕타임스(NYT)는 바이든 대통령이 1년간 지속된 러시아의 침공에 맞서 우크라이나에 대한 지지를 보여주기 위해 폴란드 국경에서 1시간가량 기차를 타고 키이우를 찾았다고 보도했다.

바이든 대통령은 볼로디미르 젤렌스키 우크라이나 대통령과 회담에서 "(전쟁이 발발하고) 1년이 지났지만 키이우가 서 있고, 우크라이나가 서 있다. 민주주의도 서 있다"며 "미국은 언제까지고 계속 우크라이나 곁에 서 있을 것"이라고 밝혔다. 또 항전 의지를 다지는 **우크라이나에 대한 지지 의사를 분명**히 했다.

바이든 대통령은 이날 키이우로 향하면서 발표한 별도의 성명에서 "러시아의 잔혹한 우크라이나 침공이 곧 1주년을 맞이한다"며 "오늘 키이우에서 젤렌스키 대통령을 만나 우크라이나의 민주주의와 주권, 그리고 영토의 온전성에 대한 변

함없고 지칠 줄 모르는 약속을 재확인한다"고 말했다.

옐런 美 재무장관, 1.6조원 우선 지원

재닛 옐런 미 재무장관도 2월 27일 키이우를 깜짝 방문했다. 조 바이든 미국 대통령이 키이우를 전격 방문한 지 일주일만이다. 이번 방문은 러시아의 침공 2년차에 접어든 우크라이나에 대한 변함없는 지지를 재확인하고 군사적 지원뿐 아니라 경제적 지원의 필요성에도 무게를 싣는 차원에서 이뤄졌다.

옐런 장관은 이날 방문에서 젤렌스키 대통령을 비롯해 데니스 슈미할 우크라이나 총리 등 주요 각료와 회동하고 추가 지원을 약속했다. **옐런 장관은 이번 방문 기간 우크라이나 지원을 위해 할당된 99억달러(약 13조749억원) 정부 예산 가운데 12억5000만달러(약 1조6508억원)를 우선 전달**하겠다는 입장을 밝혔다.

미국 정부는 러시아의 침공 1주년인 2월 24일 러시아에 대한 광범위한 추가 제재와 함께 자폭공격용 드론 스위치블레이드, 고속기동포병로켓시스템(■HIMARS) 탄약 등 20억달러(약 2조6000억원) 규모의 추가 무기 제공을 발표했다.

■ HIMARS (High Mobility Artillery Rocket System)
HIMARS(하이마스)는 미국이 우크라이나에 지원한 고속기동포병로켓시스템이다. 정밀 유도 로켓 6발을 동시에 발사할 수 있는 유도다연장로켓시스템(GMLRS)을 트럭형 장갑차에 실은 것이다. 최대 사거리가 77km에 달해 전선에서 떨어진 러시아군 후방을 정밀 타격할 수 있다. 공격 명령이 떨어지면 2~3분 만에 발사하고, 20초 만에 재빨리 이동해 보복 공격을 피할 수 있다.
우크라이나 부대는 2022년 5월 독일의 한 군사기지에서 미국 교관에게 3주간 운용 훈련을 받은 뒤 하이마스를 실전 배

치하면서 러시아–우크라이나 전쟁의 판도를 뒤집는 게임체인저가 될 것으로 기대했다. 우크라이나는 러시아군의 막대한 화력을 제거하기 위해 장거리 포병이 필요하다고 주장했다. 그러나 미국 내에서는 러시아군이 하이마스 지원을 문제 삼아 미국이나 동맹국을 향한 보복에 나설 수 있다고 우려했다.

美 CIA 국장, '중국의 러 무기 지원' 가능성 언급

미국 중앙정보국(CIA) 국장이 러시아에 대한 중국의 강력한 군사적 지원 가능성이 있다고 언급했다. 2월 25일(현지시간) 외신에 따르면 윌리엄 번스 CIA 국장은 CBS뉴스와의 인터뷰에서 **"우리는 중국 지도부가** (러시아에) **치명적인 장비 제공을 고려하고 있다고 확신한다"**고 말했다. 번스 국장은 2월 초 강연에서 "(시진핑 중국 국가주석이) 러시아에 무기를 제공하는 것을 매우 꺼려했다"고 말했었는데, 이를 뒤집은 것이다.

번스 국장은 "중국도 우리가 표현한 치명적인 장비 제공에 대한 우려의 결과가 무엇인지를 알기 위해 노력하고 있다고 생각한다"면서 "시진핑보다 우크라이나에서 푸틴의 경험, 전쟁의 진화를 더 주의 깊게 지켜본 외국 지도자는 없다"고도 언급했다. 앞서 토니 블링컨 미국 국무장관도 중국이 러시아를 돕기 위해 무기와 탄약을 포함한 치명적인 지원을 제공하는 것을 적극적으로 고려하고 있다고 말한 바 있다.

번스 국장은 중국의 대만 침공 여부에 대해서도 언급했다. 그는 "대만을 통제하려는 시진핑의 야망을 매우 진지하게 받아들여야 한다고 생각한다"고 말했다. 다만 "그것이 군사적 충돌이 불가피하다는 것을 의미하지는 않는다"면서 "시진핑 주석과 그의 군사 지도부가 그 침략을 완수할 수 있을지에 대해 의구심을 갖고 있다는 것이 우리의 판단"이라고 말했다.

이에 대해 중국은 오히려 미국이 우크라이나에서 전쟁을 확대하고 있다고 비난하며 중국은 확고하게 "평화와 대화의 편"에 있다고 주장했다. 왕원빈 중국 외교부 대변인은 "전장에 무기를 쏟아붓는 것은 중국이 아니라 미국"이라면서 "미국은 중국에게 무엇을 하라고 지시할 위치에 있지 않다"고 말했다.

➕ 투키디데스 함정 (Tuchididdes trap)

투키디데스 함정은 신흥 강국이 부상하면서 기존 패권국가와 충돌하는 상황을 의미한다. 신흥 강국의 부상에 기존 패권국가가 두려움을 느끼고 무력을 통해 이를 해소하려 하면서 전쟁이 발생한다는 것이다. 고대 아테네의 장군이었던 투키디데스는 『펠로폰네소스 전쟁사』에서 신흥 강국으로 떠오른 아테네가 기존 강국 스파르타에 불러일으킨 두려움이 펠로폰네소스 전쟁의 원인이라고 지목했다. 마찬가지로 신흥 강국 독일과 영국의 견제는 두 차례의 세계대전으로 이어졌다.

유엔 총회, '러시아 철군 요구' 결의안 채택

▲ 유엔 총회

우크라이나를 침공한 러시아에 철군을 요구하는 결의안이 ▪유엔 총회에서 채택됐다. 유엔 회원국들은 2월 23일(현지시간) 우크라이나 전쟁 1년을 맞아 미국 뉴욕 유엔본부에서 열린 긴급 특별 총회에서 이 같은 내용이 담긴 결의안을 찬성 141표·반대 7표·기권 32표로 가결했다.

한국 정부는 미국과 유럽연합(EU) 등이 중심이 돼 추진한 '우크라이나의 평화와 원칙 관련 결의안'의 공동제안국 명단에 이름을 올렸고, 총회에서도 찬성표를 던졌다. 이 결의안은 우크라이나의 평화 회복을 위해 러시아에 무조건적이고 즉각적인 철군을 요구하는 내용이다.

총회 결의안은 법적 구속력이 없지만, 국제사회가 한목소리로 러시아의 침공에 대한 법적인 책임까지 제기했다는 점에서 의의가 있다는 평가다. 우크라이나를 침략한 당사국인 러시아가 이 결의안에 반대 입장을 밝힌 가운데 북한과 시리아, 니카라과, 벨라루스, 에리트레아, 말리도 반대표를 던졌다. 중국과 이란, 인도 등은 기권했다.

앞서 황준국 유엔 주재 한국대사는 전날 총회에서 "러시아의 우크라이나 침략은 무력 사용 금지라는 국제사회의 핵심 원칙에 대한 심각한 타격"이라며 "시간은 자유·정의·인권·법치주의·유엔헌장의 편이지 대규모 잔학행위의 편은 아니다"라고 지적했다.

또한 황 대사는 안전보장이사회(안보리) 결의 위반인 북한과 러시아 용병집단 와그너 그룹 간 무기 거래를 규탄하는 입장도 밝혔다. 투표에 앞서 바실리 네벤자 주유엔 러시아대사는 북대서양조약기구(NATO·나토)가 러시아 쪽으로 군사력을 확장하고 있다면서 국가 안보를 위해 군사적인 방법을 사용할 수밖에 없다는 주장을 반복했다.

▪ 유엔 총회 (UNGA, United Nations General Assembly)

유엔 총회는 국제연합(UN·유엔)을 구성하는 6개 주요 기관의 하나이며, 국제연합의 모든 업무를 결정하는 최고 의사결정기관이다. 국제연합 전 가입국의 대표로 구성되며, 1945년 국제연합의 창립과 함께 기능을 시작했다.
정기 총회는 연 1회로 9월에 열리나, 특별한 안건이 있을 경우에는 특별 총회 또는 긴급 총회가 소집된다. 총회의 의장은 매년 총회에서 선출한다. 총회의 결정은 출석·투표하는 구성국 과반수로 하며, 국제평화 및 안전, 신규 회원국 가입, 예산 문제 등 중요 문제는 3분의 2의 다수결로 결정한다.

인도 열광시킨 한국 대사관 댄스... 모디 인도 총리도 '엄지척'

장재복 주(駐)인도 한국대사와 대사관 직원들이 총출동해 제작한, 인도영화 주제가 커버댄스 영상이 SNS에서 커다란 인기를 끌었다. 2월 26일

▲ 주인도 한국 대사관 직원들의 '나투 나투' 댄스 커버 영상 (주인도 한국 대사관 유튜브 캡처)

(현지시간) 주한 인도대사관은 공식 트위터 계정에 53초짜리 영상을 올렸다. 게시물에는 "나투를 아시나요"라며 "한국 대사관의 '나투 나투'(Naatu Naatu) 댄스 커버를 공유하게 되어 기쁘다. 대사관 직원의 '나투 나투'와 장재복 한국대사를 만나보라"라고 적었다.

해당 영상은 **지난해 개봉돼 인도에서 크게 흥행한 영화 'RRR'**(라이즈 로어 리볼트)의 군무 장면을 커버했다. 영화는 1920년대 영국 식민 통치에 저항하던 두 인물의 이야기를 담고 있다. 영화 주제가 '나투 나투'와 함께 진행된 춤 장면은 세계적으로 화제가 됐다. 중독성 있는 비트 속에 팔과 다리를 역동적으로 흔드는 춤으로, '나투 나투' 영상은 유튜브에서 조회수 1억 회 이상을 기록했다.

'나투 나투'는 올해 제80회 골든글로브 시상식에서 주제가상을 받기도 했다. 인도 영화가 골든글로브에서 주제가상을 수상한 것은 이번이 처음이다. '나투 나투'는 올해 아카데미상 시상식에서도 주제가상을 수상했다.

이 커버 영상에는 장 대사를 비롯해 주인공과 비슷한 옷차림 혹은 인도 전통 의상, 태권도복, 한복 등을 입은 공관 외교관과 직원들이 대사관·문화원 등을 배경으로 춤을 추는 장면이 담겼다.

대사관이 트위터 계정에 올린 영상의 조회 수는 하루 만에 350만 회를 돌파했다. 나렌드라 모디 인도 총리는 자신의 트위터에 주한 인도 대사관이 올린 영상을 공유하며 "활기가 넘치고 사랑스러운 팀의 노력"이라며 '엄지척' 이모티콘을 남겼다. 인도 현지 매체들 또한 관련 기사를 비중 있게 보도하고 있다.

장 대사는 "인도 사람들로부터 케이팝, 한국 영화 등이 많은 사랑을 받고 있는데, 우리도 인도 문화를 즐기고 좋아한다는 것을 보여주고 싶었다"며 "주재국 문화에 대한 존중이야말로 공공외교의 기본이라고 생각한다"고 전했다.

➕ **발리우드 (Bollywood)**

발리우드는 인도 도시 뭄바이의 옛 이름인 봄베이와 미국 영화 산업의 중심인 할리우드의 합성어로 인도 영화 산업을 통칭한다. 인도는 영화 산업이 발달한 나라로 극장 영화 제작 편수가 연간 1000편 이상인 유일한 나라다. 이는 미국보다 많은 수치다. 발리우드 영화는 '맛살라 영화'라고 하는 흥겨운 뮤지컬 영화가 주를 이룬다. 보통 3시간이 넘어가는 긴 상영 시간에 청춘 남녀의 연애 스토리와 얽히고설킨 가족사 등 통속적인 내용이 많다. 여기에 인도 특유의 음악과 화려한 군무 장면이 수시로 등장하는 게 특징이다.

日, '오염수 투명처리 환영' G7 환경장관 공동성명 추진

올해 봄이나 여름부터 후쿠시마 제1원자력발전소 오염수를 방류하겠다고 예고한 일본 정부가 오는 4월 주요 7개국(G7) 환경장관 회의에서 오

염수 방류의 투명한 처리 방식을 환영한다는 문구를 공동성명에 담는 방안을 추진하고 있다고 아사히신문이 2월 22일 보도했다.

보도에 따르면 올해 G7 의장국인 일본은 4월 홋카이도 삿포로에서 개최하는 G7 기후·에너지·환경장관 회의에서 후쿠시마 원전 오염수와 관련해 "방류를 위한 투명성 있는 과정을 환영한다"는 내용을 넣는 안을 조율 중이다. 아울러 방사성 물질을 제거한 토양을 재활용하는 일본 계획에 대해서도 "진척을 환영한다"는 표현을 넣는다는 계획을 세웠다.

하지만 **일본 국내에서도 비판적인 목소리가 작지 않은 현안이자 일본 고유의 문제인 오염수와 방사성 물질 제거 토양을 공동성명에 담는 것에 의문**을 나타내는 견해가 나오고 있다. 또 독일처럼 원자력발전에 신중한 나라도 있어서 '환영'이라는 단어를 공동성명에 넣기는 어려울 것이라는 분석도 제기되고 있다.

일본 정부와 도쿄전력은 후쿠시마 제1원전 오염수를 다핵종 제거설비(ALPS)로 정화 처리하면 세슘을 비롯한 방사성 물질 대부분이 제거된다고 설명하고 있다. 다만 이 설비를 이용해도 ■**삼중수소**(트리튬)는 걸러지지 않는다.

오염수 방류를 앞두고 도쿄전력은 최근 홈페이지에 관련 정보를 대폭 확충하는 등 오염수의 안전성을 알리는 활동을 강화하고 있다. 그러나 한국과 중국 등 주변국과 태평양 섬나라, 원전 인근 어민들은 오염수 방류에 우려를 표하고 있다.

■ **삼중수소 (三重水素)**
삼중수소란 1개의 양성자와 2개의 중성자로 이루어진 방사성 물질이다. 삼중수소의 핵은 보통 수소 핵질량의 3배이며, 반감기가 12.5년이다. 삼중수소는 천연에서 산출되며, 자연계에서 가스 형태보다는 삼중수소화된 물 또는 수증기 형태로 존재한다. 자연에 존재하는 모든 종류의 수소 중 보통의 수소가 차지하는 비율은 약 99.983%이고, 극히 일부분인 0.015%만이 중수소가 차지하고 있으며, 삼중수소가 차지하는 비율은 극히 낮아 무시할 수 있을 정도다. 삼중수소는 원자력발전소 운전 시에 인위적으로 대량 생산되며, 수소나 중수소와 달리 베타선이라는 방사선을 방출한다.

중국 경제 성장률 목표 '역대 최저'

중국이 올해 경제성장률 목표를 '5% 안팎'으로 제시했다. 리커창 중국 국무원 총리는 3월 5일(현지시각) 베이징 인민대회당에서 열린 14기 ■**전국인민대표대회**(전인대) 1차 회의 정부 업무 보고에서 2023년 경제 성장률 목표치를 5.0% 내외로 제시

했다. 중국 경제의 **리오프닝**(reopening : 코로나19 봉쇄 이후 중단되었던 사업 및 경영 활동 또는 경제 활동의 재개) 효과로 경제 성장 목표치가 5~6%대에서 제시될 것으로 기대됐지만 보수적인 목표를 설정했다.

지난해 **실제 경제 성장률(3.0%)보다는 높지만, 그간 발표한 성장률 목표치와 비교하면 역대 최저치**다. 블룸버그가 조사한 중국 올해 경제성장률의 시장 전망치 중간값(5.3%)보다 낮다. 미국과의 갈등, 러시아-우크라이나 전쟁 장기화, 불안한 부동산 시장 상황 등을 감안해 내린 전망치다. 여기에 지방정부의 막대한 재정적자로 정부 차원의 경기 부양이 쉽지 않다는 점도 영향을 미쳤다.

韓 하반기 경기 낙관도 흔들

중국의 더딘 경제 성장으로 한국의 하반기 경기 낙관론도 흔들린다. 정부가 내세우고 있는 하반기 경기호조의 주요 배경은 중국의 리오프닝에 있기 때문이다. 최대 교역국 중국의 부진이 장기화될 경우 국내 경기 반등은 장담하기 어렵다. 지난 1월 UN(국제연합) 산하 기구들이 발표한 '2023 세계 경제 상황과 전망' 보고서에 따르면 **중국 성장률이 1%p 내려가면 한국 성장률은 0.2%p 넘게 떨어지는 것**으로 나타났다.

수출에 따른 무역수지 적자 확대도 우려가 커졌다. 올해 들어 2월까지 한국 무역수지 적자는 53억달러로 이미 지난해 전체 적자액의 40%에 육박하고 있다. 특히 대중 수출은 지난해 같은 기간대비 22.7% 감소했다. 하반기 중국 경기가 살아나지 않는다면 올해 경상수지 흑자를 자신하기 어렵다.

한편, 국제 신용평가회사 피치는 3월 13일 한국의 국가 신용 등급을 AA-로, 등급 전망은 '안정적'으로 각각 유지한 가운데 중국 리오프닝이 한국 경제 성장에 미칠 긍정적인 효과가 제한적일 것이라고 판단했다.

■ **전국인민대표대회 (全國人民代表大會)**
전국인민대표대회는 우리나라의 국회에 해당하는 중국 최고의 국가 권력기관으로서 헌법 개정. 국가주석의 선출. 국가의 중대 의사(議事) 결정과 같은 역할을 맡고 있다. 줄임말로 전인대라고 한다. 전인대는 전국인민정치협상회의(정협)와 더불어 양회라고 불린다.
정협은 중국 최고 정책자문기구로서 공산당의 정책 결정 전 다른 정당이나 각 단체의 의견을 수렴해 조율하는 역할을 담당한다. 양회는 중국 최대의 정치행사로서 중국 정부의 운영방침은 양회를 거쳐 정해진다.

'하얀 석유' 리튬 터졌다...
이란서 세계 2번째 광산 발견

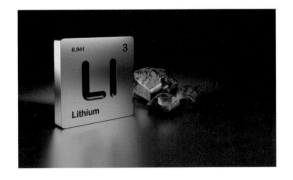

이란 정부가 세계 2위 규모의 ■**리튬** 매장지를 발견했다고 주장했다. 3월 6일(현지시간) CNBC에 따르면 이란 산업광물통상부는 국영방송을 통해 북서부 산악지대 하마단에서 자국 내 첫 리튬 광산을 찾아냈다고 밝혔다. 산업광물통상부는 추정

매장량을 850만 톤으로 소개했다. **이는 920만 톤의 매장량을 가진 칠레**에 이어 세계에서 두 번째로 큰 규모다.

리튬은 전기차와 휴대전화 배터리 등의 핵심 원료다. 이란의 리튬 광산 발견 소식이 사실이라면 국제 리튬 가격에는 부정적인 영향을 줄 수 있지만, 국제사회의 제재를 받는 이란 경제에는 생명줄이 될 가능성이 있다고 CNBC가 전했다.

핵무기 개발 의혹을 받는 이란은 미국을 중심으로 한 국제사회 제재로 경제 여건이 악화했다. 최근에는 우크라이나를 침공한 러시아에 무기를 공급한 의혹도 받고 있다. 내부에서는 히잡 반정부 시위가 6개월째 이어지고 있다.

리튬 매장량이 많은 남미 국가들은 배터리와 전기차 생산까지 진출하려는 움직임을 보인다. 전날 블룸버그에 따르면 페르난다 아빌라 아르헨티나 광물부 차관은 아르헨티나와 칠레, 볼리비아, 브라질이 이 지역에서 채굴된 리튬을 배터리 원료로 가공하고 배터리·전기차 제조를 시작하기 위해 협력에 나선다고 밝혔다. 중국도 남미산 리튬 확보에 나섰다.

리튬 가격은 지난해 전기차용 배터리 수요 급증과 공급망 차질, 인플레이션 등 영향으로 급등했으나, 올해 들어 전기차 판매 부진, 중국 경제활동 둔화 등으로 조정을 받고 있다.

골드만삭스는 리튬 공급이 크게 늘면서 가격이 하락할 것으로 전망했다. 골드만삭스는 리튬 공급이 앞으로 2년 동안 전년 대비 34%나 급증할 것으로 관측했다.

■ 리튬 (Lithium)

리튬이란 은백색 광택의 알칼리 금속으로 기호는 Li이고 원자 번호는 3이다. 리튬은 1817년 스웨덴 화학자 요한 아르프베드손이 발견했다. 리튬은 가장 밀도가 낮은 고체 원소이자 반응성이 강한 금속 중 하나로, 오늘날 전기차 배터리, 반도체 등에 광범위하게 활용되어 '하얀 석유'라고 불리며 현대 사회에서 가장 중요한 광물 중 하나로 꼽힌다.

한일 정상회담... 수출규제·지소미아 일괄 타결

▲ 윤석열 대통령과 기시다 후미오 일본 총리가 3월 16일 오후 일본 도쿄 긴자의 오므라이스 노포에서 친교의 시간을 함께하며 생맥주로 건배하고 있다.

윤석열 대통령이 1박 2일 일정으로 일본 방문을 마치고 3월 17일 귀국했다. 윤 대통령과 기시다 후미오 일본 총리는 3월 16일 도쿄 총리공관에서 정상회담을 하고 양국 공동 기자회견에서 미래와 협력 강화에 한목소리를 냈다.

두 정상은 양국 간 경제·안보 협력을 복원·강화하기로 했다. 양국은 이번 정상회담을 계기로 경제협력을 2019년 7월 이전으로 되돌리는 데 합의했다. 일본 경제산업성은 **반도체 핵심 소재 3개 품목인 ▲불화수소 ▲플루오린 폴리이미드**

▲포토레지스트 등 3개 품목에 대한 수출 규제를 **해제**하기로 했다. 한국도 이들 3개 품목에 대한 세계무역기구(WTO) 제소를 취하하기로 했다.

양 정상은 **불안정한 지위에 있었던 한일 군사정보보호협정**(GSOMIA·지소미아) **완전 정상화**에도 합의했다. 한일 지소미아는 북한 핵·미사일 정보를 비롯한 2급 이하 군사비밀을 직접 공유한다는 내용으로 일본이 2017년 수출규제를 걸면서 우리 정부가 지소미아 종료 통보로 맞대응 한 바 있다. 이후 미국의 중재로 한국 정부가 종료 통보 효력을 정지시켰지만 언제든지 종료시킬 수 있다는 조건을 달아 지소미아의 법적 지위가 불안정한 상태였다.

양 정상은 또한 **2011년 이후 12년간 중단된** ▪**셔틀외교 재개**에 합의했다. 윤 대통령은 정상회담 모두발언에서 "그간 여러 현안으로 어려움을 겪던 한일 관계가 새롭게 출발한다는 것에 특별한 의미가 있다"고 말했고 기시다 총리도 "미래를 향해 한일 관계의 새로운 장을 함께 열 기회가 온 것을 기쁘게 생각한다"고 강조했다.

다만 이번 정상회담에서 공동선언문은 나오지 않았다. 한일 관계 악화의 원인이 된 일제 강제징용이나 위안부, 독도 등 과거사 문제가 정식 의제로 등장하지도 않았다. 12년 만에 이뤄진 한일 정상회담에 대한 여야의 평가는 극명하게 엇갈렸다. 국민의힘은 "미래를 위한 선택"이라고 추켜세운 반면 더불어민주당은 "친일을 넘은 숭일 외교"라고 비판했다.

3월 18일 서울 도심에서는 강제징용 제3자 변제 해법과 한일 정상회담을 규탄하는 시민단체의 집회가 열렸다. 민주당도 시민단체와 함께 규탄 집회에 나섰다.

대통령실은 "국민 여론을 잘 알고 있다"면서도 민주당을 향해 "역사의 큰 흐름이나 국제질서의 큰 판을 읽지 못하고 지엽적 문제와 과도한 용어로 정치쟁점으로 만들려 하는 것 아닌가"라고 지적했다.

■ **셔틀외교 (shuttle diplomacy)**

셔틀외교란 국제 분쟁 해결과 협상 혹은 합의에 이르기 위해 외교관이나 정치 지도자 등 중재자가 상충되는 당사자들 사이를 오가며 대화를 이어가는 외교적 접근 방식이다. 셔틀외교의 유래는 1970년대 중반 중동 지역 이스라엘과 아랍 국가들 사이에서 진행한 미국 국무장관 헨리 키신저의 협상 접근 방식으로 유명해졌다. 셔틀외교는 당사자들이 대화로 신뢰와 상호 이해를 구축한 뒤 상충되는 의견의 간격을 좁히기 위해 협상을 지속하고 분쟁 해결을 촉진하기 위해 새로운 아이디어를 찾는 방식으로 이뤄진다. 이러한 셔틀외교는 다양한 국제 분쟁 해결에 사용되고 있다.

분야별
최신상식

북한
안보

역대 최장 한미 연합 군사훈련
'자유의 방패' 실시

■ 쌍매훈련 (Buddy Wing)

쌍매훈련은 한미 공군이 1997년부터 함께 실시해 온 대대급 연합 공중훈련이다. 양국 전투 조종사들이 서로의 기지에 교차 전개해 전투기량을 연마한다. 한미 공군은 올해 총 9차례 쌍매훈련을 계획하고 있다. 3월 6일부터 10일까지 실시하는 올해 첫 쌍매훈련에는 일명 '썬더볼트'로 불리는 미군의 근접항공지원기 'A-10'이 우리 공군과 함께 연합 훈련을 진행한다.

실제 전쟁 상황 가정...11일간 진행

야외 실기동훈련을 포함 **대규모 한미 연합 군사훈련인 '자유의 방패'**(프리덤 실드·FS) **연합연습이 3월 13일부터 24일까지 국내 전역에서 실시**된다. 한미는 이번 연습에서 북한의 핵·미사일 고도화와 우크라이나 전쟁 등 달라진 안보 환경을 반영한 시나리오를 토대로 맞춤형 연습을 펼쳐 한미동맹의 대응능력을 강화할 계획이다. 특히 지난 2018년을 끝으로 문재인 정부에서 중단된 **전구**(戰區 : 독자적으로 전투를 수행하는 구역)급 연합 실기동 훈련(FTX)이 사실상 부활했다.

이번 연합연습은 실제 전쟁 상황을 가정해 역대 최장 기간인 11일 동안 중단 없이 연속해서 진행된다. 시나리오 중에는 한미 연합군이 개전 초 북한의 전면적 도발을 방어하고 반격에 성공한 뒤 북한 지역에서 시행할 치안 유지, 행정력 복원, 대민 지원 등 '북한 안정화 작전'도 포함된 것으로 전해졌다. 한미는 쌍룡 연합 상륙훈련과 **연합특수작전훈련**(Teak Knife·티크 나이프) 등 20여 개 훈련을 집중적으로 진행, 연합 야외 기동훈련을 과거 독수리훈련(FE, Foal Eagle) 이상 수준으로 확대 실시한다.

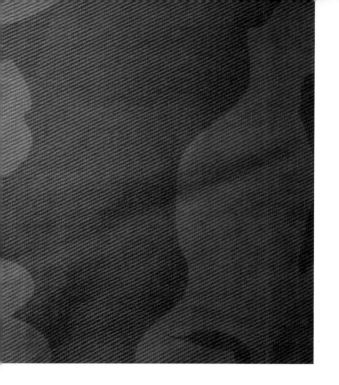

美 전략자산 총출동...확장억제력 과시

3월 6일 미국의 B-52H 전략폭격기가 한반도로 날아와 우리 공군과 연합 공중훈련을 진행했다. 핵폭격기인 B-52H의 한반도 전개는 2022년 12월 이후 3개월 만이다. 앞서 '하늘의 암살자'로 불리는 리퍼(MQ-9) 무인공격기와 '죽음의 백조'로 불리는 B-1B 전략폭격기를 동시에 전개한 데 이어 핵무장이 가능한 폭격기까지 연쇄적으로 한반도로 출동시켜 대북경고에 나선 것이다.

한미 공군은 이날 ■**쌍매훈련**에 돌입했다. 3월 10일까지 오산 미 51전투비행단에서 실시하는 이번 쌍매훈련에는 일명 '썬더볼트'로 불리는 미군의 근접항공지원기 'A-10'이 우리 공군과 함께 연합연습을 진행한다. 2월 28일엔 미 공군 최신예 특수전 항공기인 AC-130J(일명 고스트라이더)을 한반도에 처음 전개하는 등 미국이 유례가 없이 짧은 기간에 ■**전략자산**들을 속속 한반도로 투입하는 모양새다. 이는 연합연습에 도발을 위협한 **북한 지도부**에 '레드라인(금지선)'을 넘지 말라는 경고장으로 풀이된다.

北 김여정 "압도적 행동 상시준비"

북한은 앞서 3월 4일 김선경 외무성 국제기구담당 부상 명의의 담화를 내고 한미 연합연습에 대해 "미국과 남조선의 빈번한 연합 훈련들이야말로 조선 반도에서 정세 악순환이 지속돼 온 원인"이라며 반발했다.

김여정 북한 노동당 부부장은 3월 7일 "미군과 남조선괴뢰군부의 군사적 동태를 빠짐없이 주시 장악하고 있다"며 "판단에 따라 언제든지 적중하고 신속하며 압도적인 행동을 취할 수 있는 상시적 준비태세에 있다"고 주장했다. 김 부부장은 이날 조선중앙통신을 통해 발표한 담화에서 "최근에 간과할 수 없을 정도로 도를 넘어 극히 광기적인 추이로 나가고 있는 미국과 남조선의 과시성 군사행동들과 온갖 수사적 표현들은 의심할 바 없이 우리가 반드시 무엇인가를 통하여 대응하지 않으면 안 되는 조건부를 지어주고 있다"며 이같이 밝혔다.

■ **전략자산 (戰略資産)**

전략자산이란 상대방의 군사기지나 방위산업 시설 등 전쟁 수행에 큰 영향을 미치는 목표를 공격하는 무기체계를 말한다. 항공모함. 핵잠수함. 전략폭격기가 대표적이다. 미군의 대표적인 전략자산으로는 스텔스 전투기와 핵추진 항공모함 로널드 레이건호, 언제 어디서든 핵 공격이 가능한 B-52 전략폭격기 등을 꼽을 수 있다.

POINT	세 줄 요약

❶ 대규모 한미 연합 군사훈련인 자유의 방패 연합연습이 시작됐다.

❷ 훈련에 앞서 미국 전략자산이 한반도로 총출동했다.

❸ 북한은 한미 훈련에 "압도적 행동을 취할 것"이라고 반발했다.

김정은, 김주애와 평양 서포지구 새 거리 착공식 참석

김정은 북한 노동당 총비서 겸 국무위원장이 평양 북쪽지역 서포지구 새 거리 건설 착공식에 참석해 연설을 했다고 '조선중앙통신'이 보도했다. 김 위원장의 딸 김주애도 참석해, 2023년 2월에만 네 번째 공식행사에 모습을 드러냈다.

2월 26일 통신 보도를 종합하면, 김 위원장은 전날 열린 서포지구 착공식 연설에서 "수도건설의 최전구에서 천지개벽을 무조건 일으키고야 말 열정과 투지와 자신심에 넘쳐있는 자랑스러운 청년대오의 기세를 직접 보고 싶고 고무해 주고 싶어서 여기에 나왔다"며 "특색 있는 이 거리의 대건축군은 우리 국가의 위상과 비약적인 발전상을 직관적으로 보여주게 될 것"이라고 말했다.

앞서 김 위원장은 2월 15일 평양시 1만 세대 살림집 건설 사업인 화성지구 2단계 건설 착공식과 평양시 강동온실농장 건설 착공식에 각각 참석한 바 있다. 북한은 노동당 8차 당대회(2021년 1월) 때 향후 5년 간 평양에 해마다 1만 세대씩 신규 주택을 건설하기로 하고, 송신·송화지구(2021년)와 화성지구 1단계(2022년) 착공에 들어간 바 있다.

통신은 이날 착공식에 김 위원장이 '사랑하는 자제분'과 함께 참석했다고 전했다. **북 매체는 김 위원장의 딸 김주애를 '사랑하는', '존귀하신', '존경하는' 등으로 표현**한다. 통신은 김 양이 김 위원장 곁에서 박수를 치고, 함께 첫 삽을 뜨는 모습 등을 담은 사진을 공개했다.

김 양이 김 위원장과 함께 공식 행사에 모습을 드러낸 것은 7번째로, 경제 분야 행사는 이번이 처음이다. 2022년 11월 18일 대륙간탄도미사일(ICBM) 화성-17형 현장에 처음 모습을 드러낸 김 양은 2월 8일 건군절 기념 열병식까지 모두 5차례 군사·안보 관련 행사에 참석했다. 이어 2월 17일엔 '■**광명성절**'(김정일 국방위원장 생일)을 기념해 열린 내각과 국방성 직원 간 체육경기를 김 위원장과 함께 관람한 바 있다.

국정원 "김정은 첫째는 아들이라는 첩보"

국회 정보위원회 국민의힘 간사인 유상범 의원은 "김정은 북한 국무위원장의 첫째는 아들이라는 첩보가 있다. 관련해 (국정원이) 외부기관과 정보 공유 중"이라고 말했다. 유 의원은 김 위원장의 딸 김주애가 최근 전면에 나타난 배경에 대해 "김정은이 아직 젊고 건강해 후계를 조기에 구상할 필요가 없고, 후계 지침과 선전 동향도 없기 때문에 4대 혈통 세습 당위성 각인 목적이 가장 높다고 파악하고 있다"고 말했다.

윤 의원은 "국정원은 북한이 한미 훈련과 한미 정상회담이 예정된 3~4월에 핵·재래식 무기를 결합한 대규모 훈련을 전개하고 신형 고체연료 대륙간탄도미사일(ICBM)을 발사할 소지가 있다고 했다"며 "김정은 위원장 지시에 따라 4월 중으로 정찰위성을 발사할 가능성도 있다고 보고했다"고 말했다.

북한 '전술핵 SRBM' 동해상으로 발사

북한이 2월 20일 전날 이뤄진 **한미 연합비행훈련
에 대응해 단거리 탄도미사일**(SRBM) **2발을 동해
상으로 발사**했다. 북한은 이 SRBM이 전술핵 공
격 수단인 600mm **초대형 방사포**라고 주장하며,
방사포탄 4발이면 적의 작전비행장을 초토화할
수 있다고 위협했다. 이날 SRBM이 발사된 평남
숙천 일대에서 비행거리를 계산하면 청주 F-35A
기지와 오산과 군산 미 공군기지 등을 타격 가상
목표로 설정한 것으로 보인다.

합동참모본부는 북한이 이날 오전 7시쯤부터

7시 11분쯤까지 평안남도 숙천 일대에서 동해
상으로 발사한 단거리 탄도미사일 2발을 포착
했다고 밝혔다. 이들 미사일은 각각 390여km
와 340여km를 비행 후 동해상에 탄착했다. 북한
이 SRBM의 표적으로 자주 활용하는 동해의 알
섬 근처에 낙하한 것으로 알려졌다. 이번에 발사
원점으로부터 340km 부근에 청주 공군기지가,
390km 부근에 군산 미 공군기지가 있다. 전날
한미 연합비행을 위해 각각 한미 공군 전투기가
이륙한 곳이다.

이와 관련, 북한은 600mm 방사포탄 2발을 사격
했다고 발표했다. 남측은 단거리 탄도미사일, 북
측은 방사포탄으로 각각 발표한 것이다. 600mm
초대형 방사포는 유도기능이 있고 탄도미사일과
유사한 궤적으로 비행하기 때문에 단거리 탄도미
사일 범주에 속하는 무기다.

조선중앙통신은 이날 "조선인민군 서부전선장거
리포병부대 해당 방사포병구분대가 20일 아침
7시 방사포 사격 훈련을 진행했다"며 "600mm
방사포를 동원하여 발사점으로부터 각각 계산된
395km와 337km 사거리의 가상 표적을 설정하
여 동해상으로 2발의 방사포탄을 사격했다"고 보
도했다.

중앙통신은 해당 방사포에 대해 "우리 군대의 최
신형 다연발 정밀공격무기체계로서 적의 작전비
행장당 1문, 4발을 할당해둘 정도의 가공할 위력
을 자랑하는 전술핵 공격수단"이라고 주장했다.
이어 "2022년 12월 말 진행된 증정식 행사에서
국방과학원과 핵무기연구소는 방사포탄의 위력
에 대하여 4발의 폭발 위력으로 적의 작전비행장
기능을 마비시킬 수 있게 초토화할 수 있다는 확

고한 견해를 피력한 바 있다"고 설명했다.

합참은 "북한의 연이은 탄도미사일 발사는 한반도는 물론 국제사회의 평화와 안정을 해치는 중대한 도발 행위이며 유엔 안전보장이사회 결의에 대한 명백한 위반으로 이를 강력히 규탄하고 즉각 중단할 것을 촉구한다"고 밝혔다.

북한의 이날 무력 도발은 2023년 들어 세 번째다. 연초에 초대형 방사포 1발을 쏜 데 이어 2월 18일 오후에는 '■**화성─15형**' ICBM 1발을 동해상으로 발사했다.

정부는 북한의 ICBM 발사 등에 대한 대응으로 북한의 핵·미사일 개발 및 대북 제재 회피에 기여한 개인 4명과 기관 5개를 독자 제재 대상으로 추가 지정했다. 2월 10일 사이버분야 독자제재에 나선 지 불과 열흘 만에 또 칼을 빼든 것이다. 이는 윤석열 정부의 4번째 대북 독자 제재다.

외교부는 "**이번 조치는 북한의 도발 후 역대 최단 기간 내 이뤄지는 독자제재 지정**"이라고 말했다. 북한은 3월 15일과 한일 정상회담이 열리는 3월 16일에도 동해상으로 탄도미사일을 발사했다.

■ **초대형 방사포**
초대형 방사포는 북한이 개발한 600mm 대구경 방사포를 말한다. 방사포는 지상에서 동시에 많은 로켓을 발사할 수 있는 다연장포이다. 탄도미사일과 방사포의 가장 큰 차이점은 유도 기능의 유무이다. 일반적인 방사포에는 유도 기능이 없으며 일반적인 포와 마찬가지로 포신의 방향과 각도에 따라 날아간다.
북한이 보유한 초대형 방사포는 최대 사거리가 약 400km로 추정되고 유도 기능까지 갖춰 사실상 단거리 탄도미사일과 구분하기 어렵다. 휴전선에서 부산까지 거리가 360km이므로 제주도를 제외하고 남한 전역을 공격할 수 있는 것이다.

특히 연속 발사를 하면 발사체 요격이 어려워 우리 군으로서는 큰 위협으로 여겨진다.

■ **화성─15형**
화성─15형은 2017년 11월 29일 북한이 평안북도 철산군 동창리 미사일 발사장에서 발사한 대륙간탄도미사일(ICBM)이다. 사정거리는 최소 1만3000km로 미국 수도 워싱턴 D.C. 등 미 전역을 사정권에 넣었다. 화성─15형 발사 이후 김정은 북한 국무위원장은 핵 무력을 완성했다고 자평했다. 미국을 비롯한 국제사회는 이를 심각한 상태로 받아들여 대북 제재 결의 2397호를 채택했다. 이 결의안은 북한의 석유 제품 수입을 제한하고 북한 해외 노동자를 송환하도록 하는 등 외화 획득원을 차단했다.

'탈북 어민 강제 북송' 정의용·서훈·노영민·김연철 기소

■**탈북 어민 강제 북송 사건**을 수사하는 검찰이 정의용 전 청와대 국가안보실장과 노영민 전 대통령 비서실장, 서훈 전 국가정보원장, 김연철 전 통일부 장관을 재판에 넘겼다.

서울중앙지검 공공수사3부(부장검사 이준범)는 2월 28일 국가정보원법상 직권남용 혐의로 정 전 국가안보실장과 노 전 비서실장, 서 전 국정원장, 김 전 통일부 장관을 불구속 기소했다. 서 전 국정원장에게는 허위 공문서 작성·행사 혐의도 적용됐다.

이들은 2019년 11월 동료 선원 16명을 살해한 것으로 지목된 탈북 어민 2명을 북한으로 강제 송환해 관계 기관 공무원들에게 의무에 없는 일을 시키고, 탈북 어민들이 대한민국 법령과 적법 절차에 따라 **대한민국에 체류해 재판받을 권리 등을 행사하지 못하게 방해한 혐의**를 받는다.

서 전 국정원장은 중앙합동정보조사팀의 조사 결과 보고서상 탈북 어민들의 귀순 요청 사실을 삭제하고, 조사가 계속 진행 중임에도 조사가 종결된 것처럼 기재하는 등 **허위 보고서를 작성하도록 한 후 통일부에 배포하도록 지시한 혐의**도 있다.

정 전 국가안보실장과 서 전 국정원장은 강제 북송 방침에 중앙합동정보조사를 중단하고 조기 종결하도록 지시해 조사팀의 조사권 행사를 방해한 혐의도 적용됐다.

북한 어민 2명은 2019년 11월 2일 동해상에서 어선으로 남하하다가 북방한계선(NLL) 인근 해상에서 군에 나포됐다. 당시 정부는 살인 등 중대한 비정치적 범죄를 저지른 이들은 보호 대상이 아니라며 나포 닷새 만에 북송했다.

그러나 검찰은 이들 탈북 어민도 헌법상 우리 국민인 만큼, 국내 사법 절차를 따르지 않고 강제로 북한으로 돌려보낸 것은 위법하다고 결론 내렸다. 다만 문재인 전 대통령이 이러한 의사 결정 과정에 관여하지 않은 것으로 보고 추가 수사나 조사 필요성은 없다고 판단했다.

정 전 실장은 입장문을 내고 "검찰의 편향된 잣대에 의한 기소는 이 사건에 대한 재기수사(再起搜査 : 처음 사건을 맡은 검찰청의 상급청이 추가 수사를 할 필요가 있다고 판단하여, 그 검찰청으로 하여금 사건을 다시 수사하게 하는 일)가 정권 교체 후의 보복을 목적으로 하는 정치적 수사였다는 세간의 평가가 정확한 평가였음을 증명하는 것"이라고 말했다.

■ 탈북 어민 강제 북송 사건

탈북 어민 강제 북송 사건은 2019년 11월 2일 북한에서 NLL을 넘어 월남한 뒤 대한민국 해군에 붙잡힌 북한이탈주민 어민 선원 2명이 귀순 의사를 표명하였으나 자의에 반해 2019년 11월 7일 판문점을 통해 강제로 북송된 사건이다.

해당 선원들은 북한의 주장 및 한국의 조사에 의하면 김책항에서 북한에 붙잡힌 선원 1명과 함께 다른 선원 16명을 살해한 혐의를 받았으며, 1명이 김책항에서 붙잡힌 후 나머지 2명이 배를 타고 월남을 시도한 것으로 조사되었고, 배에서는 핏자국이 발견됐다. 대한민국 정부는 그 선원에게 북송결정에 이의를 제기할 기회를 부여하지 않은 채로 강제 북송하였다.

일부 사람들과 단체 등이 문재인 정부의 선원 북송 결정이 반인권적이라고 비판하였다. 북한이탈주민 보호법에 따르면 범죄를 저지르고 도피한 자는 보호조치를 하지 않을 수 있으나, 아예 북송을 할 수 있다고 규정된 것은 아니다. 보호조치대상자는 아니더라도 일부 필요한 보호를 할 수 있으며, 대한민국 정부는 일반적으로 북한 주민도 대한민국 국민으로 본다. 게다가 살인범이라는 북한의 주장이 정황상 살인 가능성이 있지만, 제대로 조사나 재판이 이루어지지 않은 일방적 주장이라 진위여부를 알 수 없었다. 헌법상으로는 북한민도 한국에서 제대로 된 절차를 밟아 재판을 받을 권리가 있다. 하지만, 실제로는 북한에서 저지른 범죄를 한국에서 재판한 전례가 없다.

문화
미디어

윤하, '제20회 한국대중음악상'
올해의 노래·최우수 팝 수상

■ **한국대중음악상 (韓國大衆音樂賞)**

한국대중음악상은 음악평론가, 기자, PD 등의 전문가들이 모여 2004년 시작한 대중음악 시상식으로, 인기도, 방송 출연 빈도, 판매량 등이 아니라 음악적 성취에만 초점을 맞춰 선정하는 음악상이다. 주류와 비주류의 경계를 넘어 대중음악을 예술적 창조물로 인식하고 대중음악의 다양성과 창조적 활력을 진작시키고자 만들어졌다.

'사건의 지평선' 역주행

'제20회 ■한국대중음악상'에서 가수 윤하(사진)가 '올해의 노래', '최우수 팝'을 수상하며 2관왕을 달성했다. 한국대중음악상 선정위원회는 3월 5일 오후 6시 유튜브 채널을 통해 종합·장르·특별 분야 26개 부문 수상자를 공개하고 시상했다.

지난해 윤하의 '사건의 지평선'은 발매 당시 이목을 끌지 못했지만 대학 축제에서 부른 영상이 화제를 모으며 역주행한 바 있다. 윤하는 이 곡으로 '37회 골든디스크 어워즈'에서 베스트 솔로 아티스트상을, '제32회 서울가요대상'에서 발라드 부문상을, '30주년 한터뮤직어워즈 2022'에서 발라드 부문 특별상을 잇달아 수상하며 역주행 신화의 정점을 찍었다.

한국대중음악상 휩쓴 '뉴진스 프로듀서' 250

또한 이번 시상식에서 DJ 겸 프로듀서 250(이오공·본명 이호형)이 올해의 음반, 올해의 음악인 등 4관왕에 오르며 주인공이 됐다. 250이 프로듀서로 참여한 그룹 뉴진스는 올해의 신인, 최우수 K팝 음반 등 3관왕에 올라 함께 스포트라이트를 받았다.

제20회 한국대중음악상 수상자(작)

상	수상자	상	수상자
올해의 음반	250 '뽕'	최우수 팝 음반	이찬혁 '에러'
올해의 노래	윤하 '사건의 지평선'	최우수 팝 노래	윤하 '사건의 지평선'
올해의 음악인	250	최우수 케이팝 음반	뉴진스 '뉴진스'
올해의 신인	뉴진스	최우수 케이팝 노래	뉴진스 '어텐션'
최우수 록 음반	콩코드 '초음속 여객기'	최우수 포크 음반	선과영 '밤과낮'
최우수 록 노래	잠비나이 '지워진 곳에서'(feat. 선우정아)	최우수 포크 노래	선과영 '밤과낮'
최우수 모던록 음반	검정치마 '틴 트러블스'	최우수 재즈 보컬 음반	김유진 '한 조각 그리고 전체'
최우수 모던록 노래	실리카겔 '노 페인'	최우수 재즈 연주 음반	송영주 '애트모스피어'
최우수 메탈&하드코어 음반	매드맨즈 에스프리 '나는 나를 통해 우리를 보는 너를 통해 나를 본다'	최우수 글로벌 컨템퍼러리 음반	정재일 '시편'
최우수 랩&힙합 음반	넉살 × 까데호 '당신께'	최우수 댄스&일렉트로닉 음반	250 '뽕'
최우수 랩&힙합 노래	넉살 × 까데호 '굿모닝 서울'	최우수 댄스&일렉트로닉 노래	250 '뱅버스'
최우수 알앤비&소울 음반	에이트레인 '프라이빗 핑크'	공로상	사랑과 평화
최우수 알앤비&소울 노래	비비 '조또'	선정위원회 특별상	클럽 에반스

250은 올해 한국대중음악상에서 4개 부문에서 수상하며 **한국대중음악상 20년 역사상 단 두 차례밖에 없었던 한 해 최다 수상 타이기록을 보유하게 됐다.**

250은 지난해 3월 발표한 앨범 '뽕'으로 종합 분야 '올해의 음반', '올해의 음악인'을 비롯해 장르 분야 '최우수 일렉트로닉 음반'과 '노래' 부문 모두 수상했다.

힙합과 케이팝 프로듀서로 활동해온 250은 7년간의 제작에 힘을 기울여 트로트와 첨단 전자음을 절묘하게 뒤섞은 앨범 '뽕'을 내놓았다. 이 앨범은 국내 평단은 물론 영국, 일본 등에서도 극찬을 받았다.

'뽕'은 한국대중음악상 역사상 일렉트로닉 장르 최초의 '올해의 음반' 수상작이다. '올해의 음반'과 '올해의 음악인' 동시 수상은 지난 2012년 장기하와 얼굴들 이래로 10년 만에 처음이다.

POINT **세 줄 요약**

❶ 가수 윤하가 한국대중음악상에서 2관왕을 차지했다.

❷ 윤하는 '올해의 노래', '최우수 팝'을 수상했다.

❸ 프로듀서 250이 '뽕'으로 '올해의 음반'을 수상했다.

김구·안중근·유관순 등...컬러 사진으로 복원된 독립운동가 15인

▲ 컬러 사진으로 복원된 독립운동가 김구, 안중근, 유관순 (자료: 국가보훈처)

국가보훈처가 제104주년 3·1절을 맞아 독립운동가 15인의 흑백사진을 컬러 이미지로 복원한 영상을 2월 28일부터 서울 광화문 광장에 있는 대한민국역사박물관의 대형전광판에 송출한다. 기간은 대한민국임시정부 수립기념일인 4월 11일까지다.

대상은 백범 김구와 김좌진, 어니스트 토머스 베델(영국), 송진우, 안중근, 안창호, 유관순, 윤동주, 윤봉길, 이승만, 이회영, 조소앙, 최재형, 한용운, 호머 헐버트(미국) 선생 등이다. 영상에는 각 독립운동가의 생애 및 업적과 함께 "나의 소원은 우리나라 대한의 완전한 자주독립이오(김구)" 등 주요 어록도 소개된다.

보훈처에 따르면 6·25 참전영웅 흑백사진 복원을 진행하고 있는 성균관대 소프트웨어학과와 인공지능(AI)학과 학생들이 참여해 **AI 얼굴 복원기술**(GFP-GAN, 흐릿하거나 망가진 이미지를 고해상도 이미지로 복원하는 기술) 및 안면 복원(face restoration)을 활용해 독립운동가들의 흑백사진을 고해상도의 색채 사진으로 복원한 뒤 영상으로 제작했다.

▌사진 복원·영상 제작 독립운동가 15인 (자료: 국가보훈처)

인물	공적	어록
김구 (1876~1949)	대한민국임시정부의 국무령·주석 등을 역임했다. 한인애국단 의거를 주도하고 한국광복군을 창군하였다.	나의 소원은 우리나라 대한의 완전한 자주독립이오
김좌진 (1889~1930)	대한광복회 부사령관으로 활약하고 만주로 건너가 독립군을 지도했다. 북로군정서 사령관으로서 1920년 청산리대첩을 승리로 이끌었다.	삼천리 금수강산에 왜놈이 웬 말인가 단장의 아픈 마음 쓸어버릴 길 없구나
베델 (1872~1909)	1904년 영국 기자로 내한하여 대한매일신보를 발행했다. 언론으로 일본의 경제 침탈을 비판하고 국내외 독립운동을 보도했다.	나는 죽을지라도 대한매일신보는 영생케 하여 한국민족을 구하게 하시오
송진우 (1890~1945)	일본 유학 후 1921년부터 동아일보 사장으로 취임하여 언론운동을 전개하고, 민립대학 설립운동을 지원했다.	옥중에 갇힌 몸이 밤마다 잠 못 이루니 나라 근심에 상한 마음 몇몇해나 쌓였던고
안중근 (1879~1910)	교육사업과 의병운동을 전개하고 단지동맹을 결성했다. 1909년 10월 26일 한국 침략의 원흉인 이토 히로부미 암살에 성공하였다.	나라를 위하여 헌신하는 것이 군인의 본분이다
안창호 (1878~1938)	대한인국민회 총회장에 선출되었고 청년단체 흥사단을 조직했다. 대한민국임시정부의 노동국 총판 및 내무총장 등으로 활동했다.	낙망(落望)은 청년의 죽음이요, 청년이 죽으면 민족이 죽는다
유관순 (1902~1920)	1919년 서울에서 3·1 만세운동에 참여하고, 천안 아우내장터 만세시위를 주도했다.	나라에 바칠 목숨이 오직 하나밖에 없는 것만이 소녀의 유일한 슬픔입니다
윤동주 (1917~1945)	연희전문학교에서 〈서시〉 등 민족시를 발표하였다. 1942년 징병제 반대 시를 집필하는 등 민족문학 활동을 지속했다.	죽는 날까지 하늘을 우러러 한 점 부끄럼이 없기를

윤봉길 (1908~1932)	중국으로 망명하여 한인애국단에 가입했다. 1932년 4월 29일 상하이에서 일본 수뇌부들에게 폭탄을 던져 독립의지를 드높였다.	사나이 뜻을 세워 집을 나가면 뜻을 이루지 않고서는 살아서 돌아오지 않으리라
이승만 (1875~1965)	1919년 대한민국임시정부 대통령으로 추대되었다. 1941~45년 주미외교위원부 위원장으로서 외교 독립운동을 주도했다.	사람을 두 가지로 구별할 수 있으니, 하나는 스스로 문제를 해결하는 사람이고, 다른 하나는 남에게 다스림을 받는 사람이다
이회영 (1867~1932)	1911년 만주에 경학사와 신흥강습소를 설립했다. 대한민국임시정부 의정원과 무정부주의 운동에 참여했다.	독립을 위해서는 먼저 백성을 깨우쳐야 한다
조소앙 (1887~1958)	1913년 동제사와 1919년 대한민국임시정부에 참여했다. 임시정부의 정당인 한국독립당을 창당하고 삼균주의 강령을 기초했다.	三均主義-정치 경제 교육의 균등제도와 개인과 개인, 민족과 민족, 국가와 국가 간의 호혜평등으로 민주국가 건설하자
최재형 (1860~1920)	러시아 한인들을 보호하고 독립운동을 지원했다. 1908년 항일단체 동의회를 조직하고 1919년 대한민국임시정부 재무총장에 선출되었다.	러시아 추위보다 나라를 잃은 나의 심장이 더 차갑다
한용운 (1879~1944)	1919년 3·1운동에 민족대표 33인 중 1인으로 참여하였다. 민립대학기성회 중앙집행위원을 역임했고, 신간회 경성지회장으로 활동했다.	참된 평화는 반드시 자유를 함께 해야 한다
헐버트 (1863~1949)	잡지 〈한국평론〉을 창간하여 일제 침략을 비판했다. 1907년 고종의 헤이그밀사 파견을 지원했다.	나는 웨스트민스터사원에 묻히기보다 한국에 묻히기를 원하노라

광화문서 만나는 K팝, 미식의 향연...
'2023 서울페스타' 개최

광화문 광장과 잠실 일원에서 K팝, 스타일, 야경, 미식 축제 등을 함께 즐길 수 있는 '2023 **서울페스타**'가 열린다. 서울시와 서울관광재단은 본격적인 관광회복, 코로나19로 침체된 서울관광 재도약의 동력이 될 '서울페스타 2023'을 4월 30일부터 5월 7일까지 8일 간 광화문 광장 및 잠실종합운동장 등 서울 전역에서 개최한다고 밝혔다.

서울페스타는 지난해 8월 최초 개최됐으며 올해부터는 5월에 정례 개최하며 서울 대표 관광축제로 육성한다는 계획이다. 올해 서울페스타의 슬로건은 '필 더 리얼 서울(Feel the Real Seoul)'이다. 코로나19 팬데믹 3년 동안 서울을 방문하기 어려웠던 외국인 관광객들에게 직접 서울을 방문해 진짜 서울의 매력을 체험해 보라는 의미다.

축제는 크게 음악, 멋, 맛, 야경, 붐업 행사 등 5가지 분야로 구성됐다. 축제의 서막을 여는 K팝 콘서트는 4월 30일 오후 7시 50분부터 100분 간 잠실종합운동장 내 올림픽 주경기장에서 열린다. 엔하이픈, 더 보이즈, 아이콘 등 K팝 스타들이 총출동한다.

행사 기간 전일 동안 광화문광장은 다양한 서울

의 '멋'과 '맛'을 체험하는 공간으로 변한다. 광화문 사거리와 광장 일원에 '웰컴게이트와 아트워휴식존', '서울관광 홍보존', '음식, 전통공예, 문화예술 체험존' 등이 운영되고, 5월 6일 잠수교에는 다양한 K푸드를 한 자리에서 즐길 수 있는 '서울 브릿지 맛-켓'이 열린다.

4월 29일 서울페스타 2023 전야 공연을 시작으로 5월 1일과 5일, 6일 등 총 4회에 걸쳐 매일 오후 8시에는 드론쇼가 진행된다. 마지막으로 4월 28일부터 5월 7일까지 10일간 명동에서는 유명 K아티스트와 협업해 명동일대를 갤러리로 장식할 '명동페스티벌'이 개최된다.

■ **서울페스타 (Seoulfesta)**
서울페스타는 서울시가 주최하고 서울관광재단이 주관하는 서울 관광축제로, 코로나19로 장기간 침체에 빠진 관광업계를 부흥하기 위해 외래 관광객의 서울 방문 수요를 창출하고 트렌디한 서울의 매력을 체험하는 고품격 관광을 유도하고자 기획됐다.
서울 관광 회복의 신호탄을 열고자 지난 2022년 8월 최초로 개최됐다. 올해부터는 서울페스타를 4월 말 정례 개최하기로 하며 4월 30일부터 5월 7일까지 광화문 광장과 잠실종합운동장 등 서울 전역에서 열린다.

제1회 서울예술상 대상에 허윤정 '악가악무-절정'

서울문화재단이 제1회 서울예술상 대상에 허윤정의 **악가악무-절정**을 선정했다고 2월 28일 밝혔다. 올해 처음 만들어진 서울예술상은 서울문화재단의 예술지원사업에 선정된 작품 중 우수작을 선발해 주는 상이다. 연극, 음악, 무용, 전통,

▲ '제1회 서울예술상' 시상식 (자료 : 서울문화재단)

시각 등 다섯 개 분야에서 시상한다.

대상을 받은 허윤정 서울대 국악과 교수는 ■**국악** 그룹 블랙 스트링을 이끌며 국악의 세계화에 앞장서 온 거문고 연주자다. 지난해 국립극장 무대에서 선보인 전통 공연 '악가악무-절정'은 허윤정과 김일구, 이태백 등 국악 명인들과 피아니스트 박종화, 김태영, 정윤형 등 젊은 국악 및 클래식 연주자들이 협업해 전통 음악의 현재와 미래를 풀어낸 작품이다. 전통을 계승할 새로운 방법에 대한 고민과 전통과 창작 간의 균형 잡힌 무대를 선보였다는 평을 받았다.

최우수상에는 코너스톤의 '맹'(연극), 음악오늘의 '율.동.선'(음악), 정보경댄스프로덕션의 '안녕, 나의 그르메'(무용), 이은우의 '직각 마음'(시각)이 이름을 올렸다. 우수상 수상작으로는 래빗홀씨어터의 '정희정'(연극), 사단법인 텀프앙상블의 '2022 사운드 온 디 엣지 Ⅲ-업데이티드, 2022 사운드 온 디 엣지 Ⅴ-재창조'(음악), 정형일 발레 크리에이티브의 '엣지 오브 앵글'(무용), 김용성의 '류(流)-심연의 아이'(전통), 돈선필의 '괴·수·인'(시각)이 선정됐다.

대상 수상작에는 2000만원의 상금을 주며 장르별 최우수상 수상작에는 각 1000만원, 우수상 수상작에는 각 500만원의 상금이 수여된다. 이창기 서울문화재단 대표이사는 "서울예술상을 통해 예술가의 브랜드 가치를 높이고 서울 시민들의 우수 작품 향유 기회를 넓히는 선순환을 만들 것"이라고 말했다.

■ 국악 (國樂)

국악은 예로부터 전해 오는 우리나라의 고유 음악으로, 한국 음악을 줄여서 이르는 말이다. 국악을 분류하는 방법에는 보통 두 가지가 있다. 첫째 아악(고려와 조선 시대에 궁중에서 연주되던 음악)·당악(중국에서 들어온 궁중 음악을 통칭)·향악(민속악을 제외한 우리나라에서 만들어진 전래 음악)으로 분류하는 방법이고, 둘째 정악(궁중 음악을 포함한 사대부 음악)과 민속악(궁중이 아닌 민간에서 형성되고 전수된 음악)으로 구분하는 방법이다.

민속악은 다시 기악과 성악으로 구분되는데 기악에는 산조, 풍물놀이 사물놀이가 있고 성악에는 판소리, 민요, 가야금병창, 시조와 가곡 등이 포함된다.

에 극장과 바스티유 극장을 번갈아 가며 연간 180회 이상 공연하기 때문이다. 도로테 질베르, 제르망 루베 등 5명의 **에투알**(발레단 최상위 등급)이 무대에 올라 주역 지젤과 알브레히트로 출연한다. 원래 참석 명단에 있던 에투알 위고 마르샹은 갑작스러운 무릎 부상으로 내한하지 못했다. 그를 대신할 주역 알브레히트로 2018년 입단 후 3년 만에 단숨에 주역으로 발돋움한 기욤 디옵이 나선다.

동양인으로는 최초로 이 발레단 에투알에 오른 한국인 무용수 박세은은 출산으로 동행하지 못했다. 대신 2017년에 입단해 지난해 3단계인 '쉬제'로 승급한 한국인 무용수 강호현이 무대에 오른다. 이 발레단의 정단원은 **카드리유**(군무진)→**코리페**(군무 리더)→**쉬제**(솔리스트)→**프르미에르 당쇠르**(주역 가능)→**에투알**(주역만 맡음) 등 5단계의 엄격한 등급 체계로 나뉜다.

이번 공연엔 120명의 단원이 함께한다. 무용수 70명 외에 무대와 분장, 경호, 무용수 마사지 등을 담당하는 50명의 단원도 함께 왔다. 마르티네스 예술감독은 "파리 공연과 같은 조건에서 한국 관객들이 관람할 수 있도록 섬세하고도 디테일이 살아있는 무대를 보여줄 것"이라고 말했다.

아돌프 아당이 작곡한 '지젤'의 음악은 발레 음악의 표본으로 꼽힌다. 초연이 성공을 거두자 영국 런던과 오스트리아 빈, 러시아 상트페테르부르

350년 역사 파리오페라발레단 '지젤', 30년 만에 한국 공연

350여 년 역사의 파리오페라발레단이 한국에 왔다. 1993년 서울 세종문화회관 공연 이후 30년 만이다. 레퍼토리는 '지젤'이다. 1841년 바로 이 발레단이 초연했던 분신과도 같은 작품이다. 3월 3~4일 대전 예술의전당에 이어 9~11일 서울 엘지아트센터에서 공연했다.

이 발레단은 1년에 단 한 차례만 국외에서 공연한다. 전 세계 관객이 몰리는 파리에서만 가르니

크, 독일 베를린·이탈리아 밀라노 등 여러 나라로 퍼져나갔다. 이번 공연에선 국립심포니오케스트라가 연주를 담당한다.

'지젤'은 당시 유럽에 널리 전파됐던 배신당한 유령 '윌리 설화'가 바탕이다. 약혼녀가 있는 귀족 청년 알브레히트가 아름다운 시골 여성 지젤과 사랑에 빠지면서 이야기는 시작된다. 약혼녀 바틸드 공주가 나타나자 알브레히트는 지젤을 외면하고, 배신당한 지젤은 슬픔 속에 죽음에 이른다.

➕ 차이코프스키의 3대 발레 음악
▲백조의 호수 ▲잠자는 숲속의 공주 ▲호두까기 인형

넷플 '나는 신이다' 파장...검찰총장, "정명석에 엄벌 최선 다하라"

이원석 검찰총장이 3월 6일 기독교복음선교회(통칭 JMS) 총재 정명석 씨 사건 공판에 최선을 다하라고 지시했다. 이 총장은 이날 대검찰청에서 이진동 대전지검장에게 정 씨의 공판 진행 상황을 보고 받고 "범행에 상응하는 엄정한 형벌이 선고돼 집행될 수 있도록 공소 유지에 최선을 다하라"고 말했다.

기독교복음선교회는 정명석이 창립한 신흥 종교다. JMS(Jesus Morning Star)라고 하나 정명석(Jung Myung-seok)의 줄임말로 세간에 알려져 있다. 기성 교파로부터 이단 판정을 받았으며, 국내외에서 다수 여성 신도 성폭행 등으로 심각한 사회 문제를 일으켰다.

이 총장은 피해자들에 대해서도 세심한 지원과 보호에 만전을 기하라고 강조했다. 신도 성폭행 등으로 징역 10년을 선고받고 2018년 2월 출소한 정 씨는 홍콩 국적 여성 신도를 성폭행하고, 호주 국적 여성 신도의 허벅지 등을 만진 혐의로 지난해 10월 28일 다시 구속기소됐다.

대전지검 여성·아동범죄조사부는 정 씨를 구속기소한 이후, 여성·아동범죄조사부 부장검사를 팀장으로 하고, 성폭력분야 공인인증 부부장검사 등 관련 범죄에 대한 전문성이 높은 검사 3명으로 구성된 공소유지팀을 편성했다.

대전지검 관계자는 "피고인은 공소사실에 대해 전면 부인하고 있다"며 "향후 피해자를 포함한 여러 증인들에 대한 증인신문, 영상·녹음 등을 통해 범죄를 입증하고, 피고인에게 죄에 상응하는 처벌이 이뤄질 수 있도록 할 것"이라고 밝혔다.

앞서 JMS는 넷플릭스 다큐멘터리 '나는 신이다' 방영을 막아달라며 서울 서부지법에 방송금지 가처분 신청을 냈지만 3월 2일 기각됐다. 3월 3일 세계 190개국에 공개된 이 다큐멘터리는 정 씨를 포함해 자신을 신이라 칭하는 한국의 ▪사이비 종교 교주를 다뤘다. 정 씨의 과거 범행이 재조명돼 파장을 일으키며 넷플릭스 '오늘 대한민국의 TOP 10' 차트 1위에 올랐다.

'나는 신이다'가 사이비 종교의 횡포를 적나라하게 고발해 큰 반향을 일으킨 가운데 JMS에 이어 종교단체 '아가동산'의 교주 김기순 씨도 방송금지 가처분 신청을 냈다. 김 씨는 1997년 살인 및 사기 등 8개 혐의로 구속기소됐으나 명백한 증거가 없다는 이유로 횡령과 조세포탈 등 다른 혐의만 유죄가 인정돼 징역 4년에 벌금 60억원을 선고받았다. K팝 팬덤을 중심으로 김기순이 회장으로 있는 음반 유통사 신나라레코드의 불매 움직임도 나타났다.

■ 사이비 (似而非)

사이비는 '겉으로 보기에 비슷해 보이지만 근본적으로 매우 다른 가짜'라는 뜻으로 원전은 『맹자(孟子)』 진심장구하(盡心章句下) 편에 수록된 말로, 공자왈오사이비자(孔子曰惡似而非者)에서 유래했다. 여기서 맹자의 제자 만장이 공자의 향원(鄕原 : 덕이 있는 사람과 겉으로 비슷해 보이지만 실제로는 아닌 사람)에 대한 생각에 대해 맹자에게 묻자, 맹자가 향원이 사이비라고 주장하는 내용을 담고 있다. 맹자는 "그들은 겉치레를 완전히 꾸며 고결하고 충직하여 믿을 만해 보이게 살아가나, 실제로는 자신의 행동을 돌아보고 말을 돌아보는 선비의 덕을 지킬 마음이 없는 자들"이라며 "그런 자들이 자신의 명예와 이익을 위해 세상을 어지럽힐 것이 두렵다"고 말했다.

"K팝 팬 절반, 굿즈 모으려 음반구매…같은 판 90장 산 팬도"

K팝 팬 절반이 ■굿즈(팬덤 상품) 수집 목적으로 음반을 구매한 것으로 집계됐다. 한국소비자원은 K팝 팬덤 활동 소비자의 52.7%는 굿즈 수집을 목적으로 음반을 구매한 적이 있고 CD로 음악 감상을 하는 소비자는 5.7%에 불과하다는 조사결과를 3월 7일 내놨다.

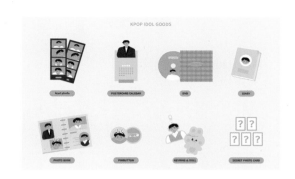

유료 K팝 팬덤 활동 경험이 있는 소비자 500명을 설문 조사(중복응답)한 결과 음반(78.9%), 포토카드(55.6%), 응원도구(43.4%) 등 상품을 평균 연 4.7회 구매한 것으로 나타났다. 평균 구매금액은 '5만원 초과~10만원 이하'가 27.6%로 다수였지만 100만원 이상 지출했다는 응답도 2.8% 있었다. 이 밖에 팬덤 마케팅 관련 개선이 필요한 부분으로는 배송지연(29.0%), 불합리한 가격책정(20.6%), 굿즈의 랜덤 지급 방식(15.2%) 등을 꼽았다.

랜덤 굿즈를 얻기 위해 음반을 구매한 경험이 있는 소비자 194명은 동일 음반을 평균 4.1장 구매했는데 가장 많게는 같은 음반을 90장까지 구매한 경우도 있었다. 이벤트 응모를 목적으로 구매한 소비자 102명은 평균 6.7장을 구매했고 최대 80장을 구매하기도 했다. 음악 감상 방법은 83.8%가 음원·동영상 스트리밍이라고 답했고 CD를 이용하는 소비자는 5.7%에 불과했다.

■ 굿즈 (goods)

굿즈는 연예인이나 스포츠 팬을 대상으로 디자인한 상품을 일컫는다. 셔츠나 가방, 머그컵, 인형, 식품, 가전제품 등 갖가지 상품의 형태로 기획·판매되며 머천다이즈(merchandise)라고도 부른다. 특히 팬덤 문화를 기반으로 한 굿즈는 새로운 마케팅 수단으로 정착했다. 자신의 취향과 관심사를 적극적으로 소비하며 다른 사람과 공유하는 소비문화가 떠오르면서 굿즈의 시장 규모도 커지고 있다.

분야별
최신상식

과학
IT

세계 최대 이통 전시회
MWC 2023 개막

■ 모바일월드콩그레스 (MWC, Mobile World Congress)

모바일월드콩그레스(MWC)는 미국 라스베가스 소비자가전전시회(CES), 독일 베를린 국제가전박람회(IFA)와 더불어 세계 3대 전자제품 박람회로 꼽히는 전시회다. 세계이동통신사업자협회(GSMA)가 주최하는 세계 최대 모바일 기기 박람회이다. MWC는 매년 2월 스페인 바르셀로나에서 열린다. MWC는 스마트폰, 태블릿 등 모바일 관련 제품과 산업 전반에 관련된 내용이 주를 이룬다.

올해 키워드는 AI·중국·망사용료

2월 27일(현지시간) 스페인 바르셀로나에서 세계 최대 이동통신 전시회 ■**모바일월드콩그레스(MWC)** 2023이 개막했다. 코로나19 이전 수준의 규모를 회복한 만큼 행사장인 피라 그란비아에는 이른 오전부터 인파가 북적였다. 지난해보다 30% 이상 많은 세계 2000여 개 기업, 10만 명 넘는 관람객이 전시관을 찾을 것으로 예상됐다.

올해 MWC를 관통하는 키워드는 인공지능(AI)·중국· ■망사용료다. 상용화 5년 차를 맞은 5세대(5G) 이동통신 기술이 성숙기에 접어들면서 AI·사물인터넷(IoT)·로봇 등 5G 기반 서비스들이 전시장을 채웠다.

지난해 말 대화형 인공지능 챗GPT가 급부상하면서 MWC 2023에서도 AI가 단연 큰 화제였다. 퀄컴은 클라우드 연결 없이 스마트폰에서 바로 이미지 생성 AI '스테이블 디퓨전'을 실행할 수 있는 기술을 선보였다. 퀄컴 부스에 전시된 휴대전화로 스테이블 디퓨전을 실행해 '갑옷을 입은 아주 귀여운 솜털 고양이 전사, 사실적, 4K, 초 디테일'이라는 프롬프트(명령어)를 입력하니 15초 안에 이미지가 생성됐다.

데이터 트래픽이 지속해서 증가할 것으로 전망되는 가운데 **망사용료는 MWC 2023의 주요 의제로 논의됐다.** 특히, 티에리 브르통 유럽연합(EU) 내무시장 담당 집행위원은 이날 MWC 개막 기조연설에서 망사용료 법제화 추이를 소개했다. 유럽연합집행위원회(EC)는 **구글·넷플릭스·메타 등 콘텐츠 제공 사업자**(CP)**들이 망 투자비를 분담해야 한다는 내용의 기가비트 연결법**을 추진 중이다.

중국의 정보통신기술(ICT) 기업들도 전시관에 대거 모습을 드러냈다. 중국 기업들은 지난 1월 미국 라스베이거스에서 열린 소비자가전전시회(CES) 2023에는 불참했었다. 이날 화웨이는 7개의 주요 전시관 중 1개 전시관을 통째로 빌리며 전시장 분위기를 압도했다. 이외에도 샤오미·오포 등도 신제품을 공개했다.

국내 통신사 AI 강조
국내 통신사들은 AI와 통신의 시너지를 강조했다. SK텔레콤은 전시관에 대표적인 AI 기술을 전

시했다. 초거대 AI 모델 '에이닷', 반려동물의 엑스레이 진단을 돕는 의료 AI '엑스칼리버', AI 서비스의 두뇌 역할을 하는 AI 반도체 '사피온' 등이다.

KT는 자사 AI 연구 개발 포털인 '지니랩스'와 KT가 투자한 AI 반도체 팹리스(반도체 설계회사) 스타트업 '리벨리온'의 제작 기술, AI 인프라 솔루션 전문 기업 '모레'의 설계 기술 등을 소개했다.

국내 이통 3사는 MWC 2023에서 **오픈랜**(Open RAN·개방형 무선접속네트워크) 상용화를 지원할 우군 확보에 주력했다. **오픈랜은 다른 제조사 통신 장비를 연동해 쓸 수 있도록 하는 표준 기술**로서 5G 고도화 및 6G 서비스 도입을 위한 필수 요소다. KT는 일본 NTT도코모와 기지국 기술 협력을 논의했고 LG유플러스는 미국 델 테크놀로지스, 핀란드 노키아 등과 오픈랜 분야의 파트너십을 맺었다.

■ **망사용료 (network usage fee)**
망사용료(망이용료)는 인터넷 회선 접속료, 서비스 이용료 등 정보통신망과 관련된 이용 요금을 포괄적으로 지칭하는 말이다. 주로 인터넷서비스제공자(ISP)가 인터넷 회선을 대여하고 있는 인터넷망 사용에 대한 요금을 지칭한다. 이 요금은 ISP가 인터넷망을 통해 데이터를 전송하고 받는 데 필요한 대역폭(bandwidth)을 사용하는 양에 따라 책정한다. 동영상 서비스로 인터넷망 이용이 폭증하면서 망사용료 부담을 두고 ISP와 콘텐츠사업자(CP)는 계속 갈등을 빚고 있다.

POINT	세 줄 요약

❶ 스페인 바르셀로나에서 세계 최대 이동통신 전시회인 MWC 2023이 개막했다.

❷ 올해 MWC를 관통하는 키워드는 인공지능(AI)·중국·망사용료다.

❸ 국내 통신사들은 AI를 강조했다. .

尹 대통령 "바이오헬스 산업 핵심 전략 산업 육성"

윤석열 대통령은 2월 28일 "정부는 바이오헬스 산업을 핵심 전략 산업으로 키워나가기 위해 역량을 모으고 지원하겠다"고 강조했다. 윤 대통령은 이날 청와대 영빈관에서 열린 '바이오헬스 신시장 창출 전략회의'를 주재하며 이같이 말했다.

윤 대통령은 "바이오헬스 분야의 세계 시장 규모는 약 2600조원에 달하고 성장 잠재력이 엄청나게 크다"며 "그래서 미래의 성장과 직결되는 아주 유망한 분야이고, 또 국민 건강을 지키는 것뿐만이 아니라 아주 양질의 고소득 일자리를 많이 창출할 것으로 기대가 된다"고 밝혔다.

윤 대통령은 바이오헬스 산업 육성에 대한 의지를 강하게 드러내며 "먼저 과감한 혁신과 투자가 뒤따라야 한다. 의료, 건강, 돌봄 서비스를 디지털 기반으로 전환해서 글로벌 시장을 선점할 수 있도록 집중 투자해야 할 것"이라고 역설했다.

또한 "벤처와 청년들이 이 분야에 도전하고 이를 주도해 나갈 수 있도록 '한국판 보스턴 ■클러스터' 조성을 적극 추진할 생각"이라고 전했다. 미국 보스턴 클러스터는 세계 최대 바이오클러스터로 평가받고 있다. 머크, 화이자, 노바티스, 사노피, 바이오젠 등이 포진해 있다.

윤 대통령은 본격적인 회의에 앞서 인공관절 수술로봇, 척추측만증 보조기 등 로봇 의료제품, 디지털 헬스케어기기를 둘러보고 직접 시연해 보기도 했다. 제품 시연 후 본격적으로 회의를 주재한 윤 대통령은 먼저 바이오헬스 미래상에 대한 영상을 시청했다. 영상 시청 후에는 민간전문가 3명이 발표하는 ▲디지털 헬스케어의 미래 ▲디지털 의료기술의 미래 ▲혁신 AI가 가져올 신약 개발의 미래에 대해 청취했다.

'바이오헬스 신시장 창출전략'은 ▲의료·건강·돌봄 서비스 혁신 ▲바이오헬스 산업 수출 활성화 ▲첨단 융복합 기술 연구개발 강화 ▲바이오헬스 전문인력 양성·창업 지원 강화 ▲법·제도 인프라 구축의 5대 정책 방향으로 구성됐다.

정부는 **분산된 개인 건강정보를 표준화한 건강정보 고속도로**(의료 마이데이터) 본 사업을 6월부터 운영한다. 또 연 매출 1조원 이상 블록버스터급 신약을 2개 이상 창출한다는 목표를 세웠다.

■ 클러스터 (cluster)

클러스터는 유사 업종에서 다른 기능을 수행하는 기업, 기관들이 한곳에 모여 있는 집합체를 말한다. 클러스터는 직접 생산하는 기업뿐만 아니라 연구소, 기관 등과 같은 동일한 속성을 띈 무리가 한 곳에 모여 있어 네트워크를 형성한다. 이러한 네트워크를 통해 정보와 지식 공유로 인한 시너지 효과를 노릴 수 있다.

대표적인 클러스터 모델로는 미국의 인터넷 사업을 주도하는 실리콘밸리, 세계 바이오 산업을 이끄는 보스턴 바이오 클러스터 등이 있다. 국내에도 이를 벤치마킹한 테헤란밸리, 대덕밸리가 있다.

전국 꿀벌 또 집단실종...
"응애 때문"

▲ 응애

봄철을 앞두고 충북의 양봉 농가에서 '꿀벌 실종', '집단 폐사' 현상이 지난해에 이어 다시 나타난 것으로 파악됐다. 정확한 원인은 알 수 없지만, 앞선 정부 조사에서는 급격한 기온 변화와 외래종 말벌의 공격, 그리고 꿀벌에 기생하는 해충 ▪응애 때문인 것으로 봤는데, 특히 이번에는 꿀벌 기생충 응애를 막기 위해 쓴 약품이 피해를 키웠다는 분석이 나왔다.

꿀벌이 월동에 들어가기 전인 지난해 9~11월까지 이미 전국에서 발생한 꿀벌 피해는 40~50만 통에 이르는 것으로 조사됐다. 전체 벌통 290만 통의 16%에 달한다. **꿀벌 집단 실종과 폐사 원인은 진드기의 일종인 응애** 탓이 크다는 새 분석 결과가 나왔다. 또한 **농가에서 방제법을 제대로 준수하지 않을 경우, 방제 적기보다 늦게 방지하는 경우 등 농가의 관행적인 사용 관리가 근본 폐사의 주요 원인**으로 밝혀졌다.

정부와 지자체에서는 양봉 농가에 입식비, 사료비, 기자재 등 구입비를 지원하고 6월에서 10월 간 응애 집중 방제 기간을 운영할 계획이다. 국립농업과학원은 꿀벌 강건성(생리 작용이 활발하여 환경 적응성 및 내병성 따위가 뛰어난 성질) 연구를 위한 꿀벌 스마트 관리기술, 꿀벌의 최적 영양 분석, 꿀벌 해충의 관리, 벌꿀 생산 최적 모델 개발, 밀원별 양봉산물 특성과 가치 평가 등을 수행할 예정이다.

▪응애

응애는 꿀벌에 기생하면서 체액을 빨아먹는 농업해충 중 하나다. 꿀벌에 직접적으로 가해할 뿐만이 아니라 여러 질병을 유발하는 바이러스를 매개하기 때문에 제대로 방제가 이루어지지 않을 경우 꿀벌 본군이 폐사할 수가 있다. 양봉 농가에서는 이 응애를 방지하기 위해서 방제제를 사용하고 있지만, 대부분의 양봉 농가에서는 수년에 걸쳐 한 성분의 방제제만을 사용하여 이 응애에 내성이 발생하였고 이 내성 응애가 전국적으로 확산이 되었다.

삼성·애플·네이버·카카오·
현대차·쿠팡...○○페이 '대전'

애플페이의 등장으로 ▪간편결제 시장에서 지각변동이 일어나고 있다. 삼성페이와 네이버페이가 동맹을 맺으며 주도권 선점에 나선 가운데, 카카오페이는 서비스 차별화를 위해 다양한 가능성을 놓고 고민 중이다. 와중에 현대차나 쿠팡 당근 등 제조업이나 유통업 사업체들가지 자사 페이로 시장 진출에 나서면서 '페이대전'의 막이 올랐다는 평가가 나온다.

2월 22일 삼성전자에 따르면 **삼성페이와 네이버 페이는 최근 전략적 협업을 공식 발표**했다. 상반기 삼성페이는 온라인으로, 네이버페이는 오프라인 결제 시장으로 영역을 넓히려는 포석이다. 애플과 현대카드가 애플페이 국내 출시를 공식화한 지 약 2주 만에 '간편결제 동맹'을 발표한 점을 고려하면 이들 동맹이 애플페이를 의식한 것 아니냐는 평가가 지배적이다.

대표 페이사 카카오페이도 서비스 고도화 등 대응전략을 고민하고 있다. 카카오페이도 네이버페이처럼 2018년부터 오프라인 결제 서비스를 제공했다. 최근 일본, 중국 등 해외 오프라인 결제 가맹점 확보에 주력하고 있다.

최근 제조·유통 대기업들도 간편결제 서비스 시장에 뛰어들고 있다. 현대차는 지난 2월 10일 특허청에 '현대페이' 상표권을 출원하며 간편결제 시장 진출을 선언했다. 현대차는 본격적인 금융업 진출은 아니지만, 제휴사와 협업을 통해 향후 차량 내 결제할 수 있는 영역에서 현대페이를 사용할 수 있게 한다는 계획이다.

그외 이커머스 기업 쿠팡이 자사 간편결제 서비스로 2016년에 만들어진 쿠페이를 독립법인으로 내놨고, 2020년 핀테크 사업부로 분사해 쿠팡페이를 설립했다. 중고거래 플랫폼 당근마켓도 지난해 11월 지역기반 간편결제 서비스인 당근페이를 출시했다.

업종을 불문하고 다양한 기업들이 간편결제에 도전장을 내밀고 있는 이유는 날이 갈수록 커지고 있는 시장 규모 때문이다. 한국은행에 따르면 지난해 상반기 간편결제 서비스 하루 평균 이용실

적은 2317만 건으로 전기 대비 8.2% 증가했다. 간편결제 하루 평균 거래액도 7232억원으로 같은 기간 10.7% 늘어났다.

■ **간편결제 (easy payment)**
간편결제는 모바일 기기에 저장된 생체정보(생체인식)나 신용카드 정보 등을 모바일 기기에 저장해 두었다가 온·오프라인 상거래에서 필요할 때 빠르고 간편하게 결제할 수 있는 서비스를 말한다. 오프라인에서는 실물 카드 없이, 온라인에서는 공인인증서와 같은 복잡한 결제 절차 없이 사전 인증 등의 간단한 방식으로 물건을 구매할 수 있어서 편의성이 높아 이용자가 크게 늘고 있다.

일부 과학자 "화성 생명체 증거 이미 다수 발견"

▲ 화성 탐사 로버 퍼서비어런스

화성에 생명체가 살고 있거나 과거에 살았음을 보여 주는 증거가 이미 다수 발견됐다고 일부 과학자들이 주장하고 나섰다고 영국 일간 텔레그래프가 3월 4일(현지시간) 전했다. 이는 주로 미국 항공우주국(NASA)의 '화성 로버'들이 찍은 사진을 근거로 삼은 주장이다.

일부 과학자들은 화석화된 해면, 산호, 벌레 알, 조류(藻類·algae), 곰팡이, 이끼, 새우, 게, 바다 거

미, 전갈, 살아있는 남세균(cyanobacteria)의 청록색 빛, 심지어 반투명한 노래기(millipede) 등이 사진에 찍힌 물체 중에 포함된 것으로 보고 있다.

화성에 생명체가 있다는 증거가 이미 나왔다고 주장하는 일부 연구자들은 동료 연구자 심사 과정을 거친 논문 4편을 지난 2월 과학저널들에 발표했다. 하버드-스미스소니언 천체물리학 센터의 루돌프 실드 박사는 이 논문들을 낸 연구자들을 대표해 텔레그래프에 "곰팡이가 땅에서 자라나 크기가 커지고 수가 늘어나는 것을 보여주는 사진들이 있다"며 이 사진들이 순차적으로 촬영된 것이라고 설명했다.

화성에 생명체가 살고 있을 가능성은 1950년대에 화성 대기에서 산소가 검출된 이래 끈질기게 제기돼 왔다. 많은 과학자들은 이 산소가 광합성에 의해 만들어졌을 것이라고 추정했다. 조류나 남세균을 닮은 표본들은 1970년대 NASA의 '바이킹' 탐사계획에서 처음 관측됐다. 메탄가스 등 생명체의 흔적일 가능성이 있다는 증거도 관측됐다.

다만 화성에 생명체가 과거에 살았다거나 현재 살고 있다는 주장을 확실히 검증하려면 원격으로 전송되는 데이터만으로는 어려울 공산이 크다. 화성 표면에서 물리적 샘플을 채취해 지구로 보내거나 혹은 유인 우주선이 화성 표면에 착륙해서 사람이 탐사에 나서야만 확인이 가능할 것으로 보인다.

NASA의 **■퍼서비어런스** 로버는 옛날에 호수였던 것으로 추정되는 '제지로 크레이터'라는 곳에서 땅을 파고 있으며, 2033년에 샘플을 지구로 보낼 예정이다.

■ 퍼서비어런스 (Perseverance)

퍼서비어런스는 화성 탐사 로버(rover)로 2020년 7월 30일 발사하여 2021년 2월 18일 화성에 착륙하였다. 퍼서비어런스의 목표는 화성의 생명체 거주 여부, 화성의 고대환경 조사, 화성 지표의 역사 등을 밝히는 것이다. 또한 미래의 인류가 화성을 유인 탐사할 때 위험한 것이 없는지 탐색하고, 대기의 조성을 알려주어 미래의 기지를 건설하는 데 도움을 주는 것을 중요 목표로 하고 있다. 한편, 탐사 로버란 행성 표면 위를 굴러(roving)다니며 탐사하는 탐사선이다. 탐사 로버는 고정 착륙선과 비교해 여러 가지 장점을 가지고 있다. 탐사 로버는 다양한 지형을 오가며 살필 수 있으며 흥미로운 특징에 집중할 수 있다.

코로나19·수막구균 백신 개발 주역, '박만훈상' 수상

SK바이오사이언스는 자사가 후원하고 국제백신연구소(IVI)가 주최하는 **백신업계 노벨상 격인 '박만훈상'**의 수상자가 발표됐다고 3월 7일 밝혔다. 코로나19 백신과 수막구균 백신 개발을 이끈 학자들이 올해 박만훈상의 주인공이 됐다.

박만훈상은 국내 세포배양 백신의 선구자인 고(故) 박만훈 SK바이오사이언스 부회장의 업적을 기리고 백신 업계에서 의미 있는 공적을 세운 연구자 및 단체를 시상하기 위해 2021년 신설됐다. 올해로 2회를 맞은 **박만훈상 시상식에서** ▲**글락소스미스클라인(GSK)의 리노 라푸올리 박사와 마리아그라지아 피자 박사** ▲**옥스포드대학 앤드류 폴라드 교수와 사라 길버트 교수**가 공동 수상자로 각각 선정됐다.

리노 라푸올리 박사와 마리아그라지아 피자 박사는 소아·청소년에 드물게 발생하지만 치명률이 높은 수막구균 B 백신을 세계 최초로 공동 개발해 전 세계 어린이 방역에 새로운 지평을 열었다는 평가를 받았다. 앤드류 폴라드 교수와 사라 길버트 교수는 코로나19 팬데믹 초기 대응에 널리 활용된 ■**아스트라제네카 백신**을 개발해 안전한 일상 회복의 첫 단계에 기여한 바를 인정받았다.

■ **아스트라제네카 백신 (AZ COVID-19 Vaccine)**
아스트라제네카(AZ, AstraZeneca) 백신은 영국 아스트라제네카사에서 개발한 백신으로, 바이러스 벡터 방식으로 만든 코로나19 백신이다. AZ 백신의 접종 횟수는 2회이며, 접종 간격은 28일이다. AZ 백신은 미개봉 상태로 영상 2~8℃에서 제조일로부터 6개월간 보관 및 유통이 가능하다. 일반 냉장고 온도에서도 보관이 가능한 AZ 백신은 화이자 백신에 비해 유통이 쉽고 가격이 저렴하다. 그러나 90% 이상 예방 효과를 보인 화이자 백신과 달리, AZ 백신은 평균 70% 정도의 효능을 보였고, 혈관에서 피가 굳는 혈전 현상이 관측돼 논란이 일었다.

"과학기술 5대 강국 도약"... 정부, R&D에 5년간 170조 투자

정부가 과학기술분야에 5년간 170조여원을 투자해 2030년 과학기술 5대 강국에 진입하겠다는

과학기술정보통신부

계획을 발표했다. 과학기술정보통신부는 3월 7일 윤석열 대통령 주재 국무회의에서 '제1차 국가연구개발 중장기 투자전략(2023~2027)'을 발표했다고 밝혔다.

'**중장기 투자전략'은 향후 5년간 국가연구개발예산의 전략적 투자목표와 방향을 제시하는, 윤석열 정부에서 수립한 최초의 법정계획이자 최상위 투자전략**이다. 주요 목표는 5년간 170조원의 연구개발예산을 투자해, 정부 총 지출대비 5% 수준을 유지하는 것이다. 12대 국가전략 기술에는 5년간 25조원이 투자될 예정이다.

이를 위해 ▲민관협업 기반 임무중심 투자 강화 ▲선택과 집중으로 혁신역량 강화 ▲미래대응 과학기술 기반 확충 ▲투자시스템 혁신으로 효율성 제고 등의 전략이 수립됐다. 혁신 역량 강화를 위해 선택과 집중이 이뤄지는 분야는 디지털 혁신, 기업 역량 강화 지원, 공급망 대응, 국민 건강 증진, 첨단 국방 등이다.

이번 중장기 전략은 2020년 과학기술기본법 개정으로 법적 근거가 마련되었고, 법 시행 후 정책연구를 통해 투자 현황 및 여건을 분석하고 투자 이슈를 도출했다. 이 과정에는 이해관계자 1000명 인식조사, 산·학·연 전문가 45인, 과학기술계 주요인사 인터뷰가 이뤄졌다.

이종호 과기정통부 장관은 "제1차 국가연구개발 중장기 투자전략은 윤석열 정부에서 처음으로 수립한 최초의 법정 투자전략으로, 국가연구개발

투자의 전략성과 예측가능성을 높여 2030년 과학기술 5대 강국 도약의 초석이 될 것이다"라며 "우리나라가 민간과 정부 역량을 총 결집해야하는 우주·원자력·양자 등 12대 국가전략기술 육성, **▪탄소중립** 이행 등에 적극 투자하겠다"고 말했다.

▪ **탄소중립 (carbon-neutral)**
탄소중립이란 각 주체가 배출한 이산화탄소를 다시 흡수해 실질적인 배출량을 0으로 만드는 것을 말한다. 탄소중립은 2016년 발효된 파리협정 이후 121개 국가가 '2050 탄소중립 목표 기후동맹'에 가입하는 등 전 세계의 화두가 됐다. 2019년 12월 유럽연합(EU)을 시작으로 중국(2020년 9월 22일), 일본(2020년 10월 26일), 한국(2020년 10월 28일) 등의 탄소중립 선언이 이어진 바 있다.

메타버스 대중화 AI반도체 나왔다...
GPU 대비 911배 빨라

국내 연구팀이 기존 그래픽처리장치(GPU)보다 약 911배 빠르고 에너지 효율은 약 2만6400배 높은 **▪인공지능(AI) 반도체**를 개발했다. 실사에 가까운 3차원(3D) 이미지를 효율적으로 그려내는 데 도움이 될 것으로 기대된다. 모바일 기기에서도 구현이 가능해 메타버스(3차원 가상세계) 대중화를 앞당기는 데도 기여할 것으로 보인다.

유회준 KAIST 전기및전자공학부 교수 연구팀은 3D 실사 이미지를 구현하는 AI 반도체 '메타브레인'을 개발했다고 3월 7일 밝혔다. **메타브레인은 사람의 시각적 인식 방식을 차용**했다. 사람은 사물을 기억할 때 대략적인 윤곽에서 시작해 점점 그 형태를 구체화하는 과정을 거친다. 바로 직전에 봤던 물체면 이를 토대로 현재의 물체가 어떻게 생겼는지 추측한다.

연구팀은 이런 사람의 인지 과정을 모방해 AI 반도체 역시 저해상도 '**복셀**(voxel : volume과 pixel의 합성어로 부피를 가진 픽셀이란 뜻)'로 미리 사물의 대략적 형태를 파악하고, 과거 이미지들을 토대로 이미지를 그려낼 때 필요한 연산량을 최소화하도록 했다. 복셀은 3D 공간에서 정규 격자 단위의 값을 뜻한다.

메타브레인은 100 FPS(초당 나타내는 사진수) 정도의 이미지 생성 속도를 냈다. 이는 기존 GPU보다 약 911배 빠른 속도라는 게 연구팀의 설명이다. 1개 이미지 처리당 소모에너지 역시 GPU 대비 2만6400배 낮은 것으로 나타났다.

연구팀은 "메타브레인은 기존에 막대한 비용이 들어가는 3D 영상 캡처 스튜디오가 필요 없다"며 "3D 모델 제작에 드는 비용을 크게 줄일 수 있다"고 말했다. 유 교수는 "이번 연구는 AI가 사람의 공간 인지 능력을 모방해 사람이 사물을 인식하고 표현하는 방법을 차용한 것"이라며 "효율적인 3D 이미지 구현을 가능케 한다"고 밝혔다.

▪ **인공지능(AI) 반도체**
인공지능(AI, Artificial Intelligence) 반도체는 이미지·음성 인식이나 자율주행차 작동 등 복잡하고 다양한 업무를 처리할 수 있는 반도체다. 과거 PC의 핵심인 CPU(중앙처리장치)나 스마트폰용 반도체가 한 번에 한 가지 연산을 했다면, AI 반도체는 동시에 많은 연산을 진행해 결과를 낸다.
세계 각국의 기술 기업은 AI 반도체에 향후 미래 산업의 주도권이 달려 있다고 보고 경쟁적으로 기술 개발에 나서고 있다. 실리콘밸리를 대표하는 아마존·구글·애플·메타와 미국 반도체 기업인 인텔·엔비디아도 AI 반도체 시장에 뛰어들었다. 우리나라에서는 삼성전자가 AI 기능을 탑재한 반도체 '엑시노스 9'를 양산하고 있다.

분야별
최신상식

스포츠
엔터

한국, WBC 3회 연속 1라운드 탈락 '굴욕'

■ **WBC (World Baseball Classic)**

WBC는 미국 메이저리그베이스볼(MLB) 사무국과 세계야구소프트볼총연맹(WBSC)이 주관해 2006년부터 시작된 국제 대항 야구대회의 명칭이다. 2009년 이후로 4년마다 대회가 열리고 있다. 올림픽 야구와는 달리 메이저리그 등 각국의 프로 소속 선수들이 참여해 세계 야구팬들의 관심을 한 몸에 받고 있다. 일반적으로 조별 라운드는 세계의 각 지역에서 분산 개최되는데 준결승전과 결승전은 미국에서 열린다. 메이저리거 등 선수들이 국적뿐 아니라 부모의 혈통에 따라 대표팀을 선택할 수 있게 해 전력 평준화를 추진하고 있다.

호주, 일본에 연속 패배

한국 야구가 6년 만에 열리는 세계 야구 축제 '월드 베이스볼 클래식(■WBC)' 4강에 도전했으나 1라운드 탈락 수모를 겪었다. 2017년 4회 대회 이후 코로나19로 미뤄졌던 WBC는 일본을 비롯해 미국, 대만 등에서 3월 8일부터 각자 조별리그에 돌입했다.

이강철 감독이 이끈 한국은 일본, 호주, 중국, 체코와 함께 B조로 일본 도쿄에서 조별리그를 치렀다. 대표팀은 3월 9일 일본 도쿄돔에서 상대적 약체라 평가했던 호주에 7-8 패, 10일에는 역대 최강 전력을 갖춘 일본과 4-13 패로 연이은 패배를 겪었다. 호주전에선 **강백호(KT)가 2루타를 치고 세리머니를 하다 베이스에서 발이 떨어져 태그아웃**돼 거센 비난을 받기도 했다.

한국 야구팬에게 WBC는 특별한 대회다. 한국대표팀은 1회와 2회 대회에서 저력을 과시했다. 1회에서는 4강 진출에 성공했고, 일본과 결승에서 맞붙은 2회에서는 연장전에서 아쉽게 패해 준우승했다. 하지만 최근 몇 년 사이 2013·2017 WBC 1라운드 탈락, 2021년 도쿄올림픽 노메달 등 한국 야

구는 실망감을 안기고 있어 이번 대회는 명예회복을 위해 놓쳐서는 안 될 기회였다.

뒤늦은 승리...탈락 확정

3월 12일 체코와의 경기에서 한국은 대회 첫 승리를 거두었다. 체코전에서의 승리로 8강 진출 불씨를 살렸지만 호주가 3월 13일 일본 도쿄 도쿄돔에서 열린 대회 1라운드 B조 최종 4차전에서 체코를 8-3으로 꺾으며 한국은 이날 저녁 열리는 중국전 결과와 관계없이 탈락이 확정됐다.

체코에 승리한 한국은 일본이 호주를 꺾고, 체코가 호주를 이긴다는 전제 조건에서 한국이 중국과의 최종전에 승리하면 한국, 호주, 체코 세 나라가 2승 2패로 동률을 이뤄 3개국 사이에 승자승-최소 실점률-최소 자책점률-팀 타율-추첨 순으로 8강 진출 팀을 가리는 경우의 수를 기대해 볼 수 있었다.

하지만 B조에서 3승 1패를 기록한 호주가 일본 (4승)에 이어 조 2위를 확정하며 8강에 올랐다.

호주는 제1회 WBC부터 출전했으나 1라운드를 통과해 8강에 진출한 것은 처음이다. 3월 13일 B조 한국과 중국의 경기에선 5회말 22-2 **콜드게임**(called game : 심판이 경기종료를 선언하는 게임)으로 한국이 승리를 거뒀으나 결국 1라운드 탈락이 최종 확정됐다.

이로써 한국은 제1회 WBC에서 4강 진출, 제2회 WBC에서는 준우승을 차지했으나 이후 WBC 3회 연속 1라운드 탈락의 '굴욕'을 겪게 됐다.

다음 날 열릴 일본전에 대한 부담으로 무조건 이겨야 할 첫 경기인 호주전에서 선수 기용을 남겨둔 것이 패착이었다. 일본전에선 호주전 패배로 벼랑 끝에 몰려 압박감을 이기지 못해 마운드가 무너지며 대패 수모를 당했다.

▌ **2023 월드베이스볼클래식**(WBC) **조 편성**

A조	B조	C조	D조
대만	한국	미국	푸에르토리코
네덜란드	일본	멕시코	베네수엘라
쿠바	호주	콜롬비아	도미니카공화국
이탈리아	중국	캐나다	이스라엘
파나마	체코	영국	니카라과

POINT 세 줄 요약

❶ 한국 야구가 6년 만에 열린 WBC에서 1라운드 탈락했다.

❷ 한국은 1차전 호주, 2차전 일본에 패했다.

❸ 일본(4승)과 호주(3승 1패)가 8강에 올랐다.

메시 'FIFA 올해의 선수' 선정... 진정한 GOAT 입증

조국 아르헨티나의 월드컵 우승을 이끈 리오넬 메시(파리 생제르맹)가 '국제축구연맹(FIFA) 올해의 선수상'을 수상하며 명실상부한 '**GOAT**'임을 입증했다.

메시는 2월 28일 프랑스 파리에서 열린 '더 베스트 FIFA 풋볼어워즈 2022'에서 올해의 남자 선수상을 받았다. 지난해 펼쳐진 2022 카타르 월드컵에서 7골 3도움을 기록하며 아르헨티나의 우승을 이끈 그는 대회 골든볼(최우수선수상)에 이어 FIFA 올해의 선수상까지 거머쥐며 최고의 한 해를 기념했다.

1991년 올해의 선수상을 제정한 FIFA는 2010년부터 프랑스 축구 전문지 프랑스풋볼이 선정하는 발롱도르와 통합해 'FIFA 발롱도르'라는 이름으로 상을 수여했다. 이후 2016년부터 다시 발롱도르와 분리해 현재까지 따로 시상식을 열고 있다.

메시는 2009년 처음 올해의 선수상을 수상했다. 발롱도르와 통합된 후에도 네 차례(2010년, 2011년, 2012년, 2015년) 트로피를 들어 올리면서 뛰어난 경기력을 인정받았다. 지난 2월 27일 올림피크 마르세유와 2022-2023 프랑스 리그앙 경기에서 득점하며 클럽 통산 700골을 달성한 데 이어 FIFA 올해의 선수상을 획득하며 올해도 화려하게 시작했다.

한편, 이번 시상식에서는 월드컵 우승팀 아르헨티나 선수들이 상을 휩쓸었다. 아르헨티나 리오넬 스칼로니 감독이 감독상을 받았고, 에밀리아노 마르티네스(애스턴 빌라)가 남자 최우수 골키퍼에 선정됐다. 올해의 여자 선수상은 스페인의 알렉시아 푸테야스(FC 바르셀로나)가 차지했다. 바르셀로나의 UEFA(유럽축구연맹) 챔피언스리그 우승을 이끈 그는 2년 연속 올해의 여자 선수상을 받으며 최고로 우뚝 섰다.

■ GOAT (Greatest Of All Time)
GOAT란 특정 분야에서 역사상 최고의 인물을 의미하는 용어다. 주로 스포츠 분야에서 사용한다. 영어로 염소(goat)와 철자가 같아 GOAT를 이를 때 염소를 등장시키는 경우도 많다. GOAT는 분야별로 한 사람만 있을 수 있기 때문에 GOAT 선정은 팬들의 열띤 논쟁을 일으킬 때가 많다.

'불타는 트롯맨' 황영웅 '폭행 파문'에 하차 선언

MBN 트로트 경연 프로그램 '불타는 트롯맨(이하 불트)'의 강력한 우승 후보였던 황영웅이 학교 폭력, 데이트 폭력, 군 생활 관련 의혹 등이 잇따라 불거지며 하차했다.

그는 과거 폭행 논란에도 불구하고 '불트' 출연을 강행해 빈축을 사다가 언론 매체가 그의 과거 비행에 대해 본격적으로 취재에 나서자 결승 1차전을 마친 3월 3일 SNS를 통해 하차를 선언했다.

▲ '불타는 트롯맨'에 출연한 황영웅 (MBN 방송화면 캡처)

황영웅은 방송 초반부터 '제2의 임영웅'이라 불리며 주목을 받았다. 그러나 피해자 폭로로 폭행 의혹이 불거졌다. 황영웅에게 과거 폭행 피해를 입었다는 A 씨가 유튜브 채널 '연예뒤통령 이진호'에 출연해 학창시절 친구 사이였던 황영웅에게 폭행당해 고소한 사실을 밝혔다. 논란이 커지자 황영웅은 폭행 사실을 인정하며 사과했으나, 폭로는 계속 터져 나왔다.

논란에도 불구하고 황영웅은 2월 28일 공개된 '불타는 트롯맨' 결승전에 예정대로 출연했다. 제작진은 황영웅의 방송분에 대해 편집도 하지 않았다. 이에 출연자의 자질 검증은 물론 후속 조치도 하지 않는 제작진과 MBN에 대해 비난이 들끓었다. ■**방송통신심의위원회**에는 60여 건에 달하는 황영웅 관련 민원이 접수됐다.

학폭 이슈는 국가수사본부장에 임명됐던 정순신 변호사가 아들의 학폭 문제로 하루 만에 낙마한 여파로 정치권과 교육계에서도 시급한 해결 과제로 떠올랐다. 대통령실 대변인은 '윤석열 대통령은 학폭이 공정하게 교육받을 권리를 침해하는 것이기에 매우 엄중하게 보고 있다'고 전했다.

■ **방송통신심의위원회** (放送通信審議委員會)
방송통신심의위원회는 방송의 공공성과 공정성을 보장하고 정보 통신의 건전한 문화 창달과 올바른 이용 환경을 조성하기 위하여 설립된 기관이다. 방송통신심의위원회는 방송법 제100조에 따라 해당 방송프로그램 또는 해당 방송광고의 정정·수정 또는 중지, 방송편성책임자·해당 방송프로그램 또는 해당 방송광고의 관계자에 대한 징계, 주의 또는 경고 등을 의결한다.

이병헌·권상우 이어 김태희도... 특별세무조사 억대 추징금

톱스타들의 탈세 의혹이 이어지고 있다. 배우 이병헌과 권상우에 이어 배우 김태희도 국세청으로부터 비정기(특별) 세무조사를 받고 억대 추징금을 부과받은 사실이 뒤늦게 알려졌다. **비정기 세무조사는 정기 세무조사와 달리 법인 또는 개인의 탈세 혐의점이 있어야 추진**된다.

지난 2월 28일 보도에 따르면 이병헌과 그의 소속사 BH엔터테인먼트는 지난해 9월 국세청으로부터 비정기 세무조사를 받고 억대 추징금을 부과받았다. 이를 두고 개인과 법인을 이용한 부동산 투자 등과 관련이 있다는 의견이 나왔으나 이병헌 측은 부인했다.

이어 배우 권상우도 국세청으로부터 세무조사를 받고 억대 추징금을 부과받은 사실이 뒤늦게 알려졌다. 권상우 측은 '탈세는 아니'라고 해명했다. 권상우와 그의 소속사 수컴퍼니는 지난 2020년 국세청의 비정기 세무조사를 받았고, 국세청은 권상우 측에게 10억원의 추징금을 부과했다.

3월 1일 배우 김태희 역시 국세청으로부터 고강도 세무조사를 받은 사실이 뒤늦게 알려졌다. 국세청은 2021년 배우 김태희와 루아 엔터테인먼트 등을 대상으로 비정기 세무조사를 벌였고, 그 결과에 따라 거액의 세금을 추징했다.

루아 엔터테인먼트는 김태희의 언니가 설립해 운영해 온 매니지먼트사로 김태희의 전 소속사다. 소속사 측은 그간 세금을 성실히 납부해왔지만 추가적인 세금이 발생해 납입을 완료한 것이라며 탈세 논란에는 선을 그었다. 이외에도 이민호, 김재중 등이 억대 추징금을 낸 것이 알려지며 연예계에 세무조사 후폭풍이 불고 있다.

세금의 종류

구분			세목
국세	내국세	직접세	법인세, 소득세, 상속세, 증여세, 종합부동산세
		간접세	부가가치세, 개별소비세, 주세, 인지세, 증권거래세
		목적세	교육세, 농어촌특별세, 교통·에너지·환경세
	관세		관세
지방세	도세	보통세	취득세, 등록면허세, 레저세, 지방소비세
		목적세	지방교육세, 지역자원시설세
	시·군 세		담배소비세, 주민세, 지방소득세, 재산세, 자동차세

클로이 킴도 넘었다…'나오면 신기록' 15살 스노보더 최가온

▲ 스노보더 최가온

역대 최고점·최연소 등의 수식어로 출전하는 대회마다 새 역사를 쓰고 있는 15세 스노보더 최가온이 2월 26일 미국 콜로라도주 코퍼마운틴에서 열린 듀투어 여자 스노보드 **슈퍼파이프**에서 98.33점으로 1위에 올랐다. 그가 얻은 98.33점은 2005년 창설된 듀투어 대회 여자 슈퍼파이프 최고점이며, 2008년 11월 3일생인 최가온은 이 대회 최연소 기록도 갖게 됐다.

최가온은 1차 시기에 주행 반대 방향으로 공중에 떠올라 회전하는 스위치백 720에 이어 720도 점프를 콤보로 성공시켜 91.33점을 받았다. 이어진 2차 시기에서도 900도 회전하며 점프하는 스위치백 900을 선보여 95.66점을 획득했다.

스위치백 900은 최가온이 가장 자신 있다고 밝힌 기술로 지난 1월에 열린 X게임에서 최가온이 여자선수 최초로 성공시킨 바 있다. 마지막 3차 시기에서도 최가온은 스위치백 900 점프를 시작으로 1080도 점프와 스위치 900 점프를 연달아 성공하며 98.33점을 따냈다.

최가온은 앞서 올해 1월 29일 미국에서 열린 2023 X게임에서 우리나라 선수 최초로 우승을 차지하기도 했다. 여기에 클로이 킴(미국)이 세운 X게임 최연소 우승 기록을 6개월 앞당겼다. 한국 교포인 클로이 킴은 평창올림픽과 베이징 대회에서 스노보드 하프파이프 금메달을 목에 건 선수다. 최가온의 행보에 우리나라 여자 스노보더 첫 올림픽 메달리스트가 탄생할 것인지 귀추가 주목된다.

■ 슈퍼파이프 (SuperPipe)

슈퍼파이프는 동계올림픽 정식종목인 하프파이프의 일종으로 '하프파이프'보다 더 큰 '슈퍼파이프'를 활용해 연기를 선보이는 종목이다. 기울어진 원통형 슬로프(파이프)에서 경기해 하프파이프, 슈퍼파이프 등으로 이름 붙었다. 하프파이프는 기울어진 반원통형 슬로프에서 공중연기를 선보이고 심사위원들이 회전과 기술, 난도에 따라 채점해 순위를 결정하는 방식으로 진행되는 스노보드 경기다.

동계 올림픽 스노보드 세부 종목으로는 남자 슬로프스타일, 남자 스노보드 크로스, 남자 평행대회전, 남자 평행회전, 남자 하프파이프, 여자 슬로프스타일, 여자 스노보드 크로스, 여자 평행대회전, 여자 평행회전, 여자 하프파이프, 남자 대회전, 여자 대회전이 있다.

'40주년 K리그' 개막 라이벌전, 승자는 울산...전북에 2-1 역전승

40주년을 맞이한 프로축구 K리그 개막을 알린 '현대가(家) 더비'에서 ■디펜딩 챔피언 울산 현대가 전북 현대에 역전승을 거뒀다. 이날 울산 홈 구장인 문수축구경기장에는 코로나19 대유행 이후 K리그 최다 관중인 2만8039명이 입장했다.

울산은 2월 25일 울산 문수축구경기장에서 열

린 전북과의 하나원큐 K리그1 2023 1라운드 홈 경기에서 시작 10분 만에 송민규에게 선제골을 내줬으나 이후 엄원상, 루빅손의 연속 골로 2-1 역전승했다.

지난 시즌 K리그1 정상에 오르며 17년 만의 '우승 한풀이'에 성공한 울산은 타이틀 방어 시즌에 돌입하는 첫날 승점 3을 챙겼다. 반면 지난해 울산에 밀려 준우승으로 리그 6연패 달성이 불발되고 대한축구협회(FA)컵 우승에 만족해야 했던 전북은 울산과의 이번 시즌 첫 맞대결에서도 쓴맛을 봤다.

축구 대표팀 새 감독에 클린스만

한편, 대한축구협회는 2월 27일 **남자 축구 대표팀 새 사령탑으로 독일 출신 위르겐 클린스만 감독**을 선임했다고 발표했다. 클린스만 감독과의 계약 기간은 3월부터 2026년 북중미 월드컵 본선까지 약 3년 5개월이다. 클린스만 감독은 선수 시절 독일을 대표하는 세계적인 공격수 였다.

그는 1990년 이탈리아 월드컵과 1996년 유럽선수권에서 독일이 우승하는 데 핵심 역할을 했다. 1994년 월드컵에서는 한국 대표팀을 상대로 2골을 넣었다.

하지만 화려한 선수 경력에 비해 지도자로는 큰 성공을 거두지 못했다는 점에서 이번 선임을 둘러싸고 논란이 일었다. 지도자로서 공백기가 길었다는 점도 문제다.

■ 디펜딩 챔피언 (defending champion)

디펜딩 챔피언은 지켜야 한다는 의미의 '디펜딩(defending)'
과 승자를 뜻하는 '챔피언(champion)'을 합친 말로, 전년도
또는 지난 대회 우승자나 우승팀을 가리키는 말이다. 단어 그
대로 풀이하면 지난번에 우승했기 때문에 지금은 우승 타이
틀을 지키기 위해 방어해야 하는 입장에 서 있는 우승자나 우
승팀이라 볼 수 있다.

국립국어원은 외래어인 '디펜딩 챔피언'을 대신할 쉬운 말로
'우승지킴이'를 선정했다가 '직전우승팀', '전대회우승팀'으로
재순화한 바 있다.

'에브리씽 에브리웨어 올 앳 원스' 아카데미 7관왕 등극

대니얼 샤이너트·대니얼 콴 감독이 공동 연출하
고 배우 양쯔충(양자경)이 주연을 맡은 영화 '에브
리씽 에브리웨어 올 앳 원스'(이하 '에브리씽')가 제
95회 아카데미 시상식에서 7관왕을 휩쓸었다.

3월 12일(현지시간) 미국 LA 할리우드 돌비극장
에서 열린 아카데미 시상식에서 11개 부문 후보
에 오른 '에브리씽'은 최고 권위의 ▲작품상을 비
롯해 ▲감독상 ▲남녀주연상 ▲남녀조연상 ▲편
집상 등 총 7개 부문을 휩쓸며 기염을 토했다.

'에브리씽'은 미국 이민 1세인 에블린(양쯔충 분)

이 다중 우주를 넘나들게 되며 벌어지는 이야기
로, 상상력 넘치는 B급 감성 SF 액션과 각종 영
화의 패러디, 세대 갈등에 대한 통찰을 담아 예
술 영화로 승화시켰다는 평가를 받았다. 이 작품
은 미국배우조합(SAG)이 주최한 영화 시상식에
서 4관왕에 올라 일찌감치 오스카 유력 수상작으
로 거론됐다.

대니얼 콴 감독은 "전 세계는 지금 빠르게 변화하
고 있어 스토리가 가끔은 속도를 따라가지 못하
곤 한다. 영화에 대한 관심도 빠르게 변화하고 있
어 무섭게 느껴지기도 하지만 이런 영화를 통해
스토리는 지금까지 그랬던 것처럼 우리 삶을 변
화시킬 것이다"라고 작품상 수상 소감을 밝혔다.

80~90년대 홍콩 액션물 '예스마담' 시리즈로 한
국에서도 인기를 끌었고 2000년대 할리우드에
진출해 커리어를 쌓아올린 양쯔충은 **60세에 아
시아 배우 최초로 아카데미 여우주연상이란 기록**
을 썼다. 그는 시상식 "여성 여러분, 여러분들은
황금기가 지났다는 말을 절대 믿지 마시길 바란
다. 오늘 이 상의 영광은 저희 엄마와 이 모든 세
계의 어머니에게 바친다"라고 소감을 밝혔다.

➕ 제95회 미국 아카데미 시상식 수상작(자)

▲작품상 : 에브리씽 에브리웨어 올 앳 원스 ▲감독상
: 에브리씽 에브리웨어 올 앳 원스 ▲여우주연 : 양쯔
충(에브리씽 에브리웨어 올 앳 원스) ▲남우주연 : 브렌든 프
레이저(더 웨일) ▲여우조연상 : 제이미 리 커티스(에브리
씽 에브리웨어 올 앳 원스) ▲남우조연상 : 키 호이 콴(에브
리씽 에브리웨어 올 앳 원스) ▲각본상 : 에브리씽 에브리
웨어 올 앳 원스 ▲편집상 : 에브리씽 에브리웨어 올 앳 원
스 ▲각색상 : 위민 토킹 ▲주제가상 : RRR ▲음향 :
탑건-매버릭 ▲미술상 : 서부 전선 이상 없다 ▲음악상

: 서부 전선 이상 없다 ▲시각효과상 : 아바타 : 물의 길 ▲촬영상 : 서부 전선 이상 없다 ▲분장상 : 더 웨일 ▲의상상 : 블랙 팬서-와칸다 포에버 ▲장편애니메이션 : 기예르모 델 토로의 피노키오 ▲장편다큐멘터리 : 나발니 ▲단편영화 : 아이리쉬 굿바이 ▲국제장편영화 : 서부 전선 이상 없다 ▲단편애니메이션 : 더 보이, 더 몰, 더 폭스 앤 더 홀스 ▲단편다큐멘터리 : 디 엘리펀트 위스퍼

'김연경 효과' 흥국생명, 4년 만에 정규리그 우승

▲ 올 시즌 최다 관중이 모인 인천 삼산체육관 (자료 : 한국배구연맹)

여자 프로배구 흥국생명이 통산 6번째 정규리그 1위를 확정 짓고 챔피언 결정전에 직행했다. 흥국생명은 3월 15일 경기 화성종합실내체육관에서 열린 IBK기업은행과의 2022-23 V리그 여자부 6라운드 경기에서 세트스코어 3-0으로 완승했다.

흥국생명은 이날 승리로 26승 9패(승점 79)가 되면서 남은 경기 결과에 상관없이 정규리그 정상을 차지했다. 2018-19 시즌 이후 네 시즌 만에

정규리그 1위 달성이다. 흥국생명은 플레이오프 승자와 오는 3월 29일부터 챔피언 결정전을 치른다. 2018-19시즌 통합 우승을 달성했던 흥국생명은 4년 만에 5번째 우승을 노린다.

흥국생명은 지난 1월 초 감독 경질 등으로 뒤숭숭한 분위기였지만 김대경 감독 대행을 필두로 선수들이 똘똘 뭉치며 결국 현대건설을 제치고 리그 1위로 올라섰다.

'배구 여제' 김연경은 국외리그 진출 전인 2007-08 시즌 이후 15시즌 만에 국내 정규리그 1위의 감격을 누렸다. 2020-21 시즌 흥국생명으로 복귀했다가 중국 상하이로 옮기고 작년 6월 다시 흥국생명으로 돌아온 김연경은 압도적인 실력은 물론 구름 관중을 불러 모으며 티켓 파워까지 입증했다.

김연경은 올 시즌 이날까지 국내 선수 중 가장 많은 669득점(전체 5위)을 했고, 공격 성공률은 45.76%로 1위에 올랐다. 수비력까지 겸비한 그는 리시브 효율 9위(46.80%), ■**디그** 10위(세트당 3.713개)를 기록 중이다. 흥국생명은 올 시즌 17번의 홈경기에서 총 7만5598명을 동원하며 평균 관중이 4447명인데 이는 여자부 평균 관중(2476명)보다 약 2000명이 많다.

■ 디그 (dig)

디그는 배구 경기에서 상대 팀의 스파이크나 백어택 공격을 받아내는 리시브를 말한다. 공의 방향이나 착지 지점을 예측하며 몸의 유연성과 순발력을 요구하는 기술로서 배구 '수비의 꽃'이라고 불린다.

분야별
최신상식

인물
용어

노 랜딩
no landing

노 랜딩이란 사전적으로 '무(無) 착륙'이란 뜻으로 미국 경제가 아예 **경제 침체 자체가 없을 수 있다는 관측**을 말하는 신조어다. 미 투자은행 JP모건은 작년 12월 '2023년 전망 보고서'에서 노 랜딩을 처음 거론했다. 큰 충격 없이 인플레이션을 끌어내리는 '연착륙'인지, 경제 침체로 빠뜨리는 '경착륙'이 될지 논쟁이 이어지는 가운데 보고서는 "우리는 경제가 침체에 빠지지도, 그렇다고 미국 연방준비제도(Fed·연준)가 긴축 주기를 끝내지도 않는 상황을 보게 될 수 있다"며 노 랜딩 시나리오를 언급했다.

노 랜딩 예상의 근거는 연준이 인플레이션을 진정시키기 위해 금리 인상에 나서면서 미국의 기준금리(4.75%)가 2007년 이후 가장 높은 수준에 이르렀다는 것이다. 통상 기준금리가 오르면 시중 금리가 상승하면서 소비·생산 활동이 둔화된다. 그러나 JP모건은 연준의 금리 인상에도 미국의 물가와 경기가 진정되지 않을 수 있다고 판단해 노 랜딩 가능성을 거론한 것이다.

미국의 저명한 경제학자 데이비드 로젠버그는 미국의 경기 침체 가능성을 경고하면서 "(경기 침체가 없을 것이란) 노 랜딩 시나리오는 월가에서 수년 만에 등장한 최악의 사기극(hoax)"이라고 강조했다. 이어 "미국 경제가 겉으로는 좋아 보일 수 있지만 안으로는 이미 무너지고 있다"면서 노 랜딩 전망은 미국 경제를 과대 평가한 것이라고 말했다.

그린딜 계획
Green Deal Plan

그린딜 계획은 **유럽연합(EU)이 미국 및 중국의 친환경 산업 육성에 대응하기 위해 발표한 대책이**다. 유럽연합 집행위원회는 2023년 2월 1일 '탄소중립 시대를 위한 그린딜 산업 계획'을 발표했다. 2500억유로(약 336조원)의 자금이 책정된 계획안에는 크게 ▲EU 규제 간소화 ▲청정기술 투자에 필요한 빠른 자금 조달 ▲탄력적인 공급망을 위한 개방 무역 등이 담겼다. 세부적으로는 탈탄소 관련 세액 공제와 희토류 등 원자재 공급 확보도 포함됐다. 핵심은 EU의 기존 보조금 지급 규정을 일정 기간 완화해 탄소중립 분야에 집중적으로 지원하겠다는 것이다.

그린딜 계획의 표면적 목적은 기후변화 대응 강화지만, 이면에는 친환경 산업에 투자 및 혜택을 집중한 미국의 인플레이션감축법(IRA)을 겨냥하는 의도가 담겼다. 미국의 IRA는 자동차 산업을 비롯해 자국 산업에만 유리한 내용을 담고 있다는 지적을 받고 있다. 이로서 미국과 유럽의 보조금 전쟁이 격화할 것으로 보인다. 또한 그린딜 계획은 해외 시장에서 영향력을 확대하기 위해 공격적으로 보조금을 지원하는 중국의 시장 왜곡도 막겠다는 취지도 담고 있다.

기업설명회
NDR, Non Deal Roadshow

기업설명회(NDR)란 **기업이 증권사 등을 통해 투자자를 방문해 기업홍보(IR, Investor Relations)를 하는 행위**다. 투자 유치 설명회를 뜻하는 로드쇼(Roadshow)에는 딜로드쇼(DR)와 논딜로드쇼(NDR)가 있는데, 딜(Deal : 주식이나 채권발행 등의 자금조달)이 있느냐 없느냐에 따라 DR과 NDR로 나뉜다. NDR은 거래를 수반하지 않는 설명회로, 투자자에게 회사의 현황과 계획, 실적 등의 정보를 소개한다. 기업은 실적을 발표하거나 특별한 이슈가 있으면 투자자를 찾아 설명하는데, 이 모든 행위가 NDR이다.

NDR은 기업에 관심이 많은 잠재적 투자자에게 밀착해 홍보가 가능하고 투자자를 직접 찾아가기 때문에 투자자가 편리하다는 장점이 있다. 반면 회사 입장에서는 투자자를 지정해서 찾아가기 때문에 효과적이면서도 많은 비용이 든다. 기업홍보(IR) 역시 투자자가 기업 가치에 대해 합당한 판단을 내릴 수 있도록 각종 장단점과 회계정보, 미래 계획 등을 제공하는 행위다. 금융감독원 전자공시시스템(DART) 또는 한국거래소 기업공시 채널에서 관련 기업의 설명회 정보를 찾을 수 있다.

궈차오
國潮

궈차오는 중국의 전통 브랜드를 뜻하는 궈(國)와 트렌드를 뜻하는 차오(潮)의 합성어로서 **중국인들이 외국 브랜드보다 자국 브랜드를 선호하는 애국 소비 성향**을 말한다. 2018년 미중 무역분쟁을 계기로 가전부터 화장품까지 궈차오 바람이 불면서, 중국에서 수입품 대신 국내품 소비가 증가했다. 궈차오 열풍으로 중국에 진출한 한국 제품이 고전하고 있다.

실제로 한국무역협회가 베이징 등 중국 10대 도시 소비자를 대상으로 한국상품 구매현황을 조사해 발표한 자료에 따르면, 최근 5년간 한국 상품 구매 경험이 있는 중국 소비자 비율이 2020년 78.7%에서 2023년 43.1%로 3년 만에 35.6%p 급감했다. 특히 이번조사에서는 한국산 소비재 매력도가 떨어졌다는 응답도 크게 늘었다. 한국무역협회는 중국 20, 30대의 한국제품 구매 경험이 떨어진 것에 대해 궈차오 바람과 맞물린 한국 이미지 악화의 결과로 풀이했다. 중국이 코로나19 격리를 해제하면서, 한국 기업에 가뭄의 단비가 되리란 관측이 궈차오 바람에 날려간 것이다.

젠더본드
gender bond

젠더본드는 **성평등에 초점을 맞춘 채권**이다. 일자리 창출, 중소기업 및 취약 계층 지원 등 사회문제 해결을 위해 발행하는 특수목적 채권인 소셜본드(social bond)의 일종이다. 젠더본드는 여성 경력교육, 여성지원 제품 및 서비스 생산 등 여성문제에 자금사용이 한정된 특수목적채권으로, 소셜본드의 범주에 포함되나 발행액 전체를 여성문제에 사용한다는 점에서 차이가 있다.

젠더본드는 환경·사회·지배구조(ESG) 채권 부상과 함께 떠올랐다. 전 세계에서 첫 번째로 발행된 젠더본드는 2017년 3월 내셔널호주은행(NAB)이 호주달러화로 발행한 것이다. 같은 해 호주의 QBE보험그룹은 4억달러(약 5000억원) 규모의 젠더본드를 전 세계 두 번째로 발행했다. 이후 일본국제협력기구(JICA)에서 100억엔 규모의 젠더본드를 발행하며 대열에 합류했다. 지난 2월에는 아시아개발은행(ADB)이 처음으로 젠더본드 발행에 도전하기도 했다. 조지아 역내 채권시장에서는 1875만**라리**(GEL : 조지아 공식 통화·약 95억원) 규모로 발행을 마쳤다.

최우선변제
最優先辨濟

최우선변제는 **임차주택이 경·공매되는 경우 근저당 등 다른 권리보다 '소액임차인'의 보증금 중 일정 금액을 우선 변제받을 수 있도록 한 것으로, 임대차보호법에 의해 보호받는 권리**다. 주택 소유자가 빚을 갚지 못할 때 채권자는 채권회수를 위해 해당 부동산 경매를 진행한다. 경매 낙찰자는 경매대금을 채권자에게 권리 순서대로 배분하는 이른바 '배당'을 한다. 주택임대차보호법은 배당 과정에서 다른 채권자보다 소액임차인이 보증금 일부를 먼저 받아 갈 수 있도록 법제화하고 있다.

지난 2월 14일 법무부와 국토교통부는 전세사기 피해를 막기 위한 내용의 주택임대차보호법 개정안과, 같은 법 시행령 개정안이 국무회의를 통과했다고 밝혔다. 개정안은 소액임차인 보호를 위해 권역별로 최우선변제 대상 임차인의 보증금액을 일괄 1500만원 상향했다. 기존에는 1억 5000만원 이하(서울)를 기준으로 했지만, 앞으로는 1억6500만원까지로 그 범위가 늘어나 서울은 보증금 1억6500만원 이하, 용인·세종 및 과밀억제권역은 1억4500만원 이하, 광역시는 8500만원 이하인 세입자들이 최우선변제 대상이 된다.

버티컬 커머스
vertical commerce

버티컬 커머스란 수직(vertical)과 상업(commerce)의 합성어로, **다양한 상품과 서비스를 제공하기보다 특정 상품이나 서비스를 전문적으로 판매·제공하는 상업 형태를 의미**한다. 특정 카테고리의 제품에 국한해 전문적인 상품과 서비스를 제공한다고 해서 카테고리 킬러(category killer)라고 불린다. 전자제품만 취급하는 미국의 베스트바이(Best Buy), 가정용 건축자재 및 공구를 취급하는 홈디포(Home Depot) 등이 그 예다.

국내에서는 신선식품 분야의 컬리, 패션 분야의 무신사와 지그재그, 에이블리, 여행 및 숙박 분야의 여기어때와 야놀자, 인테리어 분야의 오늘의집 등을 예로 들 수 있다. 쿠팡이나 SSG닷컴 등은 버티컬 커머스와는 반대로 다양한 상품을 취급하는 종합 커머스다. MZ세대가 소비 주체로 떠오르며 소비지의 취향이 점차 세분화되는 추세 속에서 한 분야의 제품을 전문적이고 다양하게 제공하는 버티컬 커머스의 성장세가 가속화하고 있다. 한편 독보적인 버티컬 커머스의 등장으로 경쟁사들이 도태돼 다양성이 훼손되고 결국 소비자 부담으로 작용할 수 있다는 우려도 제기된다.

연부연납
年賦延納

연부연납은 **세금을 납부하는 기간을 늘려주되 매년 일정 금액으로 나눠 낼 수 있게 한 제도**다. 연부연납은 연부와 연납을 합친 단어로, 연납은 세금의 일부를 납부 기한을 지나 낼 수 있게 한 제도고, 연부는 매년 세금을 나눠서 부과한다는 의미다. 연부연납은 일반적으로 상속세와 증여세 납부에 많이 적용된다. '상속세 및 증여세법'에서는 상속세 혹은 증여세 납부 세액이 2000만원을 초과하는 경우 납세지 관할 세무서장의 허가 아래 연부연납을 할 수 있도록 규정하고 있다.

최근에는 중소·중견기업의 가업 승계 활성화를 위해 주식 등 증여에 대해서도 연부연납을 허용하자는 의견이 나온다. 현행법은 가업상속공제를 받을 시 상속세 납부 연부연납을 20년까지 허용하나 주식 등 증여에 대해서는 연부연납을 허용하지 않는다. 한편 상속세 연부연납 제도가 최근 납세자에 유리하도록 기간 확대가 이뤄졌지만, 개정법 시행 전 상속이 개시된 상속인에 대해서는 이를 적용하지 않아 형평에 어긋난다는 주장이 제기된다. 이재용 삼성전자 회장도 2021년 상속이 개시돼, 개정된 연부연납 제도 적용을 받지 못하는 사례에 속한다.

수르
SUR

수르(스페인어로 남쪽)는 **최근 협의가 이뤄지고 있는 남미 공동 통화의 가칭**이다. 남미 경제 대국인 브라질과 아르헨티나가 각국 통화의 통합 방안을 논의 중인 것으로 알려졌다. 이들 국가는 공동 통화를 통해 환율 불확실성을 피할 수 있고 남미 무역을 촉진하는 데 도움이 될 수 있다고 밝혔다. 수르가 도입될 경우 초기엔 브라질의 헤알, 아르헨티나의 페소를 병행해 사용될 예정이다.

양국의 공동 통화인 수르가 탄생하면 세계 국내총생산(GDP)의 14%를 차지하는 유럽연합(EU) 유로화에 이어 두 번째로 큰 '통화 동맹'이 된다. 새로운 통화가 중남미 전체에서 통용될 경우 전 세계 GDP의 5%를 차지할 정도로 비중이 커질 것으로 예상된다. 또한 해당 국가들이 공동 통화를 사용하면 미국 달러가 없어 거래하지 못하는 상황을 피할 수 있고, 달러 지배력도 낮아지게 된다. 미 연방준비제도(Fed·연준)에 따르면 1999년부터 2019년까지 달러 화폐는 북미와 남미 간 무역의 96%를 차지했다. 다만 두 국가 모두 경제가 불안한 상황이라 국제적으로 통용될 공동 통화 창설이나 확대는 아이디어 수준에 그칠 것이란 지적도 나온다.

리이닝

厲以寧, 1930~2023

▲ 고(故) 리이닝

리이닝은 **중국 경제 개혁을 주도하고 주식 시장을 확립하는 데 결정적 역할을 한 인물**이다. 지난 2월 27일 중국의 개혁·개방 선구자인 경제학자 리이닝 베이징대 광화관리학원 명예원장이 병환으로 별세했다. 향년 92세. 고인은 중국에서 처음 '주주제 개혁' 이론을 제시하며 계획경제의 공유제 모델에 변화를 줄 필요성을 주창한 학자 중한 명이다. 그가 제시한 이론은 중국 경제 개혁및 발전에 큰 영향을 미쳤다고 평가받는다.

그는 국영기업의 개혁을 위해 증시를 도입하며 중국의 증권법과 증권투자기금법의 초안 작업을 주도하기도 했고 공격적인 민영화를 추진해 '미스터 주식시장'이라는 별명을 얻었다. 중국 경제 개혁에 대한 공헌을 인정받은 그는 공산당으로부터 '중국 개혁개방의 선구자'라는 칭호를 받기도했다. 또한 그의 지도 아래 여러 경제 관료들이 배출됐는데, 리커창 현 국무원 총리가 베이징대 대학원에서 경제학 석·박사 학위를 받을 당시 지도교수를 맡았던 것으로도 유명하다. 시진핑 국가주석 집권 초기인 2013년 민간 기업 육성을 주문하기도 했다.

마츠모토 레이지

松本零士, 1938~2023

▲ 마츠모토 레이지의 고향 기타큐슈시에 있는 은하철도 999 조형물

마츠모토 레이지는 **한국에서도 큰 인기를 얻은 일본 애니메이션 '은하철도 999'의 원작 만화가**다. 지난 2월 13일 사망했다. 향년 85세. 그의 최고 히트작은 1977년부터 1981년까지 만화 잡지에 연재한 '은하철도 999'다. 만화가 큰 인기를 얻어 TV 애니메이션 및 영화 버전으로도 제작됐다. '은하철도 999'는 기계인간이 되려고 하는 '철이'와 신비의 여인 '메텔'이 기계 몸을 무료로 받을 수 있는 안드로메다 소재의 별로 가기 위해 은하초특급 열차 999호를 타고 떠나는 여정을 그린다. 투명인간으로 추정되는 열차 승무원 '차장'도 감초 역할로 나왔다.

국내에서는 MBC에서 1981년 첫 방영되며 큰 인기를 얻었다. '기차가 어둠을 헤치고 은하수를 건너면 우주 정거장에 햇빛이 쏟아지네'로 시작하는 주제가도 많은 이의 뇌리에 남았다. 그는 이 밖에도 '천년여왕', '우주해적 캡틴 하록', '우주전함 야마토' 등 세계관을 공유하는 다양한 인기 작품을 남겼다. 그는 '은하철도 999'의 만화 잡지 연재 40주년을 기념한 한국 전시회 개최를 계기로 지난 2017년 방한한 바 있다.

프로피

proffee

프로피란 '**프로틴**(protein·단백질)'**과** '**커피**(coffee)'**의 합성어로, 프로틴을 더한 커피**를 말한다. 널리 알려진 레시피로는 에스프레소 샷에 찬물과 얼음, 바닐라 단백질 셰이크, 무설탕 크리머를 섞는 방식이 있다. 기존에 저탄고지(고지방·저탄수화물) 다이어트 유행으로 인기를 끌었던 방탄커피를 대체하며 최근 SNS를 통해 널리 알려지고 있다. 방탄커피는 버터, MCT오일을 넣고 만드는 커피로 한잔으로도 포만감이 들어 다이어트로 활용된다.

프로피의 인기 요인 중 하나는 단백질 보충을 커피로 간편하게 해결할 수 있다는 것이다. 근육을 키우는 데 도움이 되는 닭가슴살이나 단백질 파우더 섭취에 단조로움을 느끼던 소비자는 단백질을 강화한 여러 제품에 관심을 돌리고 있다. 그중 프로피는 단백질 보충을 매일 마시는 커피로 해결할 수 있고 취향에 따라 레시피를 바꿀 수 있으며 포만감이 높아 다이어트 커피로 떠오르고 있다. 하지만 카페인과 단백질 권장량을 초과해 마시면 몸에 무리를 줄 수 있어 주의가 요구된다.

세이온페이

say on pay

세이온페이란 금융사 임원 보수를 주주총회에서 심의하는 제도다. 1990년대 공기업들의 민영화로 경영진들의 과도한 보상 문제가 논란이 된 영국에서부터 시작됐다. 미국의 경우 2008년 금융위기 이후 일반 사원과 임원진 간 임금 격차로 반발이 거세지자 2010년 도드−프랭크 금융개혁법에 따라 해당 제도를 도입했다. 대공황 이후 최대 금융개혁법안으로 불리는 **도드−프랭크법은 주요 금융회사에 대한 규제 및 감독 강화 등을 핵심으로 하는 법**이다. 이 법에 따른 세이온페이로 상장사들은 최소 3년마다 경영진의 급여에 대해 주총에서 심의를 받는다.

국내에서도 최근 세이온페이 도입 움직임이 일고 있다. 김소영 금융위원회 부위원장은 2월 22일 제1차 '은행권 경영·영업 관행·제도 개선 태스크포스(TF)' 회의에서 보수체계를 개선하기 위해 세이온페이 도입 여부 등을 점검하겠다고 밝혔다. 고물가와 고금리 여파로 은행권 전반에 대해 혁신이 필요하다는 목소리가 높아지고 있는 것에 대한 대응이다.

스몰 라이선스
small license

스몰 라이선스란 **정부가 은행권의 경쟁 촉진을 위해 은행업 인허가를 세분화하는 제도**다. 핀테크(fintech : 금융과 IT를 융합한 금융서비스) 기업이 금융업을 할 수 있는 자격을 완벽히 갖추지 못해도 사업을 할 수 있도록 임시 허가를 내주는 것이다. 금융 산업의 진입장벽을 낮추고 독과점 구도를 깨기 위해 마련된 것으로, 선진국에서 주로 활용된다. 국내에서는 최근 금융위원회가 스몰 라이선스 도입을 추진하기로 했다. 윤석열 대통령이 지적한 은행의 과점 문제를 해결하려는 목적이다.

금융위원회는 2월 22일 정부서울청사에서 태스크포스(TF) 회의를 열고 이 같은 방안을 논의했다. 이번 TF에서 기존 은행권 내 경쟁뿐만 아니라, 은행권과 비은행권 간 경쟁, 인가 세분화 및 챌린저 뱅크(소규모 신생 특화은행) 등이 논의될 예정이다. 인가 세분화는 단일 인가 형태인 은행업의 인가 단위를 낮춰 소상공인 전문은행 등 특정 분야에 경쟁력 있는 은행들을 활성화하는 방식이다. 가령 소상공인 전문은행, 도소매 전문은행, 중소기업 전문은행 등이 나올 수 있다.

토큰증권
ST, Security Token

토큰증권은 **자산의 지분을 작게 나눈 뒤 블록체인 기술을 활용해 토큰 형태로 발행한 증권**이다. 블록체인 기술로 자본시장법상 증권을 디지털화한 것이다. 토큰증권을 발행·유통하는 것은 STO(Security Token Offering) 사업이라고 한다. 토큰증권은 증권과 비슷한 특징을 갖고 있다는 점에서 일반적인 가상자산과 차이가 있다. 주식·채권·부동산 등 거의 모든 자산을 증권화할 수 있고, 분산원장과 스마트 계약 기술 등을 활용하기 때문에 위변조 위험이 적다.

금융위원회는 지난 2월 5일 '토큰증권 발행·유통 규율체계 정비방안'을 발표하며 자본시장법 규율 내에서 토큰증권을 허용한다고 밝혔다. 토큰 증권이 도입되면 미술품, 부동산, 음악 저작권 등 기존에는 잘게 쪼개서 거래하기 어려웠던 다양한 실물 자산을 디지털화해 주식처럼 거래할 수 있게 된다. 이에 따라 기업과 개인투자자들 사이에서 토큰증권을 활용한 조각투자가 활성화될 전망이다. 금융위가 가이드라인을 발표한 이후 증권사들은 새로운 먹거리를 선점하기 위해 빠르게 움직이고 있다.

오운완

오운완은 **'오늘 운동 완료'의 줄임말로 스스로 정한 하루 운동량을 완료했다는 뜻**의 신조어다. 코로나19 이후 해외 여행이나 외부 활동이 제한되면서 일상에서 얻는 성취감을 중요하게 생각하는 MZ세대들이 늘면서 확산했다. 운동을 마친 뒤 자신의 모습을 담은 사진에 오운완 해시태그(#)를 달아 SNS에 올리며, 꾸준히 운동하고 건강한 삶을 유지하는 모습을 공유한다. 코로나19로 인해 집에서 혼자 운동하는 사람들이 많아져서 SNS 인증을 통해 함께 운동하는 효과도 얻을 수 있다.

MZ세대에서는 부지런하고 생산적인 일상을 통해 소소한 성취감을 얻기 위해 규칙적이고 주도적으로 살아가는 이른바 '갓생(god+生)'이 라이프 스타일로 자리 잡았다. '갓생'에는 '오운완' 외에도 **'미라클모닝**(이른 아침에 일어나 독서나 운동 등 자기 계발을 하는 것)', **'무지출**(일정 기간 동안 돈을 쓰지 않는 것)', **'N잡러**(생계유지를 위한 본업 외에도 여러 개의 직업을 가진 사람)' 등이 있다. 일상생활에서 작은 목표를 실천하며 얻는 행복에 가치를 두고 있으며, 소소한 목표를 달성해 성취감을 얻을 수 있는 챌린지가 유행하기도 한다.

입스
yips

입스란 **압박감이 느껴지는 시합 등 불안이 증가하는 상황에서 근육이 경직되면서 운동선수들이 평소에는 잘 하던 동작을 제대로 못하게 되는 현상**이다. 부상, 실패에 대한 불안감, 주위 시선에 대한 지나친 의식 등이 원인이 되어 손·손목 근육의 가벼운 경련 등의 신체적인 문제가 일어나는 것이다. 골프에서 스윙 전 샷 실패에 대한 두려움으로 발생하는 것으로 많이 알려져 있고 골프 외에도 야구, 축구 등 다른 운동종목의 선수들도 겪는다. 피아노 등 예술 및 공연계에서도 일찍부터 있었다고 알려졌다.

입스의 하위 개념으로 스티브 블래스 증후군(Steve Blass syndrome)이 있다. 주로 야구 선수들이 겪는 증후군으로 야구 선수가 갑자기 스트라이크를 던지지 못하는 등 제구력 난조를 겪는 것이다. 입스와 스티브 블래스 증후군 모두 의학적 원인이 아직 뚜렷하게 밝혀지지 않아 정확한 치료법도 없다. '골프 여제' 박인비 선수는 2008년 21살의 나이에 US Open에서 우승한 후 입스로 오랜 시간 고생했고, '골프 황제' 타이거 우즈 또한 2015년 입스 때문에 오랜 칩거에 들어가야 했다.

푸슈카시상
Puskás Award

▲ 2023년 푸슈카시상을 받은 올렉시의 '목발 시저스킥' (자료 : 바르타 포즈난 소셜미디어)

푸슈카시상은 국제 축구 연맹(FIFA)이 2009년부터 **매년 전 세계에서 가장 멋진 골을 기록한 선수에게 수여하는 상**이다. 상의 이름은 헝가리의 전설적인 공격수 푸슈카시 페렌츠에서 따왔다. 지난 2020년 손흥민 선수가 이 상을 받기도 했다. 한국 선수로는 처음이다. 그는 2019-20 시즌 프리미어리그에서 번리를 상대로 환상적인 70m 골을 완성시켰다.

지난 2월 28일에 열린 FIFA 풋볼 어워즈에서 역대 가장 특별한 푸슈카시상 수상자가 탄생했다. 수상자는 폴란드의 마르친 올렉시다. 올렉시는 한쪽 다리 절단으로 목발을 짚고 장애인 축구 리그에 출전한 인물로, 지난해 11월 절단 장애인 축구 리그에서 선보인 환상적인 시저스킥(점프하여 공을 차는 방식)으로 전 세계에서 화제가 됐다. 동료 선수가 크로스를 올리자 왼쪽 목발을 땅에 딛은 채 점프해 오른발 시저스킥으로 골망을 흔들었다. 폴란드 3~4부 리그에서 뛰던 올렉시는 2010년 교통사고로 왼쪽 무릎 밑 다리를 잃은 뒤 절단 장애인 축구로 그라운드에 돌아왔다.

필경사
筆耕士

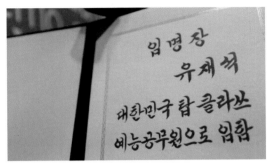

▲ 필경사인 김이중 전 사무관이 쓴 임명장 글씨 (유튜브 인사처TV 캡처)

필경사란 **손글씨로 문서 작성하는 일을 업으로 삼는 사람**이다. 과거 관공서에 필경 직무가 따로 있었으나 지금은 거의 사라졌고 중앙정부 인사혁신처에 필경사라는 직책이 남아 있다. 대통령 명의의 임명장을 붓으로 작성하는 일을 한다. 2008년부터 15년간 인사혁신처 소속 필경사로 근무한 김이중 사무관이 최근 퇴직했다. 15년간 매년 4000장가량의 대통령 명의 임명장을 써온 김 사무관은 3대(代) 필경사다.

1962년에 필경사 보직이 생기고, 1대 필경사가 1995년까지, 2대 필경사가 2008년까지 근무했다. 2009년부터 3~5급 공무원 임명장도 대통령 명의로 바뀌면서 일이 2배로 늘어 김동훈 주무관이 필경사로 추가 채용됐다. 이처럼 필경사는 역대 4명에 불과할 만큼 희소한 직책이다. 요즘 시대에 붓으로 임명장을 쓰는 이유에 대해 정부는 공무원의 자긍심을 높이고 임명권자의 정성을 담으려는 취지라고 설명했다. 인사혁신처는 지난 2월 17일 새 필경사(직급 전문경력관 가군)를 모집하는 경력경쟁채용시험 공고를 냈다.

라이파이
LiFi

라이파이는 빛(Light)과 와이파이(Wi-fi)의 합성어로 빛의 파장, 가시광선을 이용해 빠른 통신속도를 구현하는 기술을 뜻한다. 라이파이는 2010년 영국 에든버러대의 헤럴드 하스 교수가 최초로 용어를 제안했다. 발광다이오드(LED) 전구의 빛 파장을 활용하기에 주파수 혼선이 없어 안전한 통신 환경을 제공할 수 있는 기술이다. 라이파이는 빛을 이용하는 만큼 와이파이의 단점을 상당 부분 극복할 수 있다.

빛은 기존 전파를 통한 무선통신 보다 약 1만 배 이상 넓은 주파수 영역을 사용한다. 넓은 주파수 영역대 활용으로 대량의 데이터를 더 빠른 속도로 전송할 수 있다. **라이파이의 전송 속도는 이론상 와이파이보다 100배 빠르다.** 라이파이는 LED 조명의 확산으로 주목을 받았다. LED 조명이 사물인터넷(IoT) 등 신기술과의 융·복합이 용이한 점을 고려할 시 앞으로 다양한 목적의 상용화 제품이 개발될 것으로 보인다. 또 네트워크 환경 구축과 사용 비용도 크게 줄일 수 있다. 에너지 효율이 높은 LED 조명에 데이터 통신을 위한 칩만 부착하면 돼 공유기와 같은 별도의 네트워크 장비를 마련할 필요가 없다.

미라 무라티
Mira Murati, 1988~

▲ 미라 무라티 오픈AI CTO

미라 무라티는 **대화 생성형 인공지능(AI) 챗봇 '챗GPT'를 개발한 오픈AI의 최고기술책임자(CTO)다.** 현재 오픈AI의 이미지 생성 AI인 달리(DALL-E) 팀과 챗GPT팀을 이끌고 있다. 경제전문매체 패스트컴퍼니는 지난 3월 2일(현지시간) '세계에서 가장 혁신적인 기업'의 올해 순위를 발표하면서 오픈AI를 1위로 꼽으며, 무라티를 '세계에서 가장 혁신적인 인물'이라고 지칭했다. 무라티는 2013년 테슬라에 합류해 모델X 개발을 총괄하며 AI에 관심을 갖게 됐다. 이후 오픈AI로 옮겨 지난해 11월 챗GPT를 공개해 대중을 놀라게 했다.

챗GPT는 출시 일주일 만에 사용자가 100만 명을 넘기는 등 획기적 성능으로 화제를 모았다. 한편 무라티는 최근 미국 시사주간지 타임과의 인터뷰에서 AI의 악용 가능성을 경고하며 정부의 규제가 필요하다고 강조했다. 무라티는 챗GPT의 높은 인기는 일부 윤리적 문제를 낳았고, 이 기술이 가져올 영향을 고려할 때 정부의 개입이 필요하다는 의견을 펼쳤다. 챗GPT는 표절과 저작권 침해, 잘못된 정보 생성과 범죄에 악용될 소지 등 여러 논란을 낳고 있다.

박인수

朴忍洙, 1938~2023

▲ 고(故) 테너 박인수 (자료 : 지구레코드)

박인수는 1980~90년대 국민가요로 불리던 '향수(鄕愁)'를 부르며 클래식 음악과 대중의 접점을 넓힌 성악가다.

지난 2월 28일 별세했다. 향년 85세. 테너이자 서울대 성악과 교수를 지낸 고인은 1959년 서울대 음대에 입학한 뒤 4학년 때인 1962년 성악가로 데뷔했다. 1967년 국립오페라단의 오페라 '마탄의 사수'의 주역으로 발탁됐다. 1970년에는 미국으로 건너가 줄리아드 음악원과 맨해튼 음악원 등지에서 수학했고 이후 미국과 캐나다 등지에서 '라보엠' 등 다수의 오페라 주역으로 활약했다.

1983년 서울대 성악과 교수로 부임한 뒤에는 클래식 음악이 특권층의 전유물이 아니라는 소신에 따라 대중적 행보에 나서 '향수'를 발표했다. 이 노래의 인기로 '국민 테너'로 불렸다. '향수'는 시인 정지용이 쓴 동명의 시에 작곡가 김희갑이 곡을 붙인 것으로 1989년 음반이 발매된 후 현재까지 130만장 이상이 팔린 스테디셀러다. 이 곡은 클래식과 가요 간 장벽이 높았던 80년대 말에는 매우 파격적 시도였다. 성악가가 대중가요를 불렀다는 이유로 박인수는 당시 클래식계에서 배척을 당하기도 했다.

개인정보 전송요구권

개인정보 전송요구권이란 **자신의 개인정보를 보유한 기업이나 기관으로 하여금 그 정보를 다른 곳으로 옮기도록 요구할 수 있는 권리다.** 지난 3월 7일 국무회의에서 의결된 '개인정보 보호법' 개정안에 따라 신설됐다. 이에 따라 그동안 금융·공공 등 일부 분야에서만 제한적으로 가능했던 마이데이터 서비스가 의료·유통 등 모든 분야에서 이뤄질 수 있게 됐다. 마이데이터는 개인이 자신의 데이터를 능동적으로 활용하는 일련의 과정을 말한다. 국민 스스로 데이터의 주인이 돼 다양한 영역에서 맞춤형 서비스를 보편적으로 이용할 수 있게 될 것으로 보인다.

이번에 진행된 개인정보 보호법 개정은 2011년 법 제정 이후 처음으로 이뤄진 전면 개정이다. 정부가 학계·법조계·산업계·시민단체 등과 2년여의 협의 과정을 거쳐 정비했다는 점에서 큰 의미가 있다. 오는 9월 14일부터 시행될 예정이다. 개인정보 전송요구권 외에도 채용 면접 등 개인에게 중대한 영향을 미치는 분야에서 인공지능(AI)을 활용한 자동결정이 이뤄질 경우 이를 거부할 수 있는 권리도 도입됐다.

총주주수익률

TSR, Total Shareholder Return

총주주수익률(TSR)이란 **주주들이 일정 기간 특정 기업 주식을 보유했을 때 얻을 수 있는 총수익률을 의미한다.** 일반적으로 주가 상승분과 주당 배당금을 합산해 계산한다. 주식의 가치 변화와 배당, 자기주식 매입 같은 주주환원분을 종합 반영한 선진 기업평가 방식이다. 주주들의 수익률을 객관적으로 산출할 수 있어 대표적인 주주가치 창출 평가지표로 꼽힌다.

국내에서는 극소수의 상장기업만 TSR을 활용한다. 현대차그룹에서는 현대모비스가 선제적으로 도입했다. 현대모비스는 지난해 주가수익과 주주환원을 동시에 추구하는 TSR 기반 주주가치 극대화 추진 전략을 담은 '주주가치 제고 정책'을 발표한 바 있다. 현대모비스가 반도체와 소프트웨어를 비롯한 미래 모빌리티 분야에 선제투자를 단행하고, 이 분야 성장동력을 발판삼아 지속가능한 기업가치를 높인다는 내용이다. 향상된 기업가치가 장기적인 주가 부양과 주주환원으로 이어지는 선순환 체계를 구축해 주주들의 이익을 극대화한다는 방침이다.

페이체크 투 페이체크

paycheck to paycheck

페이체크 투 페이체크란 **'하루 벌어 하루 먹고 산다' 정도로 해석되며, 저축을 거의 하지 않고 월급(paycheck)으로만 살아가는 것을 말한다.** 최근 높은 인플레이션 때문에 일하면서도 하루 벌어 하루 먹고 살기 빠듯한 사람들이 늘고 있다. 최근 인플레이션 증가 속도를 임금 상승이 따라 가지 못해 월급으로 한 달 생활비를 지출하고 나면 저축할 돈이 없는 사람들이 늘고 있는 것이다. 높은 이자로 부채 상환 비용이 늘어난 원인도 있다.

일반적으로 저임금 근로자인 경우가 많지만, 고학력자와 고급 기술을 가진 근로자도 '페이체크 투 페이체크'를 벗어나지 못하는 것으로 나타났다. 마켓워치에 따르면 뉴리얼리티체크의 지난 12월 설문 결과, 연간 10만달러 이상 고소득자의 51%가 자신이 '페이체크 투 페이체크'에 해당한다고 답했다. 데이터인사이트업체 핌츠와 렌딩클럽코퍼레이션이 미국 성인 4000명을 대상으로 설문한 결과에서는 소득과 관계없이 하루 벌어 하루 먹고 산다고 답한 응답자가 64%에 달했다.

평균 실종
redistribution of the average

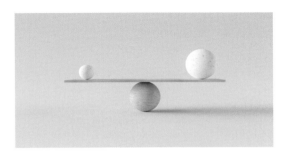

평균 실종은 **사회적으로 보편적인 값이 사라지고 있어 평균을 내는 것이 의미가 없어진 현상을 뜻하는 신조어다.** 통상 소득과 소비를 포함하는 경제활동을 비롯해 정치, 사회 등의 유형을 조사해 그래프화하면 완만한 종 모양의 분포를 이룬다. 중심이 되는 평균과 그 주변의 수치가 제일 높고, 중심에서 멀어질수록 낮아진다. 이를 통계학에서는 정규 분포라고 일컫는다. 최근에는 이런 정규 분포가 사라지고 있다. 보편적으로 사람들이 거부감 없이 좋아하거나 즐길 수 있는 보편적 값이 사라지고 있는 것이다.

양극화나 N극화는 평균 실종을 보여주는 또 다른 표현이기도 하다. 사회가 점점 중산층이 사라지고 빈익빈 부익부 현상이 가속화하고, 취향이 여러 갈래로 나뉘는 N극화가 강화하면서 평균이 의미가 없어지게 된다. '평균주의(averagarianism)'의 허상을 지적한 토드 로즈 미국 하버드대 교수는 사람들을 정규 분포상의 한 점으로 평가하는 시대는 지났으며 이제 '개개인성(individuality)'의 시대를 맞이했다고 주장하기도 한다.

킬웹
Kill Web

킬웹은 **북한의 핵·미사일 체계를 발사 전·후 교란 및 파괴하는 개념**으로, 감시 정찰과 지휘 통제, 타격 체계를 그물망처럼 구축한 뒤 AI 등으로 이들 체계를 동시에 작동시켜 북 핵·미사일에 신속하게 대응한다는 개념이다. 지난 3월 3일 국방부가 '국방혁신 4.0 기본계획' 발표로 공식화했다. 국방혁신 4.0은 문재인 정부의 '국방개혁 2.0'을 대체하는 계획으로 현 정부가 인수위원회 시절부터 국정과제로 내세운 국방개혁안이다.

계획에 따르면 킬웹 작전은 미사일 발사 전 사이버 공격, 전자기탄(EMP) 등을 통해 교란을 일으키는 '레프트 오브 런치'(Left of Launch) 개념에서 한 발 더 나아가는 개념이다. 킬웹은 정부가 북한의 핵·미사일에 대응해 구축하려는 한국형 3축체계 중 선제타격 개념이 포함된 '킬체인'(Kill Chain)에 속한다. 군 당국자에 따르면 기존 킬체인은 최정상 지휘자의 결심이 수직적으로 이뤄지지만 킬웹은 거미줄 같은 지휘체계를 통해 중간 지휘자도 의사결정에 참여할 수 있어 작전에 융통성이 부여될 것으로 보인다.

SNS 톡! 톡!

해야 할 건 많고, (이거 한다고 뭐가 나아질까) 미래는 여전히 불안하고 거울 속 내 표정은 (정말 노답이다) 무표정할 때!
턱 막힌 숨을 조금이나마 열어 드릴게요. "톡!톡! 너 이 얘기 들어봤니?" SNS 속 이야기로 쉬어가요.

#이 정도는 알아야 #트렌드남녀

대형 마트 삼겹살 샀는데 비계만 잔뜩

▲ 비계가 많아 논란이 된 삼겹살 (온라인 커뮤니티 캡처)

3월 3일 '삼겹살데이' 대목을 맞아 대형 마트 등에서 저렴하게 판매됐던 삼겹살에 비계가 지나치게 많았다며 분통을 터트리는 글이 온라인 커뮤니티에 다수 올라왔다. 쓱닷컴, 이마트 등에서는 삼겹살데이를 전후해 돼지고기를 40~50% 할인하는 대규모 행사를 진행했다. 이후 온라인 커뮤니티에는 비계가 대부분인 고기 사진이 올라왔다. 업체들은 교환·환불해주기로 했다.

@ 삼겹살
돼지 갈비 부근 뱃살 부위를 지칭한다. 비계와 살코기가 겹쳐 보여 삼겹살이라고 불린다.

#먹으라고_판_건가요 #판_사람이_잡쉬봐

전두환 손자, "할아버지는 학살자·가족은 범죄자"

▲ 고(故) 전두환

2021년 사망한 전두환 전 대통령의 손자가 자신의 아버지와 가족, 지인들을 싸잡아 비난하는 폭로성 게시물을 올려 파장이 일었다. 전두환 씨의 차남인 전재용 씨의 둘째 아들 전우원 씨는 3월 13일부터 자신의 SNS에 "할아버지는 학살자라고 생각한다"며 "미국에 와서 숨겨져 있는 비자금을 사용해서 겉으로는 선한 척하고 뒤에 가서는 악마의 짓을 못하게 도와달라"고 말했다.

@ 전두환법 (全斗煥法)
전두환 비자금 추징 과정에서 공무원의 불법 재산에 대한 몰수 추징 시효를 3년에서 10년으로 연장한 법이다.

#29만원_패밀리 #남은_추징금_900억도_토해내길

유쾌함으로 패션계 강타한 '아톰 부츠'

▲ 아톰 부츠를 신고 포즈를 취한 모델 (가렛브루스 인스타그램 캡처)

핼러윈 코스튬이 아니다. 진짜 부츠다. 미국 예술가 집단 미스치프의 빅 레드 부츠(big red boots)다. 지난 2월 16일 출시된 이 신발은 350달러(약 45만원)의 적지 않은 가격에도 순식간에 매진되며 리셀가가 3~4배 올랐다. 시에라, 릴 웨인 등 많은 인플루언서와 연예인이 이 부츠를 신은 사진을 SNS에 올리며 화제를 모았다. 해당 신발은 일본 유명 애니메이션 아톰(아스트로)의 발과 비슷해 아톰 부츠라는 애칭으로 불리고 있으나 저작권 우려 때문인지 미스치프 측에서는 아톰과의 연관성에 대해 함구하고 있다.

@ 미스치프 (MSCHF)
미국 뉴욕 브루클린을 기반으로 활동하는 예술가 집단으로 바이러스로 범벅된 컴퓨터, 요르단강의 성수(聖水)가 담긴 나이키 신발 등 발칙한 작품을 내놓기로 유명하다.

#귀엽고_FUN해요 #발에_땀은_안_찰까

JSM 신도 의혹 연예인 잇따라 탈교 선언

▲ 배우 강지섭 (강지섭 인스타그램 캡처)

넷플릭스 다큐멘터리 '나는 신이다: 신이 배신한 사람들'에서 성폭행 혐의가 부각된 정명석이 이끄는 종교 집단 JMS(기독교복음선교회)의 신도가 사회 각계각층에 퍼져 있는 것으로 알려져 파문이 일고 있다. 이 가운데 배우 강지섭이 JMS 신도라는 의혹이 제기되게 했던 예수 그림을 폐기하는 사진을 자신의 SNS에 게시했다. 그는 이후 SNS 계정까지 삭제했다. JMS 모태신앙 신도라는 사실이 알려진 아이돌 그룹 DKZ 멤버 경윤도 팬 카페에 글을 올리고 사죄하며 탈교를 선언했다.

@ 나는 신이다 : 신이 배신한 사람들
대한민국 사이비 집단 교주의 패악을 다룬 넷플릭스 다큐멘터리로, 국내 OTT와 TV를 통틀어 비드라마 화제성 1위에 올랐다.

#그릇된_길이라면 #벗어나는_것도_용기

페이스북에서 이벤트도 참여하세요.

• 페이스북
facebook.com/
eduwillnet

• 에듀윌 도서몰
book.eduwill.net

시사상식

• 시사상식 App
에듀윌 시사상식

구글 플레이스토어 or 애플 앱스토어에서 에듀윌 시사상식을 검색하세요.

* **Cover Story**와 분야별 **최신상식**에 나온 중요 키워드를 떠올려보세요.

01 각 정당의 대표를 비롯한 주요 지도부의 선출, 대통령 후보자의 결정, 당의 강령과 당헌 채택·개정, 당의 해산·합당 등 주요 사항을 결정하기 위해 개최하는 정당의 최대행사는? p.9

02 3월 말 기준 국민의힘 최고위원을 모두 쓰시오. p.9

03 미국이 정치, 외교적 갈등으로부터 자유로운 동맹국들과 반도체 등 산업 물류 공급망을 구축하려는 움직임은? p.16

04 더불어민주당 내 친이재명계 당원들이 반이재명계 세력을 배신자라고 비난할 때 쓰는 멸칭은? p.20

05 임직원이 회사에 손실을 입히거나 비윤리적인 행동으로 명예를 실추시키는 경우 이연성과급을 삭감하거나 취소할 수 있도록 한 제도는? p.33

06 공권력에 의하여 헌법상 보장된 국민의 기본권이 침해된 경우에 헌법재판소에 제소하여 그 침해된 기본권의 구제를 청구하는 제도는? p.50

07 학부모가 원하면 자녀를 아침 7시부터 저녁 8시까지 최대 13시간 동안 학교에 맡길 수 있도록 한 제도는? p.55

08 우리나라의 국회에 해당하는 중국 최고의 국가 권력기관으로서 헌법 개정, 국가주석의 선출, 국가의 중대 의사(議事) 결정과 같은 역할을 맡고 있는 것은? p.63

09 상대방의 군사기지나 방위산업 시설 등 전쟁 수행에 큰 영향을 미치는 목표를 공격하는 무기 체계는? p.67

10 제20회 대중음악상에서 '올해의 노래'를 수상한 가수는? p.72

11 유사 업종에서 다른 기능을 수행하는 기업, 기관들이 한곳에 모여 있는 집합체는? p.82

12 2023년 제95회 아카데미 시상식 작품상을 수상한 영화와 여우주연상을 수상한 배우를 각각 쓰시오. p.94

13 다양한 상품과 서비스를 제공하기보다 특정 상품이나 서비스를 전문적으로 판매·제공하는 상업 형태를 의미하는 것은? p.99

14 감시 정찰과 지휘 통제, 타격 체계를 그물망처럼 구축한 뒤 AI 등으로 이들 체계를 동시에 작동시켜 북한 핵·미사일에 신속하게 대응한다는 개념은? p.109

정답 **01** 전당대회 **02** 김재원, 김병민, 조수진, 태영호, 장예찬 **03** 프렌드쇼어링 **04** 수박 **05** 클로백
06 헌법소원 **07** 늘봄학교 **08** 전국인민대표대회 **09** 전략자산 **10** 윤하 **11** 클러스터
12 에브리씽 에브리웨어 올 앳 원스, 양쯔충(양자경) **13** 버티컬 커머스 **14** 킬웹

산을 움직이려는 자는
작은 돌을 들어내는 일로 시작한다.

– 공자

에듀윌 공인중개사 교재,
2월 베스트셀러 1위~10위 휩쓸어

종합교육기업 에듀윌은 자사 공인중개사 교재가 예스24 2월 베스트셀러 1위~10위를 모두 석권했다고 2월 15일 밝혔다.

에듀윌이 2023년 공인중개사 시험에 대비해 출간한 교재가 온라인서점 예스24 공인중개사 분야 2월 월간 베스트 1위부터 10위까지 전부 휩쓸었다. 예스24 2월 월간 베스트셀러는 1월 한 달간 온라인 및 매장에서의 판매 데이터를 기준으로 집계된다.

에듀윌은 월별 베스트 차트에 ▲오시훈 키워드 암기장 부동산공법 ▲임선정 합격서 공인중개사법령 및 중개실무 ▲김민석 합격서 부동산공시법 ▲심정욱 합격서 민법 및 민사특별법 ▲한영규 합격서 부동산세법 ▲이영방 합격서 부동산학개론 ▲2차 기본서 부동산공법 ▲2차 기본서 부동산세법 ▲1차 기본서 부동산학개론 ▲1차 기본서 민법 및 민사특별법까지 차례로 줄 세우며 공인중개사 수험 시장의 강자임을 다시 한 번 증명했다.

13년간 공인중개사 수험생들에게 베스트셀러 1위 수험서이자 스테디셀러로 자리잡은 에듀윌 공인중개사 기본서는 물론이고, 2023년 첫 선을 보인 '에듀윌 공인중개사 합격서' 시리즈도 베스트셀러 상위권을 차지해 눈길을 모았다.

에듀윌 공인중개사 기본서는 시험을 처음 준비하는 초시생도 생소한 이론을 쉽고 빠르게 이해할 수 있는 구성이 장점이다. 실제 시험과 같은 출제 유형, 지문, 예시까지 고스란히 담은 기본에 충실한 교재다.

완전히 새로운 형식의 교재인 '에듀윌 공인중개사 합격서' 시리즈는 에듀윌 스타 교수진의 강의를 핵심만 모아 단 한 권으로 압축한 교재다. 합격에 필요한 이론만 반복 학습할 수 있게 해주는 효율성이 특징이다. 출간 직후 수험생들의 관심을 한 몸에 받으며 시리즈 전 권이 베스트셀러 상위권을 점령했다.

에듀윌 관계자는 "지난 해 역대급 합격자를 배출하며 최대 환급금 규모를 달성한 데 이어, 연초부터 신규 출간 교재들이 모두 베스트셀러 상위권에 오르는 대기록을 세우게 돼 기쁘게 생각한다"며 "에듀윌 공인중개사 콘텐츠를 믿고 선택해주신 수험생 여러분이 꼭 합격이라는 좋은 결과를 얻으실 수 있도록 고품질 교재와 서비스 제공을 위해 꾸준히 노력할 것"이라고 전했다.

PART

03

취업상식
실전TEST

취업문이 열리는 실전 문제 풀이

최근 출판된 에듀윌 자격증·공무원·취업
교재에 수록된 문제를 제공합니다.

01 선심성 공약으로 대중을 호도하여 권력을 유지·쟁취하려는 정치 형태를 일컫는 말은?

① 포퓰리즘
② 쇼비니즘
③ 섀도캐비닛
④ 필리버스터

해설 포퓰리즘(populism)은 대중주의, 인기영합주의 등으로도 불린다.
② 쇼비니즘(chauvinism) : 배타적·맹목적·광신적·호전적 애국주의를 말한다.
③ 섀도캐비닛(shadow cabinet) : 야당에서 정권을 잡을 경우에 대비하여 각료 후보로 조직한 내각으로 '그림자 내각'이라고도 한다.
④ 필리버스터(filibuster) : 의회에서 고의로 합법적인 방법을 이용하여 의사진행을 방해하는 것을 말한다.

尹 대통령 "공공요금, 최대한 동결 기조로"

▲ 윤석열 대통령 (자료 : 대통령실)

윤석열 대통령이 서민 부담을 줄이기 위해 전기·가스 등 에너지 요금 인상의 폭과 속도를 조절하고, 상반기 도로·철도·우편 등 중앙에서 관리하는 공공요금은 최대한 동결해 운영하겠다고 밝혔다.

지방자치단체에도 관할 공공요금 안정을 요청했다. 윤 대통령은 2월 15일 용산 대통령실에서 제13차 비상경제민생회의를 열어 관계부처 장관들과 함께 물가와 민생 현안을 점검하고, 대응 방안을 논의했다.

최근 '난방비 폭탄' 등으로 여론이 악화하자 정부는 "공공요금을 시장에 맞서 억누르면 포퓰리즘"이라던 기존의 입장에서 민생에 우선 초점을 맞추려는 쪽으로 정책 운용 기조를 바꾸었다. 그러나 국제 에너지 가격이 치솟고 한국전력과 한국가스공사의 누적 적자가 심각한 상황에서 억지로 요금을 동결시키는 것은 결국 요금 인상이 불가피한 미래의 고통을 가중시킬 뿐이라는 지적도 나온다.

정답 ①

02 기존의 전력망에 정보기술을 접목해 에너지 사용 효율을 극대화하는 신기술은?

① 필터버블
② 스마트그리드
③ 블록체인
④ 사물인터넷

해설 스마트그리드(smart grid)에 대한 설명이다.
① 필터버블(filter bubble) : 인터넷에서 이용자의 관심사에 맞춰 필터링된 정보가 이용자에게 도달하는 현상
③ 블록체인(block chain) : 거래 정보를 여러 네트워크에 분산해 기록하여 거래 참가자들이 정보를 공유하는 기술
④ 사물인터넷(IoT) : 사람과 사물, 사물과 사물끼리 인터넷으로 연결돼 정보를 생성·수집·공유·활용하는 기술

올해 신성장 4.0 계획 발표...'한국판 챗GPT' 등 30여 개 추진

▲ 추경호 부총리 (자료 : 기획재정부)

정부가 경제 활력을 높이기 위한 신(新)성장 프로젝트 대책을 올해 30개 이상 발표하기로 했다. 추경호 부총리 겸 기획재정부 장관은 2월 20일 비상경제장관회의를 주재하여 "경제 어려움이 커지고 있는 가운데 경기 회복기에 빠르고 강한 반등을 위해서는 기술혁신을 통한 생산성 제고와 미래 분야에 대한 선제적 투자가 중요하다"고 강조하며 신성장 4.0 전략의 세부 대책을 연내 30개 이상 추진할 계획이라고 밝혔다.

앞서 정부는 지난해 12월 미래 산업 중심의 15대 프로젝트를 선정한 신성장 4.0 전략 계획을 발표한 바 있다. 분야별 계획에 따르면 우선 정부는 한국판 챗GPT(대화 전문 AI) 개발을 위해 저작권법 개정 등 제도적 지원에 나설 예정이다. 이외에도 정부는 도심항공모빌리티(UAM), 넷제로(net 0)시티, 스마트그리드 등의 상용화를 앞당기기 위한 세부 계획을 발표했다.

정답 ②

03 소수의 거대기업이 시장의 대부분을 차지하는 형태는?

① 복점
② 담합
③ 과점
④ 독점

해설 과점(寡占)에 대한 설명이다.
① 복점(複占) : 2개의 기업이 전체 시장을 석권하는 2사 체제
② 담합(談合) : 경쟁 입찰에서 복수의 입찰 참가자가 미리 입찰가나 낙찰자 등을 협정해 두는 것
④ 독점(獨占) : 단 하나의 기업이 다른 경쟁자를 배제하고 생산과 시장을 지배하여 이익을 독차지하는 것

📁 대한항공, 4월 시행 예정이던 '마일리지 개편안' 재검토

대한항공이 4월 1일 개편 예정이었던 대한항공 마일리지 제도(이용약관 개정)를 재검토하기로 했다. 개편 내용과 관련해 소비자 불만이 커지고 정부·정치권 압력마저 더해지자 한 발 물러선 것으로 파악된다. 대한항공은 2월 20일 "마일리지와 관련해 현재 제기되는 고객들의 의견을 수렴해 전반적인 개선 대책을 신중히 검토 중"이라고 입장을 밝혔다.

앞서 대한항공은 4월부터 항공권 마일리지 공제 기준을 '지역'에서 '운항 거리'로 변경하는 새 마일리지 정책을 내놓았다. 이 경우 장거리 노선은 기존보다 마일리지 공제율이 낮아지지만 단거리 노선의 마일리지 공제율이 높아진다. 이는 장거리 항공권의 발권이나 좌석 승급을 위해 마일리지를 모은 소비자의 불만을 샀다. 원희룡 국토교통부 장관도 2월 15일 자신의 페이스북에 "대한항공 마일리지 개편안은 고객들이 애써 쌓은 마일리지의 가치를 대폭 삭감하겠다는 것"이라고 비판했다.

정답 ③

04 기업 경영의 지속가능성을 위해 필요한 환경·사회·윤리경영 등 3가지 핵심 요소를 일컫는 말은?

① CSR
② ESR
③ SRI
④ ESG

해설 ESG는 비재무적 요소인 환경(Environment)·사회(Social)·윤리경영(Governance·지배구조)을 말한다. 기업과 투자자의 사회적 책임이 중요해지면서 기업의 재무적 성과만을 판단하던 전통적 방식과 달리 장기적 관점에서 기업 가치와 지속가능성에 영향을 미치는 ESG 요소를 기업 투자 가치 평가에 활용하는 사례가 늘고 있다.

📁 포스코, 광양에 전기로 공장 신설 추진

포스코가 전남 광양제철소에 전기로를 신설하고 저탄소 생산체제로의 전환을 시도한다. 포스코는 2월 20일 개최된 정기 이사회에서 약 6000억원을 투자해 광양제철소에 250만 톤 규모의 전기로를 신설하는 안건을 의결했다. 해당 전기로는 2024년 1월 착공해 2026년부터 본격적으로 가동하는 것이 목표다.

포스코는 최근 국제 사회의 탈탄소 추세에 맞춰, 수소환원제철 기술 상용화 전 과도기적 단계로서 전기로를 도입해 탄소 감축 노력을 이어갈 예정이다. 전기로는 화석연료인 코크스를 사용하는 전통적인 고로 대비 탄소 배출량이 25% 수준이지만 탄소중립을 위한 궁극적 해결책은 아니다. 포스코는 전기로 단계를 거쳐 최종적으로는 수소를 사용해 직접환원철(DRI)를 만들고 이를 전기로에 녹여 쇳물을 생산하는 수소환원제철 생산 방식으로 완전히 전환할 계획이다.

정답 ④

05 소득의 불평등한 정도를 측정할 때 사용하는 곡선은?

① 로렌츠곡선
② 필립스곡선
③ 래퍼곡선
④ 엥겔곡선

해설 로렌츠곡선(Lorenz curve)에 대한 설명이다.
② 필립스곡선(Philips curve) : 임금상승률·실업률의 함수 관계를 나타내는 곡선
③ 래퍼곡선(Laffer curve) : 세수와 세율 간의 관계를 나타낸 곡선
④ 엥겔곡선(Engel curve) : 소득의 변화에 따른 특정 재화의 소비량의 변화를 나타내는 곡선

한국인 '삶의 만족도' 5.9점...OECD 최하위권

한국인의 '삶의 만족도'가 경제협력개발기구(OECD) 38개 회원국 가운데 최하위권인 36위를 차지한 것으로 나타났다. 2월 20일 통계청이 발표한 '국민 삶의 질 2022' 보고서에 따르면 한국인이 삶의 만족도는 2019~2021년 평균 5.9점(10점 만점)이었다. 이는 OECD 회원국 38개국 평균(6.7점)보다 0.8점 낮은 수치다. 한국보다 삶의 만족도 점수가 낮은 나라는 콜롬비아와 튀르키예 두 곳이었다.

삶의 만족도는 저소득층일수록 점수가 더 낮은 경향을 보였다. 가구 소득이 월 100만원 미만인 저소득층의 만족도는 평균보다 낮은 5.5점에 그쳤고, ▲100~200만원 6.0점 ▲200~300만원 6.1점 ▲300~400만원 6.3점 등 소득에 비례해 만족도 점수가 상승했다. 조사기간 동안 코로나19 유행 영향으로 아동학대 피해 경험률이 아동 10만 명당 502.2명으로 역대 최고치를 기록하고 극단적 선택 비율 역시 인구 10만 명당 26명으로 악화했다.

정답 ①

06 생산가능인구의 비율이 급속도로 줄어드는 현상은?

① 롱테일법칙
② 채찍효과
③ 재정절벽
④ 인구절벽

해설 인구절벽(demographic cliff)에 대한 설명이다. 생산가능인구는 경제활동을 할 수 있는 15~64세의 인구다. 인구절벽이 발생하면 생산과 소비 감소로 경제활동이 위축돼 심각한 경제위기가 발생할 수 있다.
① 롱테일법칙 : 80%의 '사소한 다수'가 20%의 '핵심 소수'보다 뛰어난 가치를 창출한다는 이론
② 채찍효과 : 하류의 고객주문 정보가 상류로 전달되면서 정보가 왜곡되고 확대되는 현상
③ 재정절벽 : 대규모의 정부지출감소와 세금인상이 경제에 엄청난 타격을 입히는 현상

인서울 대학까지 덮친 '신입생 가뭄'...추가모집 1년 새 2배↑

서울 소재 대학의 2023학년도 대입 추가모집 인원이 지난해보다 2배 늘어난 것으로 나타났다. 2월 20일 종로학원에 따르면 올해 서울 지역 대학교의 추가모집 인원은 767명으로 지난해 386명보다 2배가량 높은 수준이다. 경기·인천 등 수도권 추가모집 인원도 1093명으로 지난해(933명)보다 17.1% 증가했다.

학령인구 감소 등에서 비롯된 신입생 충원난이 비수도권을 넘어 서울 및 수도권 주요 대학까지 위협하고 있다. 2021학년도 이후 대학 모집 인원보다 대입 응시생의 숫자가 줄어들며, 올해 정시 모집에서 14개 지방대 26개 학과에 지원자가 한 명도 없는 등 이미 신입생 유치 어려움이 가시화된 상황이었다. 여기에 통합수능 시행 이후 문·이과 교차지원과 의학계열 선호 현상 등 복합적인 요인이 더해져 지역 명문대와 수도권 주요 대학들도 더는 안심할 수 없게 되었다.

정답 ④

07 2023년 3월 기준 북대서양조약기구 (NATO) 가입국이 아닌 국가는?

① 튀르키예
② 영국
③ 그리스
④ 스웨덴

해설 2023년 3월 기준 북대서양조약기구(NATO·나토)의 가입국은 30개국이다. 2022년 러시아의 우크라이나 침공 이후, 오랫동안 중립국 지위를 유지했던 스웨덴과 핀란드가 나토 가입을 요청했다. 그러나 튀르키예의 반대로 두 국가의 나토 가입이 무기한 연기되고 있다.

📂 **튀르키예·시리아 구조작업 대부분 종료...사망자 4만6000 넘어**

튀르키예 지진 발생 이후 거의 2주 만에 대부분의 지역에서 생존자 수색 및 구조 활동이 종료됐다. AFP통신에 따르면 튀르키예 재난 당국이 2월 19일 지진 피해지역 11개 주 가운데 진앙이었던 카라만마라슈주와 하타이주 2곳을 제외하고 모든 지역에서 구조작업을 마무리했다. 이번 지진으로 인한 사망자는 튀르키예와 시리아를 포함해 4만6834명을 넘어선 것으로 집계됐다.

지난 2월 6일 튀르키예 동남부와 시리아 북서부 지역에서 처음 규모 7 이상의 지진이 두 차례 발생한 후 지금까지 6040차례의 여진이 발생했다. 대지진으로 건물 대부분이 무너지고 수많은 사상자와 이재민이 발생했다. 이들을 돕기 위해 우리나라를 비롯해 전 세계 국가에서 튀르키예에 수색대와 자원봉사자를 파견했다. 그러나 시리아에서는 내전 상황으로 인해 구호 작업이 원활하게 이뤄지지 못했다.

정답 ④

08 UN 안전보장이사회 상임이사국이 아닌 국가는?

① 미국
② 독일
③ 러시아
④ 프랑스

해설 국제연합(UN·유엔) 안전보장이사회의 상임이사국은 ▲미국 ▲영국 ▲러시아 ▲프랑스 ▲중국 5개국이다.

📂 **北 연이은 미사일 발사 도발...UN, 올해 첫 안보리 공개회의**

▲ 북한, ICBM '화성-15형' 발사 훈련

북한이 최근 잇따라 탄도미사일을 발사하며 고강도 도발에 나섰다. 북한은 2월 18일 대륙간탄도미사일(ICBM) '화성-15형'을 동해상으로 시험 발사했다. 지난해 11월 이후 3개월 만의 ICBM 도발이었다. 2월 19일 한국과 미국이 북한의 도발에 대응해 미국 B-1B 전략폭격기를 동원해 공중연합훈련을 진행하자, 북한은 2월 20일 다시 동해상으로 단거리탄도미사일(SRBM) 2발을 발사했다.

북한의 도발이 이어지자 2월 20일(현지시간) 국제연합(UN) 안전보장이사회(안보리) 회의가 미국 뉴욕 본부에서 올해 처음으로 열렸다. 이날 회의에는 안보리 상임이사국들과 올해부터 비상임이사국이 된 일본이 참석했으며 황준국 주유엔 한국 대사도 이해 당사국 자격으로 참석해 발언했다. 미국과 일본 등은 대북 제재를 강화해야 한다는 입장이나 중국과 러시아가 북한 추가 제재를 반대해 안보리 차원의 공식 대응은 없을 것으로 전망된다.

정답 ②

09 러시아-우크라이나 전쟁에서 우크라이나를 지지하는 국가가 아닌 것은?

① 벨라루스
② 폴란드
③ 조지아
④ 루마니아

해설 벨라루스는 유럽 동부의 폴란드와 러시아 사이에 위치해 있으며 대표적인 친러시아 국가이다. 1994년 알렉산드르 루카셴코 벨라루스 대통령은 1995년 러시아어를 공용어로 채택하고 1999년 러시아와의 국가연합을 추진하는 등 일관된 친러시아 정책을 펼쳤다. 러시아-우크라이나 전쟁이 진행 중인 현재 러시아가 벨라루스를 흡수 통합하려 한다는 의혹이 제기되고 있다.

📂 **바이든, 전쟁 1주년 앞두고 우크라 전격 방문**

▲ 조 바이든 대통령(오른쪽)과 볼로디미르 젤렌스키 대통령

조 바이든 미국 대통령이 러시아-우크라이나 전쟁 발발 1년을 앞두고 키이우를 깜짝 방문했다. 로이터통신 등에 따르면 2월 20일(현지시간) 바이든 대통령이 우크라이나 수도 키이우를 예고 없이 방문해 볼로디미르 젤렌스키 우크라이나 대통령과 회담을 나눴다. 바이든 대통령은 이날 회담에서 5억달러 규모의 군사원조 약속 등 우크라이나에 대한 미국의 변함없는 지원 의지를 다시 한 번 확인했다.

앞서 바이든 대통령은 러시아-우크라이나 전쟁 1년을 앞두고 폴란드를 방문한다는 사실만 공개하고 우크라이나 방문은 철저한 보안 속에 진행했다. 미국 대통령이 자국군이 주둔하지 않는 전장을 방문한 것은 이번이 처음으로, 그만큼 우크라이나에 대한 지지와 러시아에 대한 경고 메시지를 강하게 전달한 것으로 풀이된다.

정답 ①

10 원작 영화의 전체적인 배경과 캐릭터만 가져와서 다른 이야기와 새로운 배우로 재구성하는 것은?

① 리메이크
② 프리퀄
③ 리부트
④ 스핀오프

해설 리부트(reboot)에 대한 설명이다. 리부트는 기존 영화 시리즈물에서 연속성을 버리고 완전히 다른 이야기로 처음부터 만든다는 점에서, 영화의 중심 플롯과 캐릭터를 그대로 둔 채 감독과 배우만 바꿔 다시 제작하는 ①리메이크와 차이가 있다.

📂 **지난해 영화관 평균 관람 비용 사상 첫 1만원대 진입**

극장 영화 관람 요금이 지난해 처음으로 평균 1만원을 넘어섰다. 2월 20일 영화진흥위원회가 낸 '2022년 한국 영화산업 결산' 보고서에 따르면 2022년 영화관 평균 관람 요금은 2021년 9656원에서 6.5% 증가한 1만285이다. 평균 관람 요금이 1만원을 넘은 것은 지난해가 최초다. 코로나19 확산 이후 영화관들이 영업 손실을 이유로 관람료를 1000원씩 세 차례 인상한 데 따른 것이다.

지난해 박스오피스 상위권은 모두 '속편'이 차지하는 특이 현상이 나타났다. 1위는 코로나 사태 이후 첫 1000만 관객 영화였던 '범죄도시2'가 차지했다. '아바타 : 물의 길', '탑건 : 매버릭', '한산 : 용의 출현', '공조2 : 인터내셔널'이 그 뒤를 이었다. 코로나 상황이 안정되고 기대작들이 속속 개봉하며 작년부터 극장가의 매출액과 관객 수 모두 회복세를 보이고 있지만 팬데믹 이전 수준까지는 도달하지 못한 것으로 나타났다.

정답 ③

11 5세대 이동통신(5G)을 최초로 상용화한 국가는?

① 중국
② 유럽연합(EU)
③ 대한민국
④ 미국

해설 2019년 4월 3일 오후 11시 우리나라에서 5G 서비스가 세계 최초로 시작됐다.

🗂 2028년 6G 상용화 노리는 선진국들…우리도 R&D 2년 앞당긴다

최근 6세대 이동통신(6G) 기술개발에 대한 국가 간 경쟁이 심화함에 따라 우리나라도 기존 일정보다 2년 앞서 6G 연구개발(R&D)을 추진할 계획이다. 2월 20일 과학기술정보통신부에 따르면 2026년 예정이었던 6G 상용화 지원 사업을 2년 앞당긴 2024년부터 추진한다. 내년 착수 예정이었던 6253억원 규모의 연구개발 예비타당성 조사도 현재 진행 중이다.

6G는 지상의 기지국을 활용했던 5G 이하의 기술과 달리 저궤도 인공위성을 이용해 통신의 사각지대를 없애고 5G보다 데이터 전송 속도가 빨라지는 반면 지연 속도는 줄어드는 것이 특징이다. 미국, 유럽연합(EU), 중국, 일본 등 주요 선진국들 사이 6G 선점 경쟁이 치열해지고 있는 만큼 우리나라도 6G 주도권 확보를 위해 민관이 협력해 R&D에 박차를 가하고 이르면 2028년, 늦어도 2030년 상용화를 목표로 하고 있다.

정답 ③

12 미국 메이저리그베이스볼(MLB)에서 매년 양대 리그에서 가장 뛰어난 투수에게 주는 상은?

① 토니상
② 사이영상
③ 뉴베리상
④ 에미상

해설 사이영상(Cy Young Award)에 대한 설명이다. 양대 리그는 내셔널리그(NL)와 아메리칸리그(AL)를 의미한다.
① 토니상 : 미국 브로드웨이의 연극·뮤지컬상
③ 뉴베리상 : 미국에서 가장 오래된 최고 권위의 아동문학상
④ 에미상 : 미국 최대의 텔레비전 프로그램 콩쿠르상

🗂 3월 개막 WBC 출전 선수 명단 발표

2023 월드베이스볼클래식(WBC)에 출전하는 20개국 600명의 선수 명단이 공개됐다. WBC 사무국은 2월 10일 미국 프로야구 메이저리그(MLB) 공식 홈페이지를 통해 올해 3월 개막하는 WBC 출전 선수들을 발표했다. 이중 MLB 구단 소속 선수가 절반이 넘고 MLB 최우수선수(MVP)를 수상한 선수도 8명 포함되어 있다. 세계적인 야구선수들이 대거 참여하는 이번 WBC에서 매 경기 화려한 볼거리가 기대됐다.

WBC는 4년마다 개최되는 프로야구 국가대항전으로 일종의 야구 월드컵이다. 2023 WBC는 미국·일본·대만에서 개최되며 3월 8일 쿠바 대 네덜란드 공식 개막전을 시작으로 22일까지 이어진다. 한국은 호주(3월 9일), 일본(10일), 체코(12일), 중국(13일)이 속한 B조에서 2위 안에 들어야 8강에 진출할 수 있었다. 이강철 야구 국가대표팀 감독은 "일본을 탈출하는 게 첫 번째 목표"라고 말하며 미국에서 열리는 4강 진출에 의지를 다졌다. 그러나 한국은 호주, 일본전에서 패하며 일찌감치 짐을 쌌다.

정답 ②

01 자국 영역 안에 있든지 밖에 있든지를 불문하고 모든 자국민에 대해 자국의 국내법을 적용하는 원칙은?

① 영토고권
② 치외법권
③ 속지주의
④ 속인주의

해설 속인주의(屬人主義)에 대한 설명이다.
① 영토고권 : 한 국가의 영토 내에 타국의 침입을 허용하지 아니하는 권리
② 치외법권 : 외국인이 현재 머물고 있는 국가의 법률과 규칙을 따르지 않아도 되는 국제법상의 권리
③ 속지주의 : 자국민인지 타국민인지를 불문하고 자국영역(자국 국적의 항공기, 선박 포함) 안에 있는 모든 사람에게 자국의 국내법을 적용하는 원칙

정답 ④

02 치료와 숙박, 휴식을 동시에 해결하기 위한 의료 시설을 일컫는 말은?

① 요양소
② 메디텔
③ 호스피스
④ 유스호스텔

해설 메디텔(meditel)은 '메디신(medicine : 의학, 의술)'과 '호텔(hotel)'의 합성어로 편하게 휴식을 취하면서 건강검진, 성형, 치과, 안과 등 다양한 의료 서비스를 받을 수 있는 곳이다.

정답 ②

03 근본 해결책이 아닌 당장의 편안함만을 꾀하는 일시적 방편을 뜻하는 고사성어는?

① 姑息之計
② 笑中有劍
③ 價重連城
④ 借聽於聾

해설 고식지계(姑息之計)에 대한 설명이다.
② 소중유검(笑中有劍) : 겉으로는 웃지만 내심으로는 적대적인 생각을 품는 것
③ 가중연성(價重連城) : 값어치가 여러 성을 합할 정도로 귀중하다는 말
④ 차청어롱(借聽於聾) : 도움 받을 상대방을 잘못 찾음을 뜻하는 말

정답 ①

04 국가가 지출 증가나 재정 수입 감소를 수반하는 정책을 추진할 때 재원 확보 방안을 함께 마련토록 하는 제도는?

① 페이고
② 재정준칙
③ 시퀘스터
④ 톱다운 제도

05 오디오 조절과 관계된 영상 제작 기법은?

① 틸 업 – 틸 다운
② 달리 인 – 달리 아웃
③ 스니크 인 – 스니크 아웃
④ 포커스 인 – 포커스 아웃

06 고려 시대 문인들이 항간에 구전되는 이야기를 모아 기록한 것으로서 소설의 기원이 된 장르는?

① 동인문학
② 농민문학
③ 패관문학
④ 위항문학

07 '초저출산 사회'의 출산율 기준은?

① 1.6명 미만
② 1.5명 미만
③ 1.3명 미만
④ 1.2명 미만

해설 출산율이 1.5명 미만이면 '저출산 사회', 1.3명 미만이면 '초저출산 사회'에 해당한다. 지난 2022년 한국 합계 출산율은 0.78명으로 경제협력개발기구(OECD) 회원국 중 유일하게 1명을 밑돌았다.

정답 ③

08 서방 선진 7개국(G7)에 해당하지 않는 국가는?

① 러시아
② 프랑스
③ 이탈리아
④ 캐나다

해설 G7(주요 7개국)에는 ▲미국 ▲프랑스 ▲영국 ▲독일 ▲일본 ▲이탈리아 ▲캐나다가 포함된다.

정답 ①

09 배타적·맹목적·광신적·호전적 애국주의를 일컫는 용어는?

① 쇼비니즘
② 징고이즘
③ 매니페스토
④ 마키아벨리즘

해설 쇼비니즘(chauvinism)은 프랑스의 연출가 코냐르가의 『삼색모표』라는 작품에 나오는 나폴레옹 군대의 니콜라 쇼뱅이라는 병사의 이름에서 유래한다. 작품 속에서 니콜라 쇼뱅은 나폴레옹 1세를 신과 같이 맹목적으로 숭배하였다.

정답 ①

10 다음 중 마케팅믹스의 4P에 해당하지 않는 것은?

① Price
② Project
③ Product
④ Place

해설 마케팅믹스(marketing mix)는 ▲상품(Product) ▲판매장소(Place) ▲가격(Price) ▲판매촉진(Promotion) 등 이른바 4P를 합리적으로 결합시켜 마케팅 효과를 최대화하려는 전략이다.

정답 ②

11 인플레이션 발생 시 가장 유리한 사람은?

① 채권자
② 현금 소유자
③ 실물자산 소유자
④ 수출업자

해설 인플레이션(inflation)이란 화폐의 가치는 떨어지고 물가는 계속 오르는 현상을 말한다. 따라서 인플레이션 발생 시 봉급생활자나 현금 소유자보다는 ▲현물 소유자가, 채권자보다는 ▲채무자가, 수출업자보다는 ▲수입업자가 더 유리하다.

정답 ③

12 A의 가격이 상승함에 따라 B에 대한 수요도 감소했다면 두 재화의 관계는?

① 독립재
② 보완재
③ 기펜재
④ 단용재

해설 보완재란 펜과 잉크, 커피와 설탕처럼 상호 보완하는 관계에 있어 두 재화를 함께 소비할 때 효용이 큰 재화를 말한다. 보완재는 한 재화의 가격이 상승하면 두 재화의 수요 모두 감소한다.

정답 ②

2023 코리아 헤럴드

※ 단답형 (01~11)

01 〈보기〉의 빈칸에 들어갈 말은?

┤ 보기 ├

(   )은(는) 정조 때 강화도 행궁에 설치돼 왕실의 주요 물품과 도서를 보관하던 곳이었다. 1866년 병인양요 때 강화도를 침략한 프랑스군이 이곳에 있던 의궤를 약탈해 갔다. 이후 오랜 시간이 흐른 2011년 많은 이들의 노력으로 마침내 의궤 297권이 고국으로 돌아왔다.

---

02 〈보기〉의 빈칸에 들어갈 말은?

┤ 보기 ├

지난 1월 20일 서울시 강남구 개포동 무허가 판자촌인 (   )에서 화재 사고가 발생해 주택 약 60채를 태웠고 주민 500여 명이 대피했다. 이곳은 열악한 생활환경과 화재 위험으로 2011년 개발이 결정됐지만 복잡한 이해관계로 사업이 지체됐다.

---

03 경기 회복 속도가 더뎌지는 가운데 물가만 치솟는 저성장 고물가 현상은?

---

04 〈보기〉의 빈칸에 들어갈 말은?

┤ 보기 ├

(   )은(는) 일본 총무성 대신을 지낸 마스다 히로야의 저서 제목에서 비롯한 것으로서 저출산·고령화와 수도권으로의 인구 이동으로 지방이 과소지역화·무거주화하고 공동체가 제대로 기능하기 어려워지는 현상을 뜻한다.

---

05 구글이 지난 2월 공개한 대화형 인공지능(AI) 검색 엔진 서비스로서, 기술 시연에서 잘못된 답변을 내놓아 구글 모회사인 알파벳 주가 폭락의 원인을 제공하기도 한 것은?

---

06 반도체 산업에서 업체로부터 반도체 설계 디자인을 위탁받아 생산만 전문으로 하는 기업은?

---

07 일정한 기준 이상의 이익을 얻은 법인 또는 자연인에게 그 이익의 초과분에 대해 특별히 소득세를 부과하는 것은?

---

08 〈보기〉의 빈칸에 들어갈 말은?

┤ 보기 ├

(   )은(는) 화물운수 종사자가 지급받는 최소한의 운임을 공표하여 적정 임금을 보장받도록 하는 제도이다. 국토교통부는 지난해 화물연대 집단운송거부를 계기로 드러난 이 제도를 전면 개편하기로 했다.

09 노동자들의 쟁의 행위에 대한 사측의 과도한 손해배상소송 제기 및 노동자 개인에 대한 청구를 제한하고 가압류 집행 남용을 금지하는 내용 등을 골자로 하는 법의 별칭은?

10 핵무기 없는 동맹국이 핵 공격을 받거나 위협에 노출됐을 때 미국이 본토 위협에 상응해 핵무기 수단으로 지원한다는 개념은?

11 디지털 기기 및 정보통신기술을 매개로 온·오프라인상에서 발생하는 젠더 기반 폭력을 폭넓게 지칭하는 말은?

※ 약술형 (12~17)

12 숏폼 콘텐츠

13 Non-Fungible Token

---

14 제임스 웹 우주망원경

_____

_____

_____

_____

15 한국형 3축 체계

_____

_____

_____

_____

_____

16 핑크 타이드

_____

_____

_____

_____

_____

17 소프트 파워

_____

_____

_____

_____

_____

2023 대전 MBC

01 〈보기〉는 무엇에 대한 설명인가?

┤ 보기 ├

필요할 때마다 계약직 혹은 임시직으로 계약을 맺고 일회성으로 일하는 노동자가 늘고 있다. 지식 정보 산업의 활성화로 다양한 플랫폼이 생겨나고 일과 삶의 균형을 중시하는 풍조가 활성화되면서 나타난 현상이다. 하지만 이러한 형태의 노동자들은 임시직이고 수입이 불안정하다는 문제도 안고 있다.

① 긱워커   ② 하드워커

③ 퍼플칼라   ④ 골드칼라

⑤ 스마트워커

해설 긱워커(gig worker)에 대한 설명이다. '긱(gig)'이란 '임시로 하는 일'이란 뜻으로 재즈 공연장 주변에서 즉흥적으로 연주자를 섭외해 공연을 즐기는 데서 유래한 말이다. 긱워커는 플랫폼을 통해 초단기 계약 형태로 일하는 사람들이다.

02 영화 '헤어질 결심'의 감독은?

① 봉준호   ② 박찬욱   ③ 이준익

④ 홍상수   ⑤ 고레에다 히로카즈

해설 2022년 개봉한 '헤어질 결심'은 박찬욱 감독의 11번째 장편 영화다. 이 영화로 박찬욱 감독은 그해 칸 국제영화제에서 감독상을 수상했다.

03 주택가격에 비해 주택담보대출금액이 어느 정도를 차지하는지 나타내는 비율은?

① LTV   ② DTI   ③ DSR

④ LTI   ⑤ RTI

해설 주택담보인정비율(LTV, Loan To Value ratio)에 대한 설명이다.

② DTI(Debt To Income) : 총부채상환비율. 주택담보대출을 받을 때 매년 상환해야 하는 금액이 연소득에서 차지하는 비율

③ DSR(Debt Service Ratio) : 총부채원리금상환비율. 빚의 원금과 이자를 갚는 데 들어가는 돈이 소득에서 차지하는 비율

④ LTI(Loan To Income ratio) : 소득대비대출비율. 개인사업자(자영업자)의 원리금상환능력을 감안해 대출 한도를 설정하기 위해 도입된 규제 비율

⑤ RTI(Rent To Interest rate) : 임대업이자상환비율. 연간 임대소득을 해당 임대업 대출의 연간이자비용과 해당 임대건물 기존대출의 연간이자비용의 합한 금액으로 나눈 것

04 조직 내부 구성원이 신뢰할 만한 지인·거래처를 사칭하여 이메일을 보낸 뒤 수신자의 ID 및 패스워드 등 개인 정보를 빼내는 사기 수법은?

① 파밍
② 스푸핑
③ 메신저피싱
④ 보이스피싱
⑤ 스피어피싱

해설 스피어피싱(spear phishing)에 대한 설명이다. 피싱 범죄가 불특정 다수를 겨냥한다면 스피어피싱은 작살(spear)로 물고기를 잡듯이 목표물을 특정해 계획적으로 저지르는 피싱 범죄.

① 파밍 : 고객이 정상적으로 은행 인터넷 뱅킹 사이트에 접속해도 위조 사이트에 자동으로 이동하도록 만들어 예금을 탈취하는 해킹 수법

② 스푸핑 : 네트워크에 불법적으로 침입해 사용자의 시스템 권한을 획득한 뒤 정보를 빼가는 해킹 수법

③ 메신저피싱 : 타인의 메신저 아이디를 도용한 후 본인인 것처럼 가장하여 등록된 지인들에게 메시지를 보내 금전을 요구하는 사기 수법

④ 보이스피싱 : 불특정 다수인에게 전화를 걸어 허위의 사실로 속여 송금을 요구하거나 개인정보를 빼내는 전화사기 수법

05 재난보도준칙은 어떤 사건을 계기로 생겼는가?

① 11·23 연평도 포격전
② 4·19 민주화운동
③ 10·29 이태원 참사
④ 4·16 세월호 참사
⑤ 4·29 이천 물류창고 화재 참사

해설 재난보도준칙은 4·16 세월호 참사 과정에서 언론 취재와 보도 방식에 문제가 있었다는 지적에 따라 언론계가 같은 잘못을 되풀이하지 않기 위해 한국신문협회, 한국방송협회, 한국기자협회 등 언론 단체들이 제정해 선포한 준칙이다. 이는 일반준칙·피해자 인권 보호·취재진 안전 확보·현장 취재 협의체 구성·언론사의 의무 등 44개 조문으로 구성됐으며 신속성보다 정확성에 우선 가치를 두는 방향으로 제정됐다.

정답 **14** 제임스 웹 우주망원경은 허블 우주망원경을 대체하는 차세대 우주망원경으로 미국 항공우주국(NASA)에서 발사에 성공했다. 이 망원경은 10년간 작동하도록 설계됐으며, 역대 가장 큰 차광막과 주경을 갖추고 있어 은하의 신비를 파악할 수 있을 것으로 기대된다.

15 한국형 3축 체계는 ①북한의 미사일 공격 징후를 탐지·추적·타격하는 킬체인 ②북한의 공격을 방어하는 데 필요한 한국형 미사일방어체계(KAMD) ③북한을 응징하는 대량응징보복(KMPR)으로 구성된 전력증강 계획이다.

16 핑크 타이드란 분홍색 물결이라는 뜻으로, 중남미에서 상대적으로 온건한 좌파 세력이 여러 국가에서 비슷한 시기에 잇따라 집권하는 현상을 의미한다. 최근 브라질 룰라 대통령의 재집권에 이어 멕시코, 아르헨티나 등 주요 국에서 좌파가 집권하며 제2의 핑크 타이드가 나타났다.

17 소프트 파워란 군사력이나 경제력 등 물리적으로 동원하는 국력인 하드 파워에 대응되는 개념으로 강제력보다 매력과 자발적 동의에 의해 자발적으로 얻어지는 국력을 말한다. 미국과 적대적인 국가의 국민들도 헐리웃 영화나 나이키 신발 등에 매력을 느끼는 것이 그 예다.

01 ①   02 ②   03 ①   04 ⑤   05 ④

06 반도체의 집적도가 18개월마다 2배씩 증가한다는 법칙은?

① 황의 법칙
② 무어의 법칙
③ 세이의 법칙
④ 메트칼프의 법칙
⑤ 안드로이드 법칙

해설 무어의 법칙(moore's law)은 인텔의 공동창업자인 고든 무어가 1964년 한 말에서 유래됐다.
① 황의 법칙 : 반도체의 집적도가 1년마다 2배로 증가한다는 법칙으로서 2002년 당시 황창규 삼성전자 기술총괄 사장이 주장
③ 세이의 법칙 : 공급은 스스로 수요를 창조하기 때문에 과잉생산은 발생할 수 없다는 이론
④ 메트칼프의 법칙 : 네트워크의 규모가 커짐에 따라 그 비용의 증가 규모는 점차 감소하지만 네트워크의 가치는 기하급수적으로 증가한다는 법칙
⑤ 안드로이드 법칙 : 스마트폰 운영체제(OS)인 안드로이드를 무료로 이용할 수 있도록 한 구글의 개방정책으로 제조사가 OS개발에 대한 부담을 덜고 신제품을 출시하기가 쉬워지면서 스마트폰 신제품 생산주기가 짧아진다는 법칙

07 다른 작품의 표현이나 이야기의 흐름 등을 흉내 내어 우스꽝스럽게 표현하는 방법은?

① 미장센
② 패러디
③ 오마주
④ 몽타주
⑤ 콜라주

해설 패러디(parody)는 원작을 흉내 내어 약간 변형시키거나 과장하여 풍자나 해학의 효과를 얻는다. 또한 모방을 통해 전시대나 현재 시대의 권력적 허위의식이나 현실의 억압적 요소 등을 조롱하거나 비판하려는 의도를 갖기도 한다.
① 미장센 : 화면에 무심히 놓여 있는 소품이나 연기하는 배우, 지나가는 배경과 조명 세트 등 감독이 표현하고자 하는 주제를 효과적으로 드러내기 위해 무대나 스크린에 배치하는 모든 요소들의 총합
③ 오마주 : 고전이나 거장에 대한 존경의 표시로 해당 작품의 주요 장면이나 대사를 인용하는 것
④ 몽타주 : 영화에서 필름을 모아 하나의 작품으로 결합시키는 편집 기술
⑤ 콜라주 : 시각 예술에서 종이, 헝겊, 비닐, 타일, 나뭇조각 등 질이 다른 여러 가지 소재를 붙여 화면을 구성하는 방법

08 시장 참가자가 각각 선택하는 행동이 무엇이든지 참가자의 이득과 손실의 총합이 제로가 되는 게임은?

① 윈윈 게임
② 치킨 게임
③ 제로섬 게임
④ 스킨스 게임
⑤ 콜드 게임

해설 제로섬 게임(zero-sum game)은 게임에 참가한 모든 참가자들의 점수를 전부 합산하면 반드시 영(0, zero)이 되는 게임이다. 제로섬 게임에서 모든 이득은 다른 참가자에게서만 얻을 수 있으며 한 참가자가 얻는 점수만큼 다른 참가자는 반드시 점수를 잃는다.
① 윈윈 게임 : 경쟁 관계에 놓인 쌍방이 모두 이기는 게임
② 치킨 게임 : 대립하는 어느 한 쪽도 양보하지 않고 극단적으로 치닫는 상황
④ 스킨스 게임 : 골프 경기에서 홀마다 승부를 내고 승부가 나지 않으면 다음 홀로 이동해 이긴 사람이 무승부 홀 분의 승리까지 가져가는 방법
⑤ 콜드 게임 : 야구에서 기후나 점수 차 때문에 9회를 모두 진행하지 못하고 심판의 판단에 의해 경기 중단이 선언된(called) 게임

09 대통령 직속 기관이 아닌 것은?

① 국가정보원
② 감사원
③ 대통령 경호처
④ 인사혁신처
⑤ 방송통신위원회

해설 인사혁신처는 공무원의 인사·윤리·복무 및 연금에 관한 사무를 관장하기 위한 중앙행정기관으로서 국무총리 소속이다.

10 마이스(MICE) 산업과 관련성이 가장 적은 것은?

① 기업회의
② 스포츠 경기
③ 국제회의
④ 인센티브 관광
⑤ 박람회

해설 마이스(MICE) 산업은 기업회의(Meeting), 인센티브 관광(Incentives), 국제회의 등 컨벤션(Convention), 박람·전시회(Events & Exhibition) 등이 융합된 산업을 말한다. 마이스 산업은 일자리 창출과 부가가치 유발, 외화 획득을 통한 대외수지 적자 만회 등의 효과가 있다.

11 〈보기〉는 어떤 춤에 대한 설명인가?

보기

이 춤은 승복을 입고 추지만 불교의식에서 승려가 추는 춤이 아니며 흰 장삼에 붉은 가사를 어깨에 메고 흰 고깔을 쓰고 추는 민속춤이다. 춤의 구성이 체계적일 뿐 아니라 춤사위가 다양하고 춤의 기법 또한 독특하다.

① 법고춤 ② 법무 ③ 나비춤
④ 바라춤 ⑤ 승무

해설 승무(僧舞)는 국가무형문화재로 지정된 한국 전통 민속춤이다. 본래 승복(僧服)을 입고 추어 중춤이라고 불렀지만 불교 의식에서 정식으로 승려가 추는 춤과 다르다.

12 2023년 들어 국제금융시장에서 가치가 치솟은 미국 달러화의 위상을 나타내는 말은?

① 킹달러 ② 약달러
③ 그린백 ④ 기축통화
⑤ 페트로달러

해설 미 연방준비제도(Fed·연준)의 가파른 정책금리 인상과 글로벌 경기 침체 위협으로 인해 달러 가치가 20여 년 만에 최고로 급등하면서 킹달러(King Dollar)라는 말이 유행했다.

13 주로 프로 축구에서 선수와 구단이 입단 계약을 맺을 때 특정 금액을 정해 놓고, 이 금액 이상을 지불하는 구단이 있으면 소속 구단과의 협의 없이 바로 선수와 협상할 수 있다는 내용의 계약 조항은?

① 테이퍼링 ② 샐러리캡
③ 보스만룰 ④ 바이아웃
⑤ 오타니룰

해설 바이아웃(buy-out)에 대한 설명이다.
① 테이퍼링 : 양적완화 정책 속에 자산 매입 규모를 줄여나가는 것
② 샐러리캡 : 프로 구단에 소속된 선수들의 총연봉 액수가 일정 액수를 넘지 못하도록 제한한 연봉총액상한제
③ 보스만룰 : 계약이 끝난 선수는 구단의 동의와 이적료에 관계없이 자유롭게 팀을 옮길 수 있다는 권리
⑤ 오타니룰 : 선발투수가 물러나도 지명타자로 경기에 남을 수 있도록 한 미국 프로야구의 규정

14 소비자가 직접 개선안과 아이디어를 제안하고 기업이 이를 참고해 상품을 생산하는 것과 관련이 있는 것은?

① 안티슈머 ② 그린슈머
③ 앰비슈머 ④ 체리슈머
⑤ 프로슈머

해설 프로슈머는 '생산자(producer)'와 '소비자(consumer)'를 합성한 말로, 직접 생산에 참여하는 소비자를 말한다.
① 안티슈머(anti-sumer) : 소비 욕구와 흥미 자체를 상실해 소비를 회피하거나 거부하는 소비자
② 그린슈머(greensumer) : 환경보호에 도움이 되는 제품의 구매를 지향하는 소비자
③ 앰비슈머(ambisumer) : 무조건 저렴한 물건만 사는 게 아니라 상황에 따라 비싼 물건도 적절하게 구입하는 양면적인 소비자
④ 체리슈머(cherrysumer) : 한정된 자원을 극대화하기 위해 최대한 알뜰하게 소비하는 전략적 소비자

정답 06 ② 07 ② 08 ③ 09 ④ 10 ② 11 ⑤ 12 ① 13 ④ 14 ⑤

01 (가) 국가의 경제 상황으로 옳은 것은?

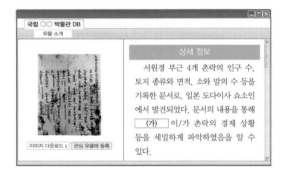

① 은병이 화폐로 제작되었다.
② 집집마다 부경이라는 창고가 있었다.
③ 목화, 담배 등이 상품 작물로 재배되었다.
④ 울산항, 당항성이 무역항으로 번성하였다.
⑤ 현직 관리를 대상으로 직전법이 실시되었다.

해설 ④ 울산항과 당항성은 통일 신라 시기에 국제 무역항으로 번성하였다. 울산항에는 이슬람 상인들이 왕래하기도 하였다.

오답 피하기
① 은병(활구)은 고려가 주조한 고액 화폐이다.
② 부경은 고구려 사람들이 각 집마다 두었던 작은 창고를 말한다.
③ 목화, 담배 등은 조선 후기에 이르러 상품 작물로 재배되었다.
⑤ 직전법은 조선 전기인 세조 때 실시한 제도로, 현직 관리에게만 토지의 수조권을 지급한 것이다.

02 다음 가상 인터뷰의 왕이 추진한 정책으로 옳은 것은?

① 흑창을 설치하여 빈민을 구제하였다.
② 양현고를 두어 장학 기금을 마련하였다.
③ 노비안검법을 시행하여 재정을 확충하였다.
④ 전국에 12목을 설치하고 지방관을 파견하였다.
⑤ 전시과 제도를 마련하여 관리에게 토지를 지급하였다.

해설 ① 태조는 흑창을 두어 백성에게 흉년이나 춘궁기를 비롯한 비상시에 곡식을 나누어 주고 가을에 되갚게 하였다.

오답 피하기
② 고려 예종은 일종의 장학 재단인 양현고를 두어 국자감의 학생들을 지원하였다.
③ 고려 광종은 노비안검법을 실시하여 억울하게 노비가 된 자들을 본래의 신분으로 해방시켰다.
④ 고려 성종은 중앙 집권을 강화하고자 전국에 12목을 설치하고 지방관을 파견하였다.
⑤ 고려 경종 때 처음 전시과 제도를 마련하였다.

03 (가), (나) 사이의 시기에 있었던 사실로 옳은 것은?

> (가) 동북면병마사 간의대부 김보당이 동계(東界)에서 군대를 일으켜, 정중부와 이의방을 토벌하고 전왕(前王)을 복위시키려고 하였다. …… 동북면지병마사 한언국이 장순석 등에게 거제(巨濟)로 가서 전왕을 받들어 계림에 모시게 하였다.
>
> (나) 만적 등이 노비들을 불러 모아서 말하기를, "장군과 재상에 어찌 타고난 씨가 있겠는가? 때가 되면 누구나 할 수 있는 것이다."라고 하였다. …… 만적 등 100여 명이 체포되어 강에 던져졌다.

① 웅천주 도독 김헌창이 반란을 일으켰다.
② 최우가 인사 행정 담당 기구로 정방을 설치하였다.
③ 이자겸과 척준경이 반란을 일으켜 궁궐을 불태웠다.
④ 최충헌이 봉사 10조를 올려 시정 개혁을 건의하였다.
⑤ 김부식이 서경의 반란군을 진압하기 위해 출정하였다.

해설 ④ (가)는 1173년 일어난 김보당의 난에 관한 내용이며, (나)는 1198년 일어난 만적의 난에 대한 내용이다. 최충헌은 1196년에 이의민을 제거하고 권력을 장악하였으며, 그해에 명종에게 봉사 10조를 올렸다.

오답 피하기
① 김헌창은 신라 헌덕왕 때인 822년에 반란을 일으켰다.
② 최우는 1225년에 정방을 설치하였다.
③ 이자겸은 1126년에 난을 일으켰다.
⑤ 김부식은 1136년에 서경의 반란군을 진압하였다.

04 밑줄 그은 '이 법'에 대한 설명으로 옳은 것은?

① 양반에게도 군포를 부과하였다.
② 1결당 쌀 4~6두로 납부액을 고정하였다.
③ 비옥도에 따라 토지를 6등급으로 나누었다.
④ 일부 상류층에게 선무군관포를 징수하였다.
⑤ 특산물 대신 쌀, 베, 동전 등으로 납부하게 하였다.

해설 ⑤ 대동법은 종래의 현물 납부 방식 대신 토지의 결수에 따라 쌀, 삼베나 무명, 동전 등으로 공납을 내게 하는 제도이다.

오답 피하기
① 고종 때 흥선 대원군이 양반에게도 군포를 부과하는 호포제를 시행하였다.
② 인조 때 전세를 풍흉에 관계없이 토지 1결당 쌀 4~6두를 징수하는 영정법을 시행하였다.
③ 세종 때 토지의 비옥도에 따라 수취하는 전분 6등법을 제정하였다.
④ 균역법 실시에 따른 세수의 감소를 보충하기 위해 마련된 방안이다.

정답　01 ④　　02 ①　　03 ④　　04 ⑤

05 다음 가상 인터뷰의 주인공에 대한 설명으로 옳은 것은?

① 북학의에서 절약보다 소비를 권장하였다.
② 의산문답에서 중국 중심의 세계관을 비판하였다.
③ 우서에서 사농공상의 직업적 평등을 주장하였다.
④ 마과회통에서 홍역에 대한 의학 지식을 정리하였다.
⑤ 금석과안록에서 북한산비가 진흥왕 순수비임을 고증하였다.

해설 ④ 정약용은 홍역에 관한 국내외 자료를 종합하여 『마과회통』을 저술하였다.

오답 피하기
① 『북학의』는 박제가의 저서이다. 박제가는 중상학파 실학자로, 소비와 청문물의 수용을 강조하였다.
② 홍대용은 『의산문답』을 저술하여 무한우주론과 지전설 등을 주장하였고, 중국 중심의 화이 구분을 부정하였다.
③ 상공업 중심 개혁론의 선구자인 유수원은 『우서』를 저술하고 사농공상의 직업 평등과 전문화를 주장하였다.
⑤ 김정희는 청으로부터 금석학을 수용하고 이를 바탕으로 『금석과안록』을 저술하였다.

06 다음 인물에 대한 설명으로 옳은 것은?

○○○ 연보
• 1842년 출생
• 1880년 일본에 수신사로 파견됨
• 1884년 좌의정으로 임명됨
• 1894년 총리대신으로 갑오개혁을 주도함
• 1896년 사망

① 황준헌이 쓴 조선책략을 국내에 들여왔다.
② 초대 주미 공사로 임명되어 미국에 파견되었다.
③ 고종의 밀지를 받아 독립 의군부를 조직하였다.
④ 영국인 베델과 함께 대한매일신보를 창간하였다.
⑤ 서유견문을 집필하여 서양 근대 문명을 소개하였다.

해설 ① 김홍집이 가져온 『조선책략』의 내용은 러시아를 막고 미국과 연계해야 한다는 것이었다. 이 책의 유포 이후 청의 알선으로 미국과 조·미 수호 통상 조약(1882)이 체결되었다.

오답 피하기
② 박정양은 초대 주미 공사로 임명되었다.
③ 임병찬은 독립 의군부를 조직(1912)하고 의병 전쟁을 계획하였다.
④ 양기탁은 영국인 베델과 함께 대한매일신보를 창간하였다.
⑤ 『서유견문』은 유길준이 미국 유학 중에 보고 배운 것을 기록한 책이다.

07 밑줄 그은 '개혁'에 대한 설명으로 옳은 것은?

구본신참을 원칙으로 추진된 개혁에 대해 말해보자.

상공업 진흥에 필요한 인재를 양성하기 위해 상공 학교를 세웠어.

양전 사업을 실시하여 지계를 발급했어.

① 과거제를 폐지하였다.
② 홍범 14조를 반포하였다.
③ 공사 노비법을 혁파하였다.
④ 전국 8도를 23부로 개편하였다.
⑤ 황제 직속의 원수부를 설치하였다.

해설 ⑤ 고종은 광무개혁 당시 황제의 군 통수권을 강화하고자 원수부를 설치하였다.

오답 피하기
① 제1차 갑오개혁으로 과거제가 폐지되었다.
② 홍범 14조는 일본의 압력 아래 고종이 반포한 것으로, 제2차 갑오개혁의 중심이 되었다.
③ 제1차 갑오개혁으로 공사 노비법이 혁파되며 신분제가 폐지되었다.
④ 제2차 갑오개혁으로 전국 8도를 23부로 개편하였다.

08 (가), (나) 사이의 시기에 있었던 사실로 옳은 것을 보기에서 고른 것은?

(가) 국군 장교가 위원으로 선출되었으며, 3권을 장악하고 국회의 권한을 행사하는 최고 통치 기구인 국가 재건 최고 회의가 출범하였다.
(나) 국민의 직접 선거로 대의원이 선출되었으며, 통일 정책을 최종 결정하고 대통령 선거권 등을 행사하는 통일 주체 국민 회의가 발족하였다.

┤ 보기 ├
ㄱ. 장기 집권을 위한 3선 개헌안이 통과되었다.
ㄴ. 제2차 석유 파동으로 경제 불황이 심화되었다.
ㄷ. 베트남 파병에 관한 브라운 각서가 체결되었다.
ㄹ. 대통령 긴급 명령으로 금융 실명제가 실시되었다.

① ㄱ, ㄴ   ② ㄱ, ㄷ   ③ ㄴ, ㄷ
④ ㄴ, ㄹ   ⑤ ㄷ, ㄹ

해설 (가)의 국가 재건 최고 회의는 1961년 5·16 군사 정변을 주도한 세력이 설치한 국가 최고통치기관이고, (나) 통일 주체 국민 회의는 1972년 유신 헌법에 의해 설립된 헌법 기관이다.
ㄱ. 박정희 정부는 1960년대 경제 성장 성과를 앞세워 1969년에 3선 개헌안을 통과시켰다.
ㄷ. 박정희 정부는 경제 개발 자금을 마련하고자 미국의 베트남 파병 요청을 받아들이고, 1966년에 브라운 각서를 체결하여 한국군의 현대화와 경제적 지원을 약속받았다

오답 피하기
ㄴ. 제2차 석유 파동은 1970년대 후반에 발생하였다.
ㄹ. 금융 실명제는 김영삼 정부 시기인 1993년에 실시되었다.

01 밑줄 친 고유어의 뜻풀이로 적절하지 않은 것은?

① 남매간에 싸우는 것을 보니 부모는 골치가 지끈지끈 쑤셨다. → 머리.
② 툭하면 벌거벗고 고샅을 내닫는 것도 문제였다. → 사람이 많은 대로변.
③ 괄괄하던 아버지는 울면서 주먹으로 그를 마구 때리었다. → 성질이 세고 급하다.
④ 넓은 벌판 서쪽 가녘은 엷은 낙조로 물들었고 해는 크고 둥글어 갔다. → 둘레나 끝에 해당되는 부분.
⑤ 어릴 적부터 음식에 가탈이 심하던 나도 남편이 만든 음식에는 불만이 없었다. → 이리저리 트집을 잡아 까다롭게 구는 일.

해설 고유어
'고샅'은 시골 마을의 좁은 골목길 또는 골목 사이를 뜻한다.

정답 ②

02 밑줄 친 한자어의 사전적 뜻풀이로 옳지 않은 것은?

① 아버님께서는 숙환(宿患)으로 고생하시다가 별세하셨다. → 오래 묵은 병.
② 그는 의자에 앉아 한동안 상념(想念)에 잠겨 있었다. → 슬픈 마음이나 느낌.
③ 문제 해결의 관건(關鍵)을 쥐다. → 어떤 사물이나 문제 해결의 가장 중요한 부분.
④ 국장은 사장의 치부(恥部)를 폭로했다. → 남에게 드러내고 싶지 아니한 부끄러운 부분.
⑤ 그들의 잔혹한 통치 정책은 세계에서 유례(類例)를 찾기 힘든 것이다. → 같거나 비슷한 예.

해설 한자어
② 상념(想念)은 마음속에 품고 있는 여러 가지 생각을 의미한다.

정답 ②

03 제시된 두 단어의 의미 관계가 〈보기〉의 밑줄 친 것에 해당하지 않는 것은?

┤ 보기 ├

같거나 유사한 의미를 지닌 둘 이상의 단어가 맺는 의미 관계를 '유의 관계'라고 한다. 이런 관계에 있는 단어들을 '동의어' 또는 '유의어'라고 부른다. 곧 둘 이상의 단어가 동일한 의미를 지닌 경우를 '동의어'라 하며, 유사한 의미를 지닌 경우를 '유의어'라고 한다.

① 기쁨 – 환희
② 종이 – 갱지
③ 멍게 – 우렁쉥이
④ 아버지 – 춘부장
⑤ 양육하다 – 키우다

해설 어휘 간의 의미 관계
② 갱지는 '지면이 좀 거칠고 품질이 낮은 종이.'라는 뜻으로 '종이 – 갱지'는 상하 관계라고 볼 수 있다.

정답 ②

04 〈보기〉의 밑줄 친 내용이 적용된 단어가 아닌 것은?

┤ 보기 ├

[한글 맞춤법 제25항] '–하다 '가 붙는 어근에 '–히'나 '–이 '가 붙어서 부사가 되거나, 부사에 '–이'가 붙어서 뜻을 더하는 경우에는 그 어근이나 부사의 원형을 밝히어 적는다.

① 극히
② 속히
③ 버젓이
④ 엄격히
⑤ 일찍이

해설 맞춤법
⑤ 부사 '일찍'에 부사화 접미사 '–이'가 결합한 형태이다.

정답 ⑤

05 밑줄 친 부분의 띄어쓰기가 올바르지 않은 것은?

① 그는 항상 잘난 체한다.
② 오빠는 키가 전봇대만큼 크다.
③ 친구가 파업한 지 벌써 1년이 흘렀다.
④ 동생은 10만 원짜리 한약을 만 원에 팔았다.
⑤ 그녀는 차디 찬 성격이라고 가끔 오해를 받는다.

해설 띄어쓰기
⑤ '－디－'는 용언의 어간을 반복하여 그 뜻을 강조하는 연결 어미이므로 '차디찬'의 꼴로 붙여 써야 한다.

정답 ⑤

06 문장 부호 사용이 잘못된 것은?

① 그것 참 훌륭한(?) 태도야.
② 9월 15일 ～ 9월 25일
③ 커피 (coffee)는 기호 식품이다.
④ 문방사우: 붓, 먹, 벼루, 종이
⑤ 육군 □□ 부대 □□ 명이 작전에 참가하였다.

해설 문장 부호
⑤ 비밀을 유지해야 하거나 밝힐 수 없는 사항임을 나타낼 때는 숨김표(○, ×)를 사용한다. 빠짐표(□)는 옛 비문이나 문헌 등에서 글자가 분명하지 않을 때 그 글자의 수효만큼 쓰거나, 글자가 들어가야 할 자리를 나타낼 때 쓴다.

정답 ⑤

자주 출제되는 고유어		자주 출제되는 외래어 표기법	
피천	아주 적은 액수의 돈.	Michael Jordan	마이클 조던
비설거지	비가 오려고 하거나 올 때, 비에 맞으면 안 되는 물건을 치우거나 덮는 일.	navigation	내비게이션
말재기	쓸데없는 말을 수다스럽게 꾸며내는 사람.	croissant	크루아상
민충하다	미련하고 덜되다.	concept	콘셉트
반지빠르다	교만스러워 얄밉다.	churros	추로스

01 밑줄 친 부분의 의미와 가장 가까운 것을 고르시오.

> Extensive lists of microwave oven models and styles along with candid customer reviews and price ranges are available at appliance comparison websites.

① frank

② logical

③ implicit

④ passionate

유형 유의어 찾기

어휘 extensive 광범위한, 대규모의 / price range 가격대 / appliance 가전제품, (가정용) 기기

해설 candid는 '솔직한, 정직한'이라는 의미이므로 ① 'frank(솔직한)'가 정답이다.

해석 전자레인지 모델 및 스타일에 대한 광범위한 목록을 솔직한 소비자 리뷰 및 가격대와 함께 가전제품 비교 웹사이트에서 이용할 수 있다.
① 솔직한
② 논리적인
③ 암시적인
④ 열정적인

정답 ①

02 다음 글의 요지로 가장 적절한 것은?

Listening to somebody else's ideas is the one way to know whether the story you believe about the world — as well as about yourself and your place in it — remains intact. We all need to examine our beliefs, air them out and let them breathe. Hearing what other people have to say, especially about concepts we regard as foundational, is like opening a window in our minds and in our hearts. Speaking up is important. Yet to speak up without listening is like banging pots and pans together: even if it gets you attention, it's not going to get you respect. There are three prerequisites for conversation to be meaningful: 1. You have to know what you're talking about, meaning that you have an original point and are not echoing a worn-out, hand-me-down or pre-fab argument; 2. You respect the people with whom you're speaking and are authentically willing to treat them courteously even if you disagree with their positions; 3. You have to be both smart and informed enough to listen to what the opposition says while handling your own perspective on the topic with uninterrupted good humor and discernment.

① We should be more determined to persuade others.
② We need to listen and speak up in order to communicate well.
③ We are reluctant to change our beliefs about the world we see.
④ We hear only what we choose and attempt to ignore different opinions.

유형 독해

어휘 intact 완전한, 온전한 / foundational 기본의, 기초적인 / bang 쾅하고 치다 / prerequisite 전제조건 / echo 그대로 되풀이하다 / worn-out 낡은, 진부한 / hand-me-down 독창적이지 않은, 만들어 놓은 / pre-fab 조립식의 / authentically 확실하게, 진정으로 / courteously 예의 바르게, 공손하게 / informed 많이 아는 / perspective 관점, 시각 / uninterrupted 끊임없는, 연속적인 / discernment 안목 / determined 단호한 / be reluctant to V ~을 주저하다, 망설이다

해설 본문은 의미 있는 대화에 대해 설명하고 있다. 본문 초반에서 대화에서의 '듣기[경청]의 역할'에 대해 언급하고, 본문 중반에서는 경청 없이 말하는 것은 당신을 존중받게 해주지 않을 것이라고 설명하면서, 대화를 할 때 '듣기와 말하기의 조화가 중요함'을 시사하고 있다. 따라서 글의 요지로 가장 적절한 것은 ②이다.

해석 타인의 생각을 경청하는 것은 당신 자신과 세상 안에서의 당신의 위치에 대해서뿐만 아니라, 당신이 세상에 대해 믿는 이야기가 온전한지 아닌지 알 수 있는 하나의 방법이다. 우리는 모두 우리의 신념을 검토하고, 그것들을 환기시키고 그것들이 숨 쉬도록 해주어야 한다. 특히 우리가 기본이라고 여기는 개념에 대해 타인이 말해야 하는 것을 듣는 것은 우리의 정신과 마음의 창문을 여는 것과 같다. 털어놓고 말하는 것은 중요하다. 그러나, 듣지 않고 거리낌 없이 말하는 것은 냄비와 팬을 함께 두드리는 것과 같다. 비록 그것이 당신에게 관심을 가져올지라도, 그것이 당신에게 존중을 가져오지는 않을 것이다. 대화가 의미 있어지려면 세 가지 전제조건이 있다. 1. 당신은 당신이 무엇에 대해 말하고 있는지 알아야 하는데, 이는 당신이 독창적인 논점을 지니고 있고, 진부하거나, 독창적이지 않거나, 또는 조립식의(기존의 것들을 짜깁기하는) 논쟁을 되풀이하지 않는다는 것을 의미한다. 2. 당신은 당신과 대화하고 있는 사람을 존중하고, 비록 당신이 그들의 입장과 다르더라도 진정으로 기꺼이 그들을 예의 바르게 대우한다. 3. 당신은 끊임없는 좋은 유머와 안목으로 주제에 대한 당신의 관점을 다루는 동시에 상대가 말하는 것을 경청할 정도로 충분히 현명하고 많이 알아야 한다.
① 우리는 타인을 설득하기 위해 더욱 단호해져야 한다.
② 우리는 의사소통을 잘 하기 위해 경청하고 거리낌 없이 말해야 한다.
③ 우리는 우리가 보는 세상에 대한 자신의 신념을 변화시키기를 꺼린다.
④ 우리는 오직 우리가 택한 것만 듣고 다른 의견은 무시하려고 한다.

정답 ②

자 / 료 / 해 / 석

01 다음은 2021~2022년 취급상품범위 및 운영형태별 거래액을 조사한 자료이다. 주어진 자료에 대한 설명으로 옳은 것을 고르면?

[표] 취급상품범위 및 운영형태별 거래액   (단위: 천억 원)

구분		2021년		2022년	
		연간	3월	2월	3월
총거래액		1,871	155	154	172
취급상품 범위별	종합몰	1,239	103	101	111
	전문몰	632	52	53	61
운영형태별	온라인몰	1,417	115	120	130
	온·오프라인 병행몰	454	40	34	42

① 2022년 3월 종합몰의 거래액은 전년 동월 대비 10% 이상 증가하였다.
② 2022년 3월 온라인몰 거래액의 전월 대비 증가율은 약 7.3%이다.
③ 2022년 3월 거래액은 전문몰이 온·오프라인 병행몰의 1.5배 미만이다.
④ 온·오프라인 병행몰의 2021년 연간 거래액은 2021년 연간 총거래액의 20% 미만이다.
⑤ 2022년 2~3월 종합몰 거래액의 평균은 105천억 원이다.

해설 2022년 3월 온·오프라인 병행몰 거래액의 1.5배는 42×1.5=63(천억 원)으로 전문몰 거래액인 61천억 원보다 크다.

① 종합몰의 2021년 3월 거래액의 10% 증가액은 103×1.1=113.3(천억 원)이지만 2022년 3월 거래액은 111천억 원이므로 10% 이하로 증가하였다.

② 2022년 3월 온라인몰 거래액의 전월 대비 증가율은

$$\frac{130-120}{120}\times100 ≒ 8.3(\%)이다.$$

④ 2021년 연간 총거래액의 20%는 1,871×0.2=374.2(천억 원)이고, 온·오프라인 병행몰의 2021년 연간 거래액은 454천억 원이므로 20% 이상이다.

⑤ 2022년 2~3월 종합몰 거래액의 평균은

$$\frac{101-111}{2}=106(천억 원)이다.$$

정답 ③

02 다음은 **K카페의 커피와 차의 판매량을 조사한 자료이다. 커피와 차의 판매량은 매일 일정한 규칙을 가지고 변화할 때, 커피의 판매량이 처음으로 차의 판매량의 2배를 초과하는 시기를 고르면?**

[표] K카페의 커피와 차 판매량   (단위: 개)

구분	커피	차
1일 차	12	18
2일 차	13	20
3일 차	15	22
4일 차	18	24
5일 차	22	26

① 9일 차

② 10일 차

③ 11일 차

④ 12일 차

⑤ 13일 차

해설 커피와 차의 전일 대비 증가한 판매량을 통해 규칙을 알 수 있다. 1일 차부터 5일 차까지 커피의 판매량은 1개, 2개, 3개, 4개 증가하였으므로 매일 증가하는 판매량이 1개씩 증가함을 알 수 있다. 차의 판매량은 매일 2개씩 증가함을 알 수 있다. 이에 따라 6일 차 이후 커피와 차의 판매량은 다음과 같다.

(단위: 개)

월	커피	차	차 판매량의 2배
6일 차	27	28	56
7일 차	33	30	60
8일 차	40	32	64
9일 차	48	34	68
10일 차	57	36	72
11일 차	67	38	76
12일 차	78	40	80
13일 차	90	42	84

따라서 커피의 판매량이 처음으로 차의 판매량의 2배를 초과하는 시기는 13일 차이다.

정답 ⑤

의 / 사 / 소 / 통 / 능 / 력

01 다음 글을 읽고 [보기]의 상황에 대해 추론할 수 있는 내용으로 적절하지 않은 것을 고르면?

> 공공 저작물(이하 '저작물'이라 함.)에는 '공공 누리' 표시 기준이 있어, 누구나 저작물의 이용 조건을 쉽게 확인할 수 있다. 'OPEN'이라는 공공 누리 마크가 표시되어 있는 저작물은 일정 조건하에서 자유롭게 저작물을 이용할 수 있고, '출처 표시'라는 마크가 표시되어 있는 저작물은 이용하는 저작물의 출처를 표기한 후 이용이 가능하다. 한편 '상업용 금지' 표시의 저작물은 비상업적인 목적으로만 이용할 수 있고, '변경 금지' 표시의 저작물은 번역이나 편곡, 변형, 각색 등의 변경 행위가 금지되므로 이 마크가 없는 경우에만 내용이나 형식을 변경할 수 있다.

┤ 보기 ├

> 홍보팀 백 과장은 의료 기기 신제품 판매 및 홍보를 위한 기업 홍보 자료를 만들기 위하여 국민건강보험공단에서 발행한 관련 문건(문건A, 문건B)을 입수하였다. 문건A에는 'OPEN', '변경 금지', '출처 표시', 문건B에는 'OPEN', '상업용 금지', '출처 표시'라는 공공 누리 표시 기준이 붙어 있어, 기준을 검토하여 적절한 방법으로 문건을 이용하려고 한다.

① 백 과장은 두 문건 모두 기업 홍보 자료에 이용할 수 없다.
② 백 과장이 다른 곳에서 발췌한 사진을 첨부하여 홍보 자료로 함께 이용할 수 있는 문건은 없다.
③ 문건A는 문건의 출처를 반드시 밝히고 이용해야 한다.
④ 문건B는 출처를 밝히고 외국어로 번역하여 비상업적인 목적의 자료로 이용할 수 있다.

해설 문건B에는 '상업용 금지' 표시 기준이 있어 상업적인 목적의 이용이 금지되나, 문건A에는 '상업용 금지' 표시가 없으므로 상업적인 목적의 홍보 자료로 이용할 수 있다.
② 문건A는 '변경 금지' 표시 기준에 의해 변형, 각색 등이 금지되므로 발췌하여 첨부할 수 없고, 문건B는 '상업용 금지' 표시 기준에 의해 이용 자체가 불가하므로 백 과장이 홍보 자료로 이용할 수 있는 문건은 없다.
③ 문건A는 '출처 표시' 표시 기준에 따라 저작물의 출처를 표기한 후 이용 가능하다.
④ 문건B에는 '출처 표시' 표시 기준이 있으므로 출처를 밝혀야 하고, '변경 금지' 표시 기준이 없어 외국어 번역이 가능하다. 또한 '상업용 금지' 표시 기준이 있으므로 비상업적인 목적의 자료로만 이용할 수 있다.

정답 ①

02 다음 보도 자료의 제목으로 가장 적절한 것을 고르면?

■ 식품의약품안전처와 국민건강보험공단은 국민 건강 증진 및 의료 제품 안전 확보를 위한 상호 협력을 주요 내용으로 7월 31일 건강보험공단본부에서 업무 협약을 체결한다고 밝혔다.
• 이번 업무 협약은 의약품, 의료 기기의 인허가 단계에서부터 보험 급여 등재 후 사후 관리까지 양 기관이 보유한 정보와 인력을 연계함으로써 의료 제품 전(全) 주기에 대한 체계적인 관리를 강화하고 건강 보험 재정 효율성을 증대하여 국민의 안심을 확보하기 위함이다.

■ 협약의 주요 내용은 ▲의료 제품 안전 및 국민 보건 향상과 관련한 전문 지식, 정보 등의 공유 ▲임상 시험 허가 및 심사 등을 위한 자문 인력 교류 ▲국민 건강 증진과 안전 확보를 위한 보건 정책의 교육 및 홍보 협력 등이다.
• 식약처는 건보공단의 보험 청구, 건강 검진, 의약품 사용 현황 정보를 의료 제품으로 인한 부작용 인과 관계 분석, 시판 후 안전 관리 및 의약품 안정 공급을 위한 업무에 활용하고, 건보공단 일산병원 임상 의사 등 전문 인력을 의약품 및 의료 기기 허가, 임상 시험 심사 등에 참여시키는 등 전문 인력 교류를 확대해 허가 및 심사 전문성을 강화할 것이다.
• 건보공단은 기존 빅 데이터와 식약처의 의약품, 의료 기기 임상 재평가 및 3상 시험 정보, 품목별 생산, 수입 자료 등을 계약과 등재 품목 재평가에 활용하여 협상력 강화 및 적정 지출 관리에 기여할 것이다. 또한 허가, 평가 정보 및 긴급 도입 의약품 정보 등을 공유함으로써 필수 품목이나 허가 취하 품목에 대한 적정 공급 관리를 수행할 것이다.

① 식약처 – 건보공단, 업무 협약 체결로 의료 제품 안전 관리 강화 및 보험 재정 효율성 증대
② 건보공단, 정보 및 인력 교류 등 업무 협약 체결
③ 식약처, 업무 협약 체결로 보험 재정 효율성 증대
④ 식약처 – 건보공단, 의료 제품 전(全) 주기 정보 연계 가능

해설 식약처와 건보공단 간에 업무 협약을 체결하였다는 사실을 전달하는 보도 자료이다. 양 기관의 동등한 업무 협약에 관한 보도 자료 제목으로는, 두 기관의 명칭과 함께 업무 협약 체결로 인한 대표적인 기대 효과를 요약하여 포함시킨 ①이 가장 적절하다.
② 건보공단이 어느 기관과 업무 협약을 체결했는지 누락되어 있다.
③ 식약처가 어느 기관과 어느 업무 협약을 체결했는지 누락되어 있다.
④ 업무 협약을 체결하였다는 기본 사실이 누락되어 있다.

정답 ①

고 / 난 / 도

01 다음 [표]는 2017~2021년 갑국의 재난사고 발생 및 피해 현황에 관한 자료이다. 이에 대한 [보기]의 설명 중 옳은 것을 모두 고르면?

[표1] 연도별 재난사고 발생 현황

(단위: 건, 명)

유형	구분	2017년	2018년	2019년	2020년	2021년
전체	발생 건수	14,879	24,454	17,662	15,313	12,413
	피해 인원	9,819	13,189	14,959	16,109	16,637
화재	발생 건수	1,527	1,296	1,552	1,408	1,594
	피해 인원	138	46	148	111	178
붕괴	발생 건수	2	8	2	6	14
	피해 인원	4	6	2	4	14
폭발	발생 건수	6	2	2	5	3
	피해 인원	3	1	3	1	6
도로 교통사고	발생 건수	12,805	23,115	13,960	12,098	9,581
	피해 인원	9,536	13,097	14,394	14,560	15,419
기타	발생 건수	539	33	2,146	1,796	1,221
	피해 인원	138	39	412	1,433	1,020

※ 피해 인원은 재난사고로 인해 인적피해 또는 재산피해를 본 인원임

[표2] 연도별 재난사고 피해 현황

(단위: 명, 백만 원)

연도	인적피해		재산피해액
	사망	부상	
2017년	234	8,352	14,629
2018년	224	10,873	20,165
2019년	222	12,435	52,654
2020년	215	14,547	20,012
2021년	292	14,637	40,981

※ 인적피해는 사망과 부상으로만 구분됨

─┤ 보기 ├─

ⓐ 인적피해 중 사망 비율은 2020년에 가장 낮다.
ⓑ 전체 재난사고의 발생 건수당 재산피해액은 2021년에 가장 크다.
ⓒ 붕괴와 폭발을 합친 발생 건수당 피해 인원은 2021년에 가장 많다.
ⓓ 인적피해 없이 재산피해만 발생한 도로교통사고는 매년 있어 왔다.

① ㉠, ㉡   ② ㉠, ㉢   ③ ㉢, ㉣
④ ㉠, ㉡, ㉣   ⑤ ㉡, ㉢, ㉣

정답 풀이

㉠ 인적피해 중 사망 비율을 구하면 다음과 같다.

- 2017년: $\dfrac{234}{234+8,352} \times 100 ≒ 2.7(\%)$

- 2018년: $\dfrac{224}{224+10,873} \times 100 ≒ 2.0(\%)$

- 2019년: $\dfrac{222}{222+12,435} \times 100 ≒ 1.8(\%)$

- 2020년: $\dfrac{215}{215+14,547} \times 100 ≒ 1.5(\%)$

- 2021년: $\dfrac{292}{292+14,637} \times 100 ≒ 2.0(\%)$

따라서 2020년에 가장 낮다.

㉡ 전체 재난사고의 발생 건수당 재산피해액을 구하면 다음과 같다.

- 2017년: $\dfrac{14,629}{14,879} ≒ 0.98$(백만 원)

- 2018년: $\dfrac{20,165}{24,454} ≒ 0.82$(백만 원)

- 2019년: $\dfrac{52,654}{17,662} ≒ 2.98$(백만 원)

- 2020년: $\dfrac{20,012}{15,313} ≒ 1.31$(백만 원)

- 2021년: $\dfrac{40,981}{12,413} ≒ 3.30$(백만 원)

따라서 2021년에 가장 크다.

정답 ①

오답 풀이

㉢ 붕괴와 폭발을 합친 발생 건수당 피해 인원을 구하면 다음과 같다.

- 2017년: $\dfrac{4+3}{2+6} = 0.875$(명)

- 2018년: $\dfrac{6+1}{8+2} = 0.7$(명)

- 2019년: $\dfrac{2+3}{2+2} = 1.25$(명)

- 2020년: $\dfrac{4+1}{6+5} ≒ 0.45$(명)

- 2021년: $\dfrac{14+6}{14+3} ≒ 1.18$(명)

따라서 2019년에 가장 많다.

㉣ 2017년의 경우 도로교통사고 피해 인원은 9,536명, 전체 인적피해는 234+8,352=8,586(명)이다. 따라서 전체 인적피해가 모두 도로교통사고에서 발생했다 하더라도 최소한 9,536−8,586=950(명)은 인적피해 없이 재산피해만 발생한 사람이다. 동일한 원리로 도로교통사고 피해 인원이 전체 인적피해보다 많은 2018년, 2019년, 2021년에도 인적피해 없이 재산피해만 발생한 사람이 반드시 존재한다. 그러나 2020년에는 도로교통사고 피해 인원이 14,560명, 전체 인적피해는 215+14,547=14,762(명)으로 전체 인적피해가 더 많다. 따라서 도로교통사고 피해 인원 전부가 인적피해에 해당할 여지가 있으므로 2020년에는 인적피해 없이 재산피해만 발생한 도로교통사고가 있다고 단언할 수 없다.

해결 TIP

이 문제는 2022년 5급 공채 PSAT 기출 변형 문제로 다수의 자료를 바탕으로 보기의 정오를 판단하여 정답을 선택하는 NCS 자료해석 빈출유형입니다. 보기의 정오를 판별하는 유형의 문제는 소거법을 이용하여 풀도록 합니다. 소거법은 보기의 정오에 따라 선택지에 포함된 보기를 소거하면서 푸는 방법으로 난이도에 상관없이 해당 유형을 빠르게 해결하는 데 쓰이는 보편적인 방법입니다. 이러한 유형의 문제를 풀 경우에는 선택지의 구조를 고려하면서 어려운 보기보다는 비교적 빠르게 해결할 수 있는 보기부터 해결하는 것이 하나의 방법입니다. 또한 대소 관계를 비교하는 내용이 있을 때에는 정확한 수치를 구하기 위한 계산을 하기보다는 계산 과정에서 영향을 미치지 않는 수치를 생략하거나 근삿값 계산 또는 수치 비교법, 분수 비교법을 바탕으로 계산을 하지 않고 빠른 시간 내에 해결하도록 합니다.

먼저, 보기 ㉠~㉣의 내용을 한번 살펴보면, 모두 결괏값을 구하는 것이 아닌 대소 관계를 파악하거나 집합 개념을 이용하여 해결하는 내용입니다. 대소 관계를 파악하는 내용의 보기 ㉠~㉢ 중 비교적 간단한 계산으로 해결할 수 있는 ㉢을 먼저 풀도록 합니다. 2017~2021년 중 붕괴와 폭발을 합친 발생 건수당 피해 인원이 1보다 많은 연도 즉, (발생 건수)<(피해 인원)인 연도를 찾으면, 2019년(4<5)과 2021년(17<20)으로 두 해입니다. 2019년의 $\frac{5}{4}$와 2021년의 $\frac{20}{17}$을 비교해 보면, $\frac{5}{4}=\frac{20}{16}>\frac{20}{17}$이므로 붕괴와 폭발을 합친 발생 건수당 피해 인원은 2019년에 가장 많음을 알 수 있습니다. 따라서 ㉢은 틀린 보기이므로 선택지 ②, ③, ⑤를 소거할 수 있습니다. 남은 선택지 ①, ④는 모두 ㉠, ㉡이 포함되어 있으므로 ㉠, ㉡은 옳은 보기임을 알 수 있고, 남은 ㉣만을 풀어 정답을 찾도록 합니다.

㉣을 보면, 교집합 개념이 반영된 내용으로 해당 개념을 정확하게 이해하였다면, 어렵지 않게 해결할 수 있습니다. 인적피해 없이 재산피해만 발생한 도로교통사고가 있다는 말은 전체 인적피해 인원보다 도로교통사고 피해 인원이 더 많다는 의미입니다. 즉, (전체 인적피해 인원)<(도로교통사고 피해 인원)이 성립하면, 인적피해 없이 재산피해만 발생한 도로교통사고가 있다고 볼 수 있습니다. 예를 들어 2018년 전체 인적피해는 약 11,000명으로 같은 해 발생한 도로교통사고 피해 인원인 13,097명보다 적습니다. 따라서 2018년에는 인적피해 없이 재산피해만 발생한 도로교통사고가 있었다고 볼 수 있습니다. 주어진 자료의 수치를 바탕으로 결괏값을 계산할 필요 없이 어림셈하여 비교할 수 있는데, 2020년의 경우에는 부상 인적피해가 14,547명으로 도로교통사고 피해 인원인 14,560명과 차이가 거의 없습니다. 한편 2020년 사망 인적피해가 200명이 넘으므로 전체 인적피해 인원을 구할 필요 없이 2020년에는 (전체 인적피해 인원)>(도로교통사고 피해 인원)임을 알 수 있습니다. 따라서 ㉣은 틀린 보기이므로 선택지 ④를 소거할 수 있습니다. 그러므로 정답을 ①로 선택할 수 있습니다.

참고로 ㉠을 보면, 2020년의 사망 인적피해가 가장 적고, 부상 인적피해는 2021년에 이어 두 번째로 많으므로 전체 연도를 비교할 필요 없이 2020년과 2021년만 비교하면 됩니다. 그런데 2020년과 2021년의 사망 인적피해 인원 차이는 크지만, 부상 인적피해 인원 차이는 비교적 크지 않으므로 인적피해 중 사망 비율은 2020년에 가장 낮다는 것을 알 수 있습니다. 따라서 ㉠은 옳은 보기입니다. ㉡의 경우, 분모와 분자 간 수치 비교 및 어림셈으로 대소 비교를 할 수 있는데, (발생 건수)×3<(재산피해액)인 연도는 2021년뿐이므로 전체 재난사고의 발생 건수당 재산피해액은 2021년에 가장 크다는 것을 알 수 있습니다. 따라서 ㉡도 옳은 보기입니다.

김 성 근
에듀윌 취업연구소 연구원

러시아-우크라이나 전쟁 1년, 영향과 전망

경제·안보 위기 고조...전쟁 장기화에 대비한 전략 필요

💬 이슈의 배경

러시아의 우크라이나 침공으로 전쟁이 촉발한 지 1년여가 지났다. 지난해 2월 22일 러시아는 우크라이나 동부 도네츠크·루한스크 지역의 공화국 독립을 승인하고 이틀 뒤인 2월 24일 우크라이나 전역에 폭격을 가하며 침공했다. 제2차 세계대전 이후 유럽에서 벌어진 최대 규모의 무력 충돌이었다.

러시아와 우크라이나는 2022년 전면전이 벌어지기 전부터 이미 영토 분쟁과 외교적 갈등을 겪던 상황이었다. 두 나라의 마찰은 2014년 러시아의 크림 반도 합병, 돈바스 내전으로 본격화됐다. 두 양국간의 근본적 갈등은 서방과 러시아를 연결하는 지정학적 위치에 있는 우크라이나가 러시아의 그늘에서 벗어나 친(親)서방 노선을 걷는 데서 비롯됐다.

우크라이나는 1991년 소련(소비에트 사회주의공화국연방)에서 독립한 이후, 유럽과 미국 등 친서방 노선으로 향할지 친러시아로 남을지가 국가의 최대 현안이었다. 우크라이나 국가 성립 이후 7번의 대통령 선거가 치러지는 동안 대외 정책은 정권에 따라 변동을 겪다가 대표적인 친러시아파였던 빅토르 야누코비치 대통령이 2014년 **유로마이단 혁명**으로 탄핵된 이후, 친서방 노선을 택하기로 국론을 정했다.

우크라이나 친서방 정책의 핵심은 유럽연합(EU)과 북대서양조약기구(NATO·나토) 가입이었다. 러시아로서는 목에 칼을 들이대는 격이었다. 나토는 냉전 시기 소련을 견제하기 위해 조직된 군사 동맹이다. 러시아는 구소련 동유럽 국가 대부분이 나토에 합류한 가운데, 국경을 맞댄 우크라이나까지 나토 회원이 되는 것은 자국 안보에 심각한 위협이 된다고 주장했다.

러시아가 이번에 전쟁을 일으킨 이유 역시 우크라이나의 나토 가입을 막고, 친서방 우크라이나 정권을 축출해 우크라이나에서 러시아의 영향력을 확대하려는 것이었다. 러시아는 이러한 목적을 '우크라이나의 비무장화·탈나치화를 통한 자국민 보호'라는 명분으로 포장했다.

경제 규모나 군사력에서 압도적으로 우세한 러시아가 빠르게 전쟁을 종결할 것이라는 예상과 달리 전쟁은 장기전으로 이어졌다. 러시아는 개전 하루 만에 우크라이나 수도 키이우 북부까지 도달하며 전쟁을 신속히 마무리하는 듯 했으나 우크라이나 군이 거세게 저항하고, 우크라이나에 서방의 물자·무기지원이 이어지면서 전쟁은 교착 상태에 빠졌다.

양국은 대화를 통한 평화적 문제해결을 주장해왔으나 지난 1년간 어떤 협상에서도 실효를 거두지 못했다. 러시아의 종전 조건은 현재 점령한 도네츠크·루한스크·자포리자·헤르손주의 러시아 병합 인정이다. 반대로 우크라이나는 점령당한 동남부 4개 주는 물론 크림 반도까지 되찾겠다고 일축하며 피해 배상, 전쟁 범죄자 처벌까지 요구하고 있다. 양국의 조건은 상대국으로서 도저히 받아들일 수 없다.

전쟁으로 인한 피해는 심각했다. 우크라이나 국토는 포격과 공습으로 파괴됐고 곳곳에서 러시아군의 민간인 대상 전쟁범죄가 자행됐다. 유니세프(UNICEF)에 따르면 올해 1월까지 우크라이나에서 1만8000명의 민간인 사상자가 발생했고 피란민은 1300만 명이 넘었다. 양측 군인 사상자는 20만 명에 달하는 것으로 추정된다. 전쟁이 1년 넘게 지속되는 동안 러시아의 무차별적 공격으로 야기된 인도적 위기는 개인적·국가적 러시아 친소를 떠나 전 세계를 충격에 빠뜨렸다.

유로마이단 혁명

유로마이단(Euromaidan) 혁명은 2013년 11월부터 2014년 2월까지 우크라이나에서 일어난 친서방 반정부 시위이다. 유로마이단은 직역하면 '유럽 광장'으로, 유럽으로의 통합을 뜻한다. 당시 빅토르 야누코비치 대통령이 유럽연합(EU)과의 통합 협상을 중단하고, 본래 2017년까지였던 러시아 흑해함대의 크림 반도 세바스토폴 항구 임차 기간을 2042년으로 연장하는 등 러시아 친화적인 국정을 운영한 것이 발단이었다. 시민들은 EU와의 통합과 대통령의 퇴진을 요구하며 시위를 시작했다. 정부가 시위대를 진압하는 과정에서 유혈 사태마저 벌어지자 시위는 더욱 격화되어 결국 야누코비치 대통령이 2014년 2월 탄핵당했다. 이후 우크라이나에는 친서방 과도정권이 수립되었지만, 이는 2014년 러시아의 크림 반도 합병과 돈바스 내전의 도화선이 됐다.

🔵 이슈의 논점

전쟁의 영향 ① : 글로벌 경제 위기

전쟁이 발생하자 미국 등 주요 국가들은 러시아에 대한 수출 통제, 러시아산 원유 금수, 스위프트(SWIFT, Society for Worldwide Interbank Financial Telecommunications) 국제 결제망 퇴출, 최혜국 대우 박탈 등 강력한 경제 제재로 러시아를 압박했다.

특히 유럽연합(EU)은 지난해 총 9차례에 걸쳐 대

(對)러시아 제재 조치를 단행했는데, 러시아는 이에 대한 보복으로 파이프라인을 잠그고 대유럽 천연가스 공급을 감축했다. 그 여파로 대러시아 천연가스 수입 의존도가 약 38.2%에 달하는 유럽은 에너지 수급에 큰 타격을 입었다. 갑작스러운 에너지 공급 감소로 전 세계적으로 에너지 가격이 급등했다.

전 세계 곡물 가격도 폭등했다. 전쟁 전 러시아와 우크라이나는 전 세계 밀 수출에서 각각 1위와 5위를 차지하며(2020년 기준) 세계인의 식량을 책임지다시피 했다. 그러나 전쟁으로 곡물 수출과 생산이 중단됐다. 유엔 식량농업기구(FAO)에 따르면 2022년 3월 세계 식량가격지수는 전월 대비 12.6% 올라 1996년 집계를 시작한 후 최고치인 159.3을 기록했다.

에너지와 식량 등 필수재의 가격 상승에 팬데믹 당시 무리하게 확대한 유동성의 여파가 더해져 지난해 세계적인 인플레이션이 발생했다. 2022년 6월 미국의 소비자물가지수(CPI)는 전년 동월에 비해 9.1%나 상승했다. 40년 4개월 만에 최고치였다. 유로존에서도 2022년 9월 CPI가 1년 전보다 10% 넘게 상승했고, 한국 역시 지난해 6월 CPI가 6.3%까지 치솟는 등 예외가 아니었다.

물가 상승 압력이 높아지자 미국을 필두로 각국은 빠르게 기준금리를 높였다. 미국 연방준비제도(Fed·연준)는 기준금리를 1년 동안 4.5%p 인상했고 이는 달러 초강세 효과를 일으켰다. 전 세계 경제는 고물가·고금리·고환율, 이른바 '삼고(三高)'의 충격에 빠졌다. 에너지 가격 안정으로 물가상승률이 완화되는 추세로 바뀐 뒤에도 과도한

긴축 영향에 주요국들은 경기 침체와 저성장 위기에 직면했다.

전쟁의 영향 ② : 유럽과 동아시아 안보 위기 확산

전쟁은 전 세계적으로 안보 위기를 고조시켰고 유럽의 안보 지형에 변화를 주었다. 발트해를 사이에 두고 러시아와 마주한 스웨덴과 육로로 길게 국경을 접하고 있는 핀란드는 각각 200년, 70년이라는 세월 동안 중립국 지위를 지켜왔다. 그러나 이번 전쟁이 발발하자 두 국가는 곧바로 나토에 합류하겠다는 의사를 밝혔다.

제2차 세계대전 패전국으로 그간 군사력 증강에 소극적이었던 독일은 러시아의 도발을 계기로 대대적인 군비 확대 계획을 내놓았다. 지난해 2월 올라프 숄츠 독일 총리는 우크라이나를 침공한 러시아의 위협에 대항하기 위해 독일 연방군의 군비 증강에 2022년 1000억유로(약 134조원), 앞으로도 매년 국내총생산(GDP)의 2% 이상을 국방비에 투자하겠다고 밝혔다.

유럽의 정세 변화는 한국을 비롯한 동아시아 안보 지형에도 영향을 미쳤다. 미국이 전쟁 이후 유럽을 비롯해 동맹국들과의 협력을 강화하자 러시아·중국과의 갈등은 더욱 첨예해졌다.

지난해 5월 미국은 국제연합(UN·유엔) 안전보장이사회(안보리)에서 북한의 대륙간탄도미사일(ICBM) 발사를 규탄하며 추가적인 대북 결의안을 채택하려 했으나 다른 상임이사국인 러시아와 중국의 반대로 결의안이 부결됐다. 안보리 제재를 피하게 된 북한은 지난해 ICBM 8회를 비롯해

40회에 걸쳐 적어도 65발의 탄도미사일을 발사했다. 북한 역사상 한 해 가장 많은 미사일을 쏜 것이다.

과거 핵무장을 포기했던 우크라이나가 현재 주권을 위협받고 있는 냉정한 현실을 고려할 때 북한의 비핵화도 요원해졌다. 북한의 위협 수위가 높아지자 일본은 이를 계기로 제2차 세계대전 이후 최대 규모의 군비 증강 계획을 발표했고, 한국에서는 핵무장론이 등장하는 등 동아시아의 긴장감도 높아졌다.

전쟁 장기화 불가피...신냉전 시대 대비해야

2018년 이후 미국과 중국의 무역 전쟁이 '신(新) 냉전 시대'의 서막을 열었다면 2022년 러시아-우크라이나 전쟁은 신냉전이 과거 세계대전처럼 열전(熱戰)으로 비화될 수 있음을 경고한다. 미국과 나토·아시아 민주주의 동맹국들의 연대와 중국과 러시아를 축으로 한 권위주의 독재 국가 간 대립 구도가 선명해졌다.

러시아-우크라이나 전쟁은 과거 한국전쟁이 냉전기 대리전 성격을 띠었던 것처럼 신냉전기의 대리전 양상으로 치닫고 있다. 비록 러시아가 노후화된 무기, 병력 동원 어려움 등의 문제를 겪고 있지만 세계 군사력 2위의 군사강국이라는 점을 무시할 수 없다.

우크라이나는 미국과 EU의 지원을 바탕으로 지금까지 버텼다. 그러나 러시아가 핵을 보유한 만큼 나토군의 전면 개입이 어렵고 지원의 범위도 제한적일 수밖에 없어 완전한 영토 수복이 어려울 것이다. 러시아 역시 우크라이나 점령 목표 달성이 사실상 불가능하다.

블라디미르 푸틴 러시아 대통령은 2024년 대선 재집권은 물론 정치적 생명을 지키기 위해 이번 전쟁에서 점령한 4개 지역만큼은 얻어야 한다. 반대로 우크라이나 입장에서도 영토 포기는 불가능하다.

이미 우크라이나에 100억달러 이상의 군사·재정·인도적 지원을 승인했으며, '미국의 국제적 역할'을 강조했던 조 바이든 미국 대통령 역시 국제 사회에서 미국의 영향력을 인정받고 2024년 재선에 성공하기 위해서는 함부로 타협할 수 없는 상황이다.

전쟁이 더욱 장기화될 것이라는 전망이 우세한 가운데 이에 대비한 경제·안보 전략 구축이 중요해졌다. 예컨대 러시아의 천연가스 공급 중단으로 에너지 위기를 겪었던 유럽은 아프리카, 중동 등 새로운 에너지 공급처를 찾아 대러시아 에너지 의존도를 줄일 계획이다.

미중 전략 경쟁으로 중간국 외교의 딜레마를 절감하고 있는 한국은 전쟁 장기화와 신냉전 기조 확산에 대응해 실용적이고 유연한 대응 전략을 모색해야 한다. 미국과 서방이 추구하는 자유주의 국제질서와 가치 동맹을 확고히 다지는 동시에 이러한 연대가 중국이나 러시아와의 교류 차단으로 이어지지 않도록 고차원적 국익 외교가 필요하다.

연습문제 2022 연합뉴스

러시아-우크라이나 전쟁이 세계 안보 및 경제 질서에 미친 영향과 전망을 논하시오. (1000자, 50분)

※ 논술 대비는 실전연습이 필수적입니다. 반드시 시간을 정해 놓고 원고지에 직접 써 보세요.

200

400

600

800

1000

중앙은행디지털화폐(CBDC)를 도입해야 하는가

'현금 없는 사회' 앞당길 것 – 은행 예금 빠져나갈 수도

💬 이슈의 배경

'오마하의 현인' 워런 버핏의 단짝이자 투자의 대가인 찰리 멍거 버크셔해서웨이 부회장은 지난 2월 주주총회에서 "어떤 종류의 가상화폐(가상자산)든 가치가 없는 쓰레기이며 이것을 사는 것은 완전히 미친 바보 같은 도박"이라고 말했다.

지난해 전 세계 가상자산 시장은 약 2조달러(약 2600조원)의 손실을 냈다. 대표적인 가상자산인 비트코인은 가치가 60% 이상 떨어졌다. 경제학자들은 가상자산이 실제 화폐를 대체할 가능성이 거의 없다고 본다. 화폐에는 교환 매개와 가치 척도·저장 기능이 있어야 하는데 초 단위로 가치가 요동치고 결제도 불편한 가상자산은 이러한 기능을 맡을 수 없다.

하지만 신용카드나 간편결제, 입금, 이체 등 화폐의 유통은 이미 전산 장부상에서 이뤄지고 있다. 신뢰할 수 없는 가상자산이 아닌 실제 화폐의 발행 자체를 디지털화하려는 논의가 국내외에서 활발히 이뤄지고 있다. 대표적인 것이 중앙은행디지털화폐(CBDC, Central Bank Digital Currency)다. CBDC는 중앙은행이 실물 명목화폐(화폐. 지폐, 은행권, 보조화폐 등과 같이 그 물건 자체가 가진 실질적 가치와는 관계없이 표시된 가격으로 통용되는 화폐)를 대체해 디지털 데이터 형태로 화폐를 발행하는 것이다.

CBDC는 실물화폐와 동일한 교환 비율이 적용되지만 그 가치가 디지털 정보로 저장된다. 따라서 급격한 가치 변동 위험이 없다. 중앙은행이 발행하기에 화폐의 공신력도 담보된다. 거래 내역 추적이 용이해 자금 세탁 등 범죄나 분실 우려가 줄어들고 거래의 신속성과 편의성을 확보할 수 있을 것이란 장점이 있다.

CBDC는 화폐를 제작하는 비용도 아낄 수 있다. 한국은행에 따르면 10원짜리 동전 하나를 만드는 데 무려 30~40원의 제작비용이 든다고 한다. 2018년부터 2022년까지 우리나라에서 새로운 화폐를 만드는 데 연 평균 약 1100억원의 비용이 들었다. 이는 모두 국민의 경제 부담으로 누적된다.

미국, 중국, 유럽 등 각국에서 CBDC 도입에 속도를 내고 있다. 프랑스와 룩셈부르크는 지난해 CBDC를 이용해 1억유로 규모의 채권 발행에 성공했다. 경제 규모가 상대적으로 작은 바하마와 동카리브, 나이지리아 등에서는 이미 2020년부터 CBDC 도입을 완료했다.

이창용 한국은행 총재는 올해 경제의 디지털 전환 가속화와 현금 이용세 감소 등으로 필요성이 높아짐에 따라 CBDC 연구·개발을 확대하겠다고 강조했다. 한은은 2021년 8월부터 CBDC 모의실험 및 금융기관 연계실험을 진행하고 있다.

금융 디지털 혁신의 흐름에 따라 머지않아 CBDC가 도입될 가능성이 크다. 그러나 CBDC의 설계 방향과 그에 따라 경제에 미칠 영향, 장단점 등에 대해 면밀한 검토가 있어야 한다.

● 이슈의 논점

CBDC의 설계·구현 방식

CBDC의 설계 방식은 예금을 취급하는 은행 등 금융 기관의 결제를 지원하는 도매 CBDC와 개인, 개인 등 민간 경제 주체 누구나 사용할 수 있는 소매 CBDC로 구분할 수 있다. 도매 CBDC는 중앙은행이 지급준비금을 보유한 일반 은행에 허가된 분산원장(블록체인) 네트워크를 통해 거액 지급 결제 기능을 제공한다. 도매 CBDC는 중앙은행과 일반 은행 간 거래의 효율성을 높이는 것이 주요 목적이다. 여러 나라의 중앙은행 및 통화를 포함하는 다중(multi) CBDC 플랫폼을 통하면 각국 은행 간 거래에서도 편의성을 도모할 수 있다.

소매 CBDC는 기존 소액 간편결제시스템과 밀접한 대체 관계를 갖는다. CBDC와 관련된 대부분의 일상적 운영 업무와 소비자 대면 서비스는 일반 은행이나 지급결제서비스 사업자(PSP, Payment Service Provider)가 수행하며 중앙은행은 CBDC의 안정성 보장, 탄력적인 유동성 공급, 지급결제서비스 시스템의 보안 감독 등 운영에 치중하는 것이다.

소매 CBDC는 여러 은행과 PSP 간 데이터 제어와 서비스 상호 운용성을 보장함으로써 네트워크 효과(특정한 네트워크 사용자가 증가할 때 다른 사용자들이 그 네트워크에서 얻는 가치가 높아지는 현상)의 선순환을 촉진한다. 이는 PSP 간 경쟁을 유도해 지급결제서비스 비용을 낮추고 빅테크 기업을 견제함으로써 시장 지배와 데이터 독점 문제를 완화할 것으로 기대된다.

중앙은행이 시중 은행에만 디지털화폐를 보급하는 도매 CBDC가 발행되면 은행의 지급준비금과 디지털 화폐를 교환하며 효율성을 높여줄 것이다. 그러나 모든 경제 주체가 활용할 수 있는 범용 소매 CBDC가 도매 CBDC보다 경제 전반에 더 광범위한 효과를 미칠 것이다.

CBDC의 기술적 구현 방식은 다수의 거래 참가자가 동일한 거래 기록을 관리하는 분산원장 방식과 시중 은행이 CBDC 계좌와 관련 거래 정보를 관리하는 단일원장 방식으로 구분된다. 분산원장 방식은 중앙은행을 비롯해 거래 참여자 누구나 전자지갑을 활용해 잔액을 보관하고 거래할 수 있어 익명성을 기반으로 한 실물화폐와 유사한 특징을 갖는다.

단일원장 방식은 중앙은행과 같은 단일 주체가 CBDC의 계좌 및 관련 거래 정보를 관리하는 것이다. 단일원장 방식은 기존 은행의 예금계좌와 비슷한 방식이므로 카드 결제처럼 거래 처리 속도가 빠른 장점이 있다. 다만 단일원장 방식은 분산서비스공격(DDos) 등 해킹에 취약하다. 시스템 구성 요소 중 하나가 동작하지 않으면 전체 시스템이 중단되는 단일실패점 문제가 있다.

분산원장 방식은 기록 검증 과정이 복잡하고 탈중앙화돼 있어 거래 속도가 지연되지만 복수의 원장 관리 단위가 존재하므로 단일실패점 문제를 해소할 수 있다. 디지털화폐에 대한 해킹 사고는 끊이지 않고 발생하고 있고 피해액도 천문학적이다. 보안성이 더 우수한 분산원장 방식을 채택하면서 양자 암호 등 기술 개발을 통해 전송 속도를 높이는 게 이상적이다.

CBDC 도입 시 효과·부작용

CBDC는 현금 대체 수단으로 사용되며 '현금 없는 사회'를 앞당길 수 있다. 디지털화폐는 현금보다 도난 및 분실 위험성이 적기 때문에 범죄 예방에 도움이 된다. 중앙은행이 발행하는 소매 CBDC는 민간이 발행하는 디지털화폐와 달리 공신력이 있으므로 일반 경제 주체들이 안전하게 쓸 수 있는 결제수단이 될 것이다. 현금보다 거래기록 추적이 쉬워 불법자금과 지하경제 문제를 완화하는 데도 이바지할 수 있다.

CBDC 보급이 확산되면 지급 결제의 편의성과 효율성을 향상할 수 있다. 현재 은행 간 결제 시스템은 중개자인 신용카드나 전자 지급 업체 등을 거쳐야 하며 이로 인해 수수료가 발생할 수 있다. CBDC는 중개자 없이 직접 은행 간 거래를 가능하게 함으로써 결제 효율화에 기여할 전망이다.

CBDC는 **스마트 계약** 기술과 접목해 지불 시스템을 혁신한다. 지불 수단뿐만 아니라 계약서나 조건부 지불 등의 기능 추가를 통해 송금, 수취, 정산 등을 쉽게 처리하는 등 다양한 결제 시스템을 구축할 수 있다. 이를 통해 소상공인이나 기업 등도 지금보다 유연하게 결제 수단을 선택할 수 있게 된다.

그러나 CBDC 도입 시 나타날 부작용도 고려하며 예방해야 한다. CBDC의 최대 리스크는 보안 문제다. 분산원장 방식으로 보안성을 강화할 수 있다고 하나 해킹 수법도 나날이 진화한다. 분산원장 방식을 이용하는 가상자산의 해킹·탈취 사고는 끊이지 않고 있다.

CBDC의 보안성을 강화하기 위해 개인 기록과 거래 기록을 철저히 저장할수록 거래의 익명성이 사라지는 것도 문제다. 개인의 거래 기록을 손금 보듯 할 수 있는 국가 권력이 CBDC로 얻은 개인 정보를 불법 사찰이나 표적 수사 등에 악용한다면 그 폐해는 빅테크의 개인 정보 독점보다 클 것이다.

CBDC의 도입으로 현금 사용량이 감소하면서 현금의 보관 및 수송 등을 다루는 은행·보안 업체·경비 회사 등의 일자리가 줄어들 수 있다. 고령층 등 디지털 리터러시 취약 계층이 기본적인 금융 서비스에서 더 멀어지는 문제도 있을 수 있다.

> **스마트 계약 (smart contract)**
> 스마트 계약은 블록체인과 같은 분산원장기술(DLT, Distributed Ledger Technology)에서 거래의 일정 조건을 만족시키면 당사자 간 자동으로 계약이 체결되는 기술을 말한다. 일종의 프로그램 코드(code)로서 다양한 참여자들에게 동시에 탑재돼 제공되며 이후 계약 조건을 충족하는 당사자가 나타나면 자동으로 계약 체결이 완료된다. 스마트 계약은 오프라인 방식 계약에 비하여 거래 절차가 간소하며 위·변조가 어렵다. 또한 계약을 체결하는 모든 당사자가 블록체인 네트워크 상에 기록되어 있는 분산원장에 접근하여 계약 내용을 확인할 수 있어 계약 당사자들이 서로 신뢰하며 미리 정해진 조건에 따라 자동으로 계약을 실행할 수 있다. 이러한 장점으로 스마트 계약은 금융이나 부동산 분야 등에서 보안과 투명성을 보장하며 비용과 시간을 절약할 수 있는 혁신적 기술로 자리 잡고 있다.

CBDC와 통화정책

CBDC 도입은 정부와 중앙은행의 재정·통화정책에도 변화를 가져올 것이다. 통화 발행율이나 이자율 조절, 양적완화 시 신속한 유동성 공급 수단을 확보함으로써 통화정책의 파급력을 높일 수 있어서다.

예를 들어 정부가 지난 코로나19 팬데믹과 같은 비상 상황에서 긴급재난지원금을 공급할 때 금융 중개 기관을 거치지 않고 직접 공급함으로써 통화 승수효과(정부 지출이 사회 전체로 순환하며 처음 지출액보다 총수요가 더 크게 증가하는 현상)가 나타나는 시간을 단축할 수 있다.

중앙은행이 CBDC에 금리를 부여하면 기준금리에서 단기시장금리, 은행 예금금리로 이어지는 기존 금리 체계도 변화할 것이다. CBDC에 대해 지급하는 금리는 디지털 방식의 유통 편의성을 고려하면 기준금리보다 더 낮은 수준이 될 가능성이 크다.

이러한 CBDC가 무위험 금융자산으로 인식되면서 안전자산을 선호하는 경제 주체가들이 은행 예금 중 일부를 CBDC로 옮길 수 있다. 이는 은행의 금융중개 기능과 금융 안전성에 부정적 영향을 미칠 것이다. 은행의 자금조달 비용이 커지고 대출여력이 감소하는 등 전반적인 은행의 금융중개기능 및 수익성 약화를 초래할 수 있다.

수익성이 악화된 은행이 대출 규모를 축소하면 가계와 기업은 돈줄이 마를 수 있다. 금융 불안이 나타날 때는 안전자산인 CBDC에 대한 수요가 더 커지면서 은행 예금이 대량으로 빠져나갈 수 있다는 우려도 있다. 이를 예방하기 위해서는 CBDC 발행 규모의 섬세한 조정이 필요하다.

연습문제 2023 신용보증기금 기출복원

중앙은행디지털화폐(CBDC)의 설계·구현 방식을 설명하고 그 필요성과 부작용, 통화정책에 미칠 영향에 대해 논하시오.

(1000자, 50분)

※ 논술 대비는 실전연습이 필수적입니다. 반드시 시간을 정해 놓고 원고지에 직접 써 보세요.

200

400

"'연봉 1억' 킹산직 채용 공고 떴다"...
현대차 홈페이지 접속 폭주

현대자동차가 10년 만
에 생산직(기술직) 채용
빗장을 풀었다. 종전
채용과 달리 학력 및
전공 제한이 사라져 누
구나 지원할 수 있다.

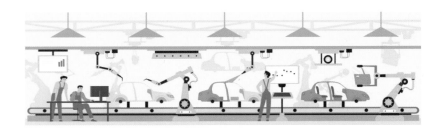

특히 평균 1억원에 육박하는 고연봉과 정년까지 보장돼 취업준비생들의 폭발적인 관심을 이끌었다. 이에
서류 접수가 이뤄지는 채용 홈페이지는 접속 지연 현상이 발생했다.

3월 2일 오후 3시 기준 현대차 채용 홈페이지에 접속하면 '현대자동차 채용포털 접속대기 중입니다'라는
공지와 함께 '지원자 앞에 다수 명의 대기자가 있습니다', '현재 접속자가 많아 대기 중이오니 잠시만 기다
리시면 현대차 채용포털로 자동접속됩니다'라는 안내가 나왔다.

업계에 따르면 현대차 생산직 신입 연봉은 5000만~6000만원 수준이다. 14년차 평균 연봉은 지난
2021년 기준 9600만원이다. 1억원에 육박한다. 여기에 만 60세 정년 보장이 된다. 정년 후에도 계약직으
로 1년 더 근무할 수 있다. 현대차 차량도 최고 30% 저렴하게 구입할 수 있다.

이에 취준생들의 관심이 쏠리고 이를 두고 일각에서는 '킹산직'(킹과 생산직의 합성어로 생산직 중의 최고라
는 뜻)이라는 말도 나온다. 서점가에는 현대차 기술직 수험서가 인기를 끌고 있는 것으로 전해졌다. 취업
준비생 인터넷 카페에는 '생산직 합격 족보'와 '현차고시' 합격 정보가 공유되기도 했다.

현대차 측은 "이번 채용을 '모빌리티 기술인력 채용'으로 규정하고, 차량 전동화 및 제조 기술 혁신 등 산
업 트렌드 변화에 적극 대응하기 위해 다양한 역량과 전문성을 갖춘 인재를 선발할 계획"이라고 말했다.
이어 "10년 만에 실시하는 기술직 신입사원 채용인 만큼 공정하고 투명한 절차 아래 진행할 계획"이라고
말했다.

서울시, 취준생 위한
'취업 라이브 특강' 개강

서울시가 기업 채용 시기에 맞춰 취업 준비생들에게 필요한 정보를 제공하는 '취업 라이브 특강'을 시작한다. 서울시는 3월을 시작으로 매월 둘째 주 화요일 밤 9시에 취업 유튜브 강민혁 채널에서 정기 라이브 특강을 개최한다고 3월 13일 밝혔다. 채용 시기와 청년수요에 맞춰 매월 다양한 주제로 총 10회의 특강이 예정돼 있다.

3월 라이브 특강은 대기업 채용 담당자(기아 HR 매니저)가 출연해 상반기 공채를 준비하는 청년들의 취업 고민을 듣고, 입직 1~2년 차 선배가 알려주는 입사후기 및 합격을 위한 현실적인 조언과 정보를 제공한다.

4월에는 '서울형 청년인턴 직무캠프' 모집 시기에 맞춰 다양한 지원자들이 참여할 수 있도록 사업을 소개한다. 청년인턴 직무캠프에는 테슬라 코리아, 한국펩시콜라 등 글로벌 기업과 세계스마트시티기구(WeGO), 유엔협회 세계연맹 서울사무국 등 국제기구 분야가 새롭게 신설돼 청년들의 호응이 클 것으로 기대된다.

8월에는 서울시 대표 청년 취업지원사업인 청년취업사관학교의 하반기 모집 과정을 소개하고, 일정 등을 안내한다. 청년취업사관학교 수료 후 취업한 선배를 초청, 청년취업사관학교의 특징과 혜택 등 취업준비 과정 등을 생생하게 전달할 예정이다.

이 밖에도 다양한 기업정보를 제공하고자 외국계·중견기업 탐색과정이 10월 예정돼 있으며, 청년 관심도가 높은 인공지능(AI), 빅데이터 등 신사업 분야 직무 정보가 11월 제공될 예정이다. 12월에는 2024년 채용전망과 미리보는 업종별 채용동향 등을 진행할 계획이다.

한편, 시는 청년 구직자 대상 상시 취업지원을 위해 서울시 광역일자리카페 10개소에서 청년 맞춤 취업지원서비스를 온·오프라인으로 제공 중이다. 청년활력소(서울시청 지하 1층), 서울시 청년일자리센터(장교동), 강동일자리카페(암사동)에서는 비대면 면접을 위한 전용 공간을 청년 취준생에게 무료 제공한다.

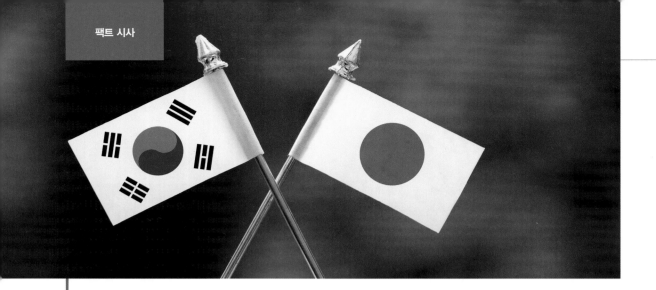

일본,
적이거나 이웃이거나

윤 대통령, 과거사 언급 없이 "日은 협력 파트너"

윤석열 대통령의 취임 후 첫 3·1절 기념사가 논쟁을 일으켰다. 윤 대통령은 "3·1 운동 이후 한 세기가 지난 지금 일본은 과거 군국주의 침략자에서 우리와 보편적 가치를 공유하고 안보와 경제, 그리고 글로벌 어젠다에서 협력하는 파트너가 되었다"고 말했다. 강제 징용이나 위안부 문제 등 일본의 침략 행위에 대한 과거사 언급은 없었다.

이는 "가해자인 일본 정부가 '끝났다'고 말해선 안 된다"며 위안부 문제를 '반인륜적 인권 범죄'로 규정하고 일본을 강도 높게 비판했던 2018년 문재인 전 대통령의 첫 3·1절 기념사와 확연히 달랐다. 전·현직 대통령의 상반된 3·1절 기념사는 이웃도 적도 될 수 없는 모순적 한일 관계의 단면을 드러낸다.

일제 강점기 35년간 일본의 식민지 정책은 사회·경제적 수탈에 그치지 않고 한민족 문화를 말살하려 한 폭압적이고 악랄한 것이었다. 일제 패망과 독립 이후에도 반일 감정은 강했다. 1954년 스위스 월드컵 지역 예선이 일본에서 열리자 이승만 대통령이 축구 국가대표팀을 불러 "일본에 지면 현해탄에 빠져 죽으라"고 말했을 정도다.

한일청구권협정부터 한류 열풍까지

하지만 한국 전쟁 특수를 디딤돌 삼아 경제 대국이 된 일본은 한국이 경제 근대화 과정에서 참고해야 할 중요한 경제 파트너이기도 했다. 박정희 정부는 1965년 한일청구권협정을 통해 일본으로부터 3억달러의 무상 자금과 2억달러의 차관을 받았다. 일본은 지금까지 이 협정으로 과거사 문제가 해결됐다고 발뺌하고 있다.

당시 국내에서 제2의 경술국치라며 격렬한 반대 시위가 있었지만 한일협정으로 마련한 종잣돈은 한국 경제 발전과 근대화에 보탬이 됐다. 글로벌 반도체 산업의 한 축이 된 삼성전자도 한때 도시바나 히타치 등 일본 기업으로부터 반도체 기술을 받아들였고 현대자동차는 20년간 미쓰비시와 기술 제휴 관계를 맺으며 엔진 등 핵심 부품을 얻어 썼다.

세계 시장에서 한국 기업이 일본 기업과 대등하게 경쟁하고 일부 분야에서는 압도하기도 하면서 그늘진 반일 감정은 희망이 담긴 극일(克日 : 일본을 이기자라는 뜻) 슬로건으로 바뀌었다. 김대중 대통령의 결정으로 1998부터 2004년까지 이어진 일본 대중문화 수입 허용 정책은 이러한 자신감의 표출이었다.

활발한 경제·문화 교류가 이어지며 한일 양국의 젊은 세대들은 서로 적대감을 갖지 않았고 각자의 문화를 일상 속에서 받아들였다. 일본은 한국인들이 가장 선호하는 해외여행지이며 최근 '슬램덩크' 흥행에서 나타났듯 일본 대중문화의 한국 소비층도 두텁다. 일본에서는 넷플릭스 인기 시청 순위가 모조리 한국 드라마로 채워지고 한국 음식과 패션, 화장 스타일이 유행하는 등 한류가 일시적 유행을 넘어 일상 문화로 정착했다.

日 극우화에 韓 반일 정서...최악의 한일 관계

일본의 과거사 대응도 늘 왜곡과 망언으로 점철된 것은 아니었다. 이른바 3대 담화에서 일본은 공식적으로 과거사의 잘못을 인정하고 사과했다.

1982년 미야자와 기이치 관방장관이 "교과서 기술 시 한국, 중국의 비판에 충분히 귀를 기울일 것"이라고 밝혔고 1993년 고노 요헤이 관방 장관은 "위안부 관리·이송에 옛 일본군이 관여했다"며 "사과와 반성의 마음을 올린다"고 말했다. 1995년 무라야마 도미이치 총리는 전후 50주년 기념일에 태평양 전쟁과 전쟁 이전 식민지 지배와 침략에 대해 공식적으로 사죄했다.

하지만 이후 일본의 과거사 해결 노력은 명맥이 끊겼고 고(故) 아베 신조 총리를 필두로 극우화 바람이 불었다. 흥미로운 점은 일본이 한국이 범접할 수 없는 세계 제2의 경제대국이었을 때는 과거사의 잘못을 인정하는 모습을 보였다가 "앞으로 한국을 일본 대신 G7(주요 7개국)에 넣어도 할 말이 없을 것"이란 말이 자국에서 나올 정도로 국운의 쇠퇴가 뚜렷해지자 여유를 잃고 역사 인식까지 퇴행했다는 것이다.

일본은 2018년 한국 대법원이 일본 기업들에 강제징용 노동자 배상 책임이 있다는 판결을 내리자 이를 빌미로 반도체 제조 등에 필요한 핵심 소재 등의 한국 수출 규제 조치를 발표하고 보복했다. 이는 외교 관계가 냉랭해져도 정치 영역이 양국 간 경제 교류·협력을 침범하지 않는다는 암묵적 룰을 깨뜨린 사건이었다. 한국에서도 즉각 일본 제품 불매 운동과 반일 정서가 비등했고 사실상 양국 간 외교 공백 상태가 이어졌다.

아베 전 내각의 DNA를 그대로 계승한 기시다 후미오 내각이 한일 관계 개선 및 과거사 문제에 대해 이렇다 할 개선 의지를 내보이지 않은 가운데 윤석열 대통령은 새로운 한일 관계를 정립하자며 일본에 먼저 손을 내밀었다. 야당은 "윤 정권이 3·1 운동 정신을 훼손하고 역사와 정의를 배신했다"고 맹폭했다. 윤 대통령의 신(新)한일관계 선언이 미래지향적 한일 관계를 위한 결단인지, 역사를 잊은 민족에 대한 면죄부가 될지는 역사가 판단할 것이다.

타히티로 떠난 고갱, 모더니즘의 이국 취향

폴 고갱의 1891년 작품 '마리아
를 경배하며'. 이 작품은 성모자
상을 타히티섬의 원주민들로 표
현한 것이다.

IA ORANA MARIA

한국 영화와 음악, 드라마 등 대중예술이 아시아권을 넘어 세계의 표준으로 인정받으면서 문화의 지리적 경계가 더욱 희미해졌다. K팝은 문자 그대로 한국(K)이 만든 서양 음악(팝)이다. 이 같은 문화적 혼종의 역사는 생각보다 깊다. 일찍이 서양 미술계의 힙스터들은 비서구권의 이국적 정취를 모티프로 삼았다.

17C 후반부터 18C 말까지 유럽에 중국의 수많은 공예품과 그림들이 소개되면서 후기 바로크·로코코 양식에 중국 미술이 가미된 시누아즈리(Chinoiserie)라고 불리는 미술품, 건축물 등을 소유하는 유행이 번졌다.

19C에는 북아프리카와 중동 미술에 이어 인상주의자와 후기인상주의자들이 일본풍 미술인 자포니즘(Japonisme) 트렌드를 이어갔다. 우키요에(浮世繪 : 일본 에도 시대 사람들의 일상생활이나 풍경, 풍물 등을 그린 풍속화) 마니아였던 반 고흐는 파리 작업실을 일본 판화로 가득 채웠다.

일본도 식상해지자 모더니즘 미술가들의 관심은 더 멀고 낯선 곳으로 이동했다. 앙리 마티스와 파울 클레는 아프리카로 눈을 돌렸고 초현실주의자들은 멕시코, 태평양 북서부, 오세아니아로 향했다. 이 같은 원시주의(primitivism) 사조를 대표할 만한 미술가는 프랑스 탈인상주의 화가 폴 고갱(Paul Gauguin, 1848~1903)이다.

남태평양 프랑스 식민지였던 타히티를 동경했던 고갱은 1891년부터 1901년까지 타히티에 머물면서 뜨거운 열대와 원주민의 원색이 대비된, 강렬한 원시적 에너지가 충만한 작품을 다수 남겼다.

고갱은 자신이 유럽에서 멀어질수록 문명의 시원(始原 : 사물과 현상이 시작되는 처음)으로 거슬러간다고 회고록에 썼다. 고갱에게 영향을 받은 많은 모더니즘 미술가들이 원시주의를 도입했다. 독일 표현주의자인 에밀 놀데와 막스 페히슈타인은 고갱을 본받아 남태평양으로 여행을 떠났다.

상이한 시공간의 양식과 주제를 아우르며 새로움을 추구하는 혼합주의는 대개의 탁월한 미학에서 공유하는 충동이다. 복싱과 펜싱을 즐기는 다혈질의 투사(鬪士)였던 고갱은 원시주의를 통해 당대 물질문명의 팽배와 유럽의 억압적 관습에 도전하며 자연으로의 도피, 본능의 해방과 같은 환상을 타히티의 이글거리는 햇빛 속에 투사(投射)했다.

다만 원시주의는 그 명명에서 함축하듯 서구의 관점에서 비서구를 원시적 비문명으로 타자화하는 오리엔탈리즘(orientalism)의 모순을 내재했다. 애초에 증권거래소 직원이었던 고갱이 제국주의가 판치던 1889년 열린 야만적인 파리 만국박람회에서 동물처럼 전시된 원시인을 구경하고 타히티에 환상을 품었던 시점부터, 원시주의가 서구 모더니즘을 덧칠하는 유색 안료(顔料) 이상으로 나아가지 못하리란 전망은 확정된 것이었을지 모른다.

나라 **오** 　　넘을 **월** 　　한가지 **동** 　　배 **주**

오나라와 월나라가 한배를 탔다

출전:『손자孫子』

춘추시대에 오나라와 월나라는 장강 하류에 있던 국가로, 서로 국경을 접하고 있어 늘 교전을 하며 사이가 좋지 않았다. 어느 날 두 나라의 경계가 되는 강에서 오나라 사람과 월나라 사람 십여 명이 같은 배를 타고 있었다. 서로가 무시하며 아랑곳하지 않아 분위기가 매우 좋지 않았다.

배가 강의 한복판에 이르렀을 즈음 갑자기 하늘이 어두워지더니 사나운 바람이 불기 시작했다. 순식간에 먹구름이 끼고 비가 억수같이 내리더니 거센 파도가 연이어 배에 들이 닥쳤다. 아이는 울고 노인은 넘어지고 아수라장이 되었고, 뱃사공들은 돛대에 묶인 줄을 풀어 돛을 펼치려고 안간힘을 썼으나 격렬한 풍랑에 풀지 못하고 있었다.

배가 곧 뒤집히려는 위기일발의 순간이 오자, 오나라 월나라 할 것 없이 젊은 승객들이 모두 앞다투어 돛대에 달려들었다. 풍랑에 맞서 버티면서 결국 돛을 펼쳤고 요동치던 배는 안정을 되찾았다. 비록 사이가 좋지 않더라도 왼손과 오른손이 호흡을 맞추듯 모두가 한마음으로 행동했기에 위기를 모면할 수 있었던 것이었다.

오월동주는 이처럼 적대 관계에 있는 사람끼리 이해관계 때문에 뭉치는 경우를 비유한 말이다. 신냉전과 진영 갈등으로 치닫는 요새, 각국이 자유 무역과 세계화란 공통의 이해관계를 위해 오월동주하는 모습이 필요해 보인다.

한자 돋보기

吳는 나라이름이나 성씨를 표현하기 위한 글자로 사용된다.

- 吳下阿蒙(오하아몽) 세월이 지나도 학문의 진보가 없는 사람
- 陳勝吳廣(진승오광) 어떤 일에 앞장서는 사람

나라 오
口 총7획

越은 높은 창(戈)을 뛰어넘는 (走) 듯한 모습을 그린 글자로, '넘다'라는 뜻으로 사용된다.

- 吳越之爭(오월지쟁) 서로 화해할 수 없는 끈질긴 다툼

넘을 월
走 총12획

同은 모두(凡)가 말하다(口)라는 뜻으로, '함께'라는 의미로 사용된다.

- 同苦同樂(동고동락) 같이 고생하고 같이 즐김
- 附和雷同(부화뇌동) 그저 남이 하는 대로 따라감

한가지 동
口 총6획

舟는 조그만 배를 그린 글자로, '배'의 의미로 사용된다.

- 刻舟求劍(각주구검) 판단력이 둔하여 융통성이 없고 세상일에 어두움
- 破釜沈舟(파부침주) 싸움터로 나가면서 살아 돌아오기를 바라지 않고 결전을 각오함

배 주
舟 총6획

한자 상식 | 월나라와 베트남

월(越)이라는 이름은 춘추시대 초기에 처음 나타났다. 춘추오패의 하나로 절강성에 자리했으며 그 나라의 사람들은 문신과 단발을 하는 등 한족과는 다른 종족이었다. 월나라가 초나라에 의해 멸망한 뒤 복건성으로 내려가 그곳에서 동월(東越)을 건국하고, 진(秦)나라가 멸망하자 광동성에서 일어난 남월(南越)이 동월과 베트남 북부를 아우르게 되자 월(越)은 중국 남부와 그 민족을 통칭하게 됐다.

19C 초에 베트남을 통일한 원조의 가륭제는 종래의 왕조와 차별성을 두기 위해 청나라에 대해 나라이름을 남월로 고칠 것을 청했다. 하지만 이 남월은 중국 내에 존재했던 남월이란 나라를 연상시켰기 때문에, 청나라는 이것을 거부하고 대신 글자의 앞뒤를 바꾼 월남을 제안했다. 가륭제도 이것을 승락하여 1804년 새로 통일한 나라의 이름을 월남으로 정했고, 청나라에서도 안남을 고쳐 월남이라 부르게 된다.

─────── Books ───────

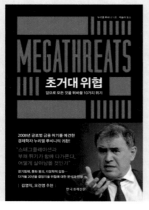

초거대 위협

누리엘 루비니 저, 박슬라 역 ┃
한경비피

2008년 금융 위기를 예측한 것으로 잘 알려진 미국의 대표적 경제 비관론자인 '■닥터 둠' 누리엘 루비니가 돌아왔다. 그는 오늘날 전 세계에 드리운 '거대한 위협' 10가지를 해부하고 앞으로 나아가야 할 방향을 모색한다. 물가와 금리, 내수와 무역, 주식과 부동산 등에 대한 다양한 전망이 쏟아지고 있는 요즘이다. 거장의 통찰이 곳곳에 담긴 이 책이 현재 직면한 위기를 바라보는 하나의 기준점이자 미래를 대비하기 위한 발판이 되어줄 것이다.

■ 닥터 둠(Dr, Doom) 닥터 둠은 사전적으로 죽음, 파멸, 비운 등을 의미하는 둠(doom)에 박사를 뜻하는 닥터(Doctor)를 붙인 것으로서 경제 상황이 좋건 나쁘건 늘 경제를 비관적으로 전망하는 사람을 일컫는다. 그 시초는 1987년 일명 블랙 먼데이로 불리는 뉴욕 증시 대폭락 사건을 예측한 스위스 출신 투자자 마크 파버로 알려졌다.

산에 오르는 마음

로버트 맥팔레인 저, 노만수 역 ┃
글항아리

인류가 산과 그 아름다움에 매료되어 온 역사를 다룬 『산에 오르는 마음』은 저자 로버트 맥팔레인이 불과 28살이었던 2003년에 내놓은 데뷔작으로, 가디언 퍼스트 북 어워드, ■서머싯 몸상, 선데이타임스 올해의 젊은 작가상 등 큼직한 상을 받으며 반향을 일으켰다. 이 책은 인류가 거산이 품은 명백한 위험에도 산에 홀리는 까닭을 숙고하면서, 산을 적대하던 인간이 어떻게 그를 마음으로 품게 되었는지, 어떻게 산이 인류의 상상에 크나큰 영향을 발휘하게 되었는지, 그 300년의 역사를 제반 학문을 토대로 지적으로 추적해 나간다.

■ 서머싯 몸(Somerset Maugham, 1874~1965) 영국 소설가 겸 극작가로 1930년대 세계 최고의 인기 작가였다. 대표작으로 화가 폴 고갱을 모티브로 삼은 『달과 6펜스』가 있다.

인류의 여정

오데드 갤로어 저, 장경덕 역 ┃
시공사

호모사피엔스 등장 후 30만 년, 현재 인류가 풍요를 누린 시간은 200년에 불과하다. 나머지 29만 년이 넘는 시간은 배고픔과 질병과의 싸움이었다. 물론 질병, 배고픔과의 싸움은 끝나지 않을 것이고, 인류가 자신을 포기하지 않는 한 영원한 숙명일지도 모른다. 아마도 그 해답은 지난 29만 년의 시간에 있을 것이다. 18C 『■인구론』의 맬서스, 20C 재레드 다이아몬드, 21C는 유발 하라리가 그 해답을 찾으려 시도했다. 이제, 2021년 노벨 경제학상 후보로 거론된 석학 오데드 갤로어가 인류의 과거 현재 그리고 미래에 대한 질문에 답한다.

■ 인구론(人口論) 19C 영국 고전학파 경제학자 토머스 로버트 맬서스의 저서다. 맬서스는 여기서 인구의 자연적 증가는 기하(등비)급수적이지만 식량은 산술(등차)급수적으로 증가하기에 과잉인구로 인한 식량부족과 빈곤은 필연적이라고 주장했다.

더 웨일

대런 아르노프스키 감독 |
브랜든 프레이저 출연

272kg의 거구로 세상을 거부한 채 살아가는 대학 강사 '찰리'는 남은 시간이 얼마 없음을 느끼고 오랫동안 만나지 못한 10대 딸 '엘리'를 집으로 초대해 매일 자신을 찾아와 에세이 한 편을 완성하면 전 재산을 주겠다고 제안한다. 90년대 블록버스터 영화 '미이라'로 주목받았던 배우 브렌든 프레이저는 이 영화에서 130kg의 보디슈트로 분장하고 자신의 삶과 비슷하기도 한 '찰리'를 열연하며 올해 ■**미국배우조합상**과 크리틱스 초이스 남우주연상, 아카데미 남우주연상을 받는 등 극찬을 받았다.

■ **미국배우조합상(SAG Awards)** 세계 최대 연기자 조합인 미국배우조합(SAG, Screen Actors Guild)에서 주최하는 시상식으로서 영화와 TV 부문의 배우, 성우들에게 매년 상을 수여한다. 아카데미상의 전초전 격으로 불릴 정도로 권위를 인정받고 있다.

피카소와 20세기 거장들

마이아트뮤지엄 |
2023.03.24. ～ 2023.08.27.

마이아트뮤지엄은 한·독 수교 140주년을 기념하여 루드비히 미술관 컬렉션 전시를 개최한다. 이번 전시는 쾰른 루드비히 미술관과 마이아트뮤지엄의 긴밀한 협업으로 이루어진 특별 전시로, 20C 모던아트부터 현대에 이르기까지 주요한 예술사조와 거장들의 작품들을 아우르는 컬렉션으로 구성되어 있다. 독일 표현주의, 러시안 ■**아방가르드**, 초현실주의, 추상 표현주의, 팝아트, 미니멀리즘 등 20C 격변의 시대에서 태동한 예술운동의 배경과 서양 미술사의 발자취를 그려내고, 이에 영향을 받은 현 세기의 독일 예술도 조망한다.

■ **아방가르드(Avant-garde)** 예술. 문화, 사회에 대한 실험적이거나 급진적이거나 비전통적인 작업과 작가 모두를 이르는 말이다. 종종 미적인 혁신과 생경한 거부감으로 규정되기도 한다. 아방가르드는 특히 문화적인 영역에서의 규범이나 현상의 경계를 허물고자 하는 운동이다.

라흐마니노프

국립중앙박물관 극장 용 |
2023.04.01. ～ 2023.04.22.

뮤지컬 〈라흐마니노프〉는 러시아의 천재 작곡가이자 피아니스트인 라흐마니노프의 음악세계를 담은 창작 뮤지컬이다. 라흐마니노프가 첫 교향곡을 완성한 후 혹평을 받고 정신의학자 니콜라이 달 박사와의 만남을 통해 치유해 나가는 과정을 그렸다. 이 작품은 2016년 초연 이후 2017년 세종문화회관, 2018년 국립중앙박물관 극장 용, 2020년 예스24 스테이지에서 재공연을 이어오면서 신선한 소재와 명곡의 감성을 살린 음악으로 관객과 평단의 호평을 받았다. 2018년부터는 ■**레플리카** 방식으로 중국에 수출해 중국 15개 전역을 투어하기도 했다.

■ **레플리카(replica)** 뮤지컬의 라이선스 공연에서 레플리카는 음악과 가사, 안무·의상·무대까지 똑같이 공연하되 배우만 국내에서 캐스팅하는 공연을 말한다.

누적 다운로드 수 36만 돌파
에듀윌 시사상식 앱

100개월 베스트셀러 1위 상식 월간지가 모바일에 쏙!
어디서나 상식을 간편하게 학습하세요!

매월 업데이트 되는
HOT 시사뉴스

20개 분야 1007개
시사용어 사전

합격에 필요한
무료 상식 강의

에듀윌 시사상식 앱 설치
(QR코드를 스캔 후 해당 아이콘 클릭하여 설치
or 구글 플레이스토어나 애플 앱스토어에서 '에듀윌 시사상식'을 검색하여 설치)

베스트셀러 1위 2,130회 달성!
에듀윌 취업 교재 시리즈

대기업 통합

20대기업 인적성
통합 기본서

삼성

GSAT 삼성직무적성검사
통합 기본서

GSAT 삼성직무적성검사
실전모의고사

GSAT 기출변형
최최종 봉투모의고사

SK

온라인 SKCT SK그룹
종합역량검사 통합 기본서

오프라인 SKCT SK그룹
종합역량검사 통합 기본서

LG

LG그룹 온라인
인적성검사 통합 기본서

SSAFY

SSAFY SW적성진단
+에세이 4일 끝장

POSCO

PAT 통합 기본서
[생산기술직]

금융권

농협은행 6급
기본서

지역농협 6급
기본서

IBK 기업은행
NCS+전공 봉투모의고사

공기업 NCS 통합

공기업 NCS
통합 기본서

영역별

이나우 기본서
NCS 의사소통

박준범 기본서
NCS 문제해결·자원관리

PSAT 기출완성
의사소통 | 수리 | 문제해결·자원관리

공기업 통합 봉투모의고사

공기업 NCS 통합
봉투모의고사

매일 1회씩 꺼내 푸는
NCS/NCS Ver.2

유형별 봉투모의고사

피듈형
NCS 봉투모의고사

행과연형
NCS 봉투모의고사

휴노형·PSAT형
NCS 봉투모의고사

고난도 실전서

자료해석 실전서
수문끝

기출

공기업 NCS
기출 600제

6대 출제사 기출 문제집

한국철도공사

NCS+전공
기본서

NCS+전공
봉투모의고사

ALL NCS
최최종 봉투모의고사

한국전력공사

NCS+전공
기본서

NCS+전공
실전모의고사

8대 에너지공기업
NCS+전공 봉투모의고사

국민건강보험공단

NCS+법률
기본서

NCS+법률
실전모의고사

한국수력원자력

한수원+5대 발전회사
NCS+전공 실전모의고사

ALL NCS
최최종 봉투모의고사

교통공사

서울교통공사
NCS+전공 봉투모의고사

부산교통공사+부산시 통합채용
NCS+전공 실전모의고사

인천국제공항공사

NCS
봉투모의고사

한국가스공사

NCS+전공
실전모의고사

한국도로공사

NCS+전공
실전모의고사

한국수자원공사

NCS+전공
실전모의고사

한국토지주택공사

NCS+전공
봉투모의고사

공기업 자소서&면접

공기업 NCS 합격하는
자소서&면접 27대 공기업
기출분석 템플릿

독해력

이해황 독해력
강화의 기술

전공별

공기업 사무직
통합전공 800제

전기끝장 시리즈
❶ 8대 전력·발전 공기업편
❷ 10대 철도·교통·에너지·환경
공기업편

취업상식

월간 취업에 강한
에듀윌 시사상식

공기업기출
일반상식

금융경제 상식

IT자격증 초단기 합격패스!
에듀윌 EXIT 시리즈

컴퓨터활용능력

- **필기 초단기끝장(1/2급)**
  문제은행 최적화, 이론은 가볍게 기출은 무한반복!
- **필기 기본서(1/2급)**
  기초부터 제대로, 한권으로 한번에 합격!
- **실기 기본서(1/2급)**
  출제패턴 집중훈련으로 한번에 확실한 합격!

워드프로세서

- **필기 초단기끝장**
  문제은행 최적화, 이론은 가볍게 기출은 무한반복!
- **실기 초단기끝장**
  출제패턴 반복훈련으로 초단기 합격!

ITQ/GTQ

- **ITQ 엑셀/파워포인트/한글 ver.2016**
  독학러도 초단기 A등급 보장!
- **ITQ OA Master ver.2016**
  한번에 확실하게 OA Master 합격!
- **GTQ 포토샵 1급 ver.CC**
  노베이스 포토샵 합격 A to Z

정보처리기사

- **필기 / 실기 기본서**
  비전공자 눈높이로 기초부터 합격까지 4주완성!
- **실기 기출동형 총정리 모의고사**
  싱크로율 100% 모의고사로 실력진단+개념총정리!